U0645481

学前教育专业"互联网+"
新形态一体化系列规划教材

学前儿童
语言教育与活动指导

主 编◎王瑜银 宋芸芸 丁艳红
副主编◎黄婧怡 张龙宇 孟 维
参 编◎泮依晨 汪静科 翁丽霞 王子晴

厦门大学出版社
XIAMEN UNIVERSITY PRESS
国家一级出版社
全国百佳图书出版单位

图书在版编目（CIP）数据

学前儿童语言教育与活动指导 / 王瑜银，宋芸芸，
丁艳红主编. -- 厦门：厦门大学出版社，2024.7（2025.7 重印）
　学前教育专业"互联网＋"新形态一体化系列规划教
材
　ISBN 978-7-5615-9258-8

　Ⅰ．①学… Ⅱ．①王… ②宋… ③丁… Ⅲ．①学前儿
童-语言教学-幼儿师范学校-教材 Ⅳ．①G613.2

　中国版本图书馆CIP数据核字(2024)第019259号

责任编辑	林　鸣	
美术编辑	李夏凌	
技术编辑	许克华	

出版发行　厦门大学出版社

社　　址	厦门市软件园二期望海路 39 号	
邮政编码	361008	
总　　机	0592-2181111　0592-2181406(传真)	
营销中心	0592-2184458　0592-2181365	
网　　址	http://www.xmupress.com	
邮　　箱	xmup@xmupress.com	
印　　刷	厦门集大印刷有限公司	

开本	787 mm×1 092 mm　1/16
印张	17.5
字数	383 千字
版次	2024 年 7 月第 1 版
印次	2025 年 7 月第 2 次印刷
定价	56.00 元

本书如有印装质量问题请直接寄承印厂调换

前　言

"学前儿童语言教育与活动指导"是学前教育专业的核心课程之一。了解幼儿语言发展的特征规律，理解与把握幼儿园语言教育的目标、内容和途径，设计、组织、实施科学、适宜的语言教育活动，是每位学前教育专业学生必备的能力。

党的二十大报告指出，要"统筹职业教育、高等教育、继续教育协同创新，推进职普融通、产教融合、科教融汇，优化职业教育类型定位"。高职院校教育改革正在如火如荼地进行，教师、教材、教法"三教"改革稳步推进。本书遵循职业教育"三教"改革路径和高职高专学生的学习规律，根据职业岗位任职要求，推动校企合作，与优秀幼儿园教师共同研究编写，实现岗课融通。

本书一改传统学前教育教材理论化、静态化倾向，力图凸显学生学习自主性，强调实践性、活动性，结合融媒体技术，丰富教材学习资源。

在教学内容选取上，脉络清晰，分别从认知准备、能力实训、视野拓展三个维度，串联起学前儿童语言发展的基本理论，学前儿童语言教育的关键问题，幼儿园语言教育的设计、组织和实施，学前儿童语言教育活动评价反思及当前幼儿园课程改革背景下语言教育的前沿展望等核心内容，并适当融入幼儿园一线真实教学案例及视频、幼儿园教师资格证考试真题、省级师范生教学技能大赛真题等内容，力求"岗""课""赛""证"融通，"教""学""做""评"一体化。

在教学方法设计上，采用项目驱动、任务导引的模式。每个项目用"项目情境"导入项目问题，预告任务要求；"学习目标"三维提示本项目期待学习者具备的素养；"学习任务单"清晰呈现本项目所有的任务、步骤及相关学习资源支持。每个项目下设若干任务与相对应的"探索路径提示"，先提出问题，让学生尝试自主解决，同时，配备"学习支持"，融合新媒体技术，提供给学生丰富多样的学习资源，支持项目任务的逐步完成；最后的"项目验收"部分用以检验学生学习目标是否达成、其核心能力有无发展，学生通过小组合作完成项目任务，再经多主体、多角度评价，提升自主探究、合作学习的能力，提高语言教育专业素养，培养对幼儿园教师岗位的胜任能力。

　　本书参考、借鉴了国内外诸多专家、学者的著作文献，也得到了合作幼儿园宁波市市级机关第二幼儿园老师们的大力支持，在此向他们表示感谢。本书既适用于高职院校学前教育专业学生，也可作为幼儿教育相关行业人员的培训用书。

　　由于编者水平有限，本书难免存在疏漏不足之处，恳请广大专家、同行、读者批评指正，我们将持续完善。

编　者

2023 年 6 月

学习导航

亲爱的读者，在你利用本教材开启学习旅程之前，以下注意点望你提前知悉，这样可以更快速地进入学习状态。

本教材采用项目驱动、任务导引、同伴合作的学习模式。因此，请先自由分组，形成6人左右的固定学习小组，便于开展每个项目的合作学习。

每个项目的学习流程及相关注意事项如下（以项目4为例）。

"项目情境"是为了帮助你快速代入"项目角色"，提前知晓在这一项目学习中你和同伴需要完成的学习任务。

"学习目标"是对你学习该项目后应达到能力的期许，提前熟知学习目标，会让自己的学习充满"方向感"！

"学习任务单"能够帮助你提前熟悉完成整个项目所需要的子任务及相应行动步骤、最终的项目验收方式，做到"心中有数"。

记得关注"学习资源准备"，提前查阅相关资料信息，会让后续的学习事半功倍哦！

项目4 开展幼儿园谈话活动

项目情境

大班下学期，李老师发现班级幼儿普遍对小学的学习生活不够了解，一些幼儿对上小学有些担心。于是，李老师准备开展"我要上小学"主题活动，希望通过多种形式的活动，增进幼儿对小学生活的了解，帮助幼儿进一步做好进入小学的心理准备。请你和团队成员共同思考，如果你是李老师，根据当前班级情况，你将如何开展"我要上小学"主题活动下的谈话活动？请根据要求撰写一则谈话活动的集体教学活动方案，并组织团队磨课，模拟组织实施该活动。

（本情境中的设计题改编自2018年下半年幼儿园教师资格考试保教知识与能力测试真题）

学习目标

知识目标
（1）感知、理解幼儿园谈话活动的内涵、类别、特点。
（2）理解并掌握谈话活动的核心经验。
（3）熟悉谈话活动的基本组织过程。

技能目标
尝试根据要求设计一则谈话活动方案，并组织、实施模拟教学。

素质目标
重视谈话的作用，善于培养幼儿想说、敢说、能说的能力。

学习任务单

任务单编号	4	项目任务	开展幼儿园谈话活动
学习资源准备	文件《3~6岁儿童学习与发展指南》，图书《〈3~6岁儿童学习与发展指南〉解读》《幼儿园语言领域教育精要——关键经验与活动指导》		
实训任务拆解	任务1 设计幼儿园谈话活动 步骤1：选择幼儿园谈话活动的话题 步骤2：设计幼儿园谈话活动的目标 步骤3：设计幼儿园谈话活动的过程 任务2 组织、实施幼儿园谈话活动 步骤1：明确常见问题 步骤2：组织、实施教学活动		
项目验收评价	模拟教学——幼儿园谈话活动的设计、组织、实施与评价		

每个子任务下设"探索路径提示",方便你提前知晓这一任务下,需要"几步走""怎么走"。

为了走实每一"步骤",一般都会有一个或多个具体问题请你尝试解决,多数需要学习小组通力合作。如果任务有点难度,也不要着急,一是要充分发挥团队的智囊作用,二是可以继续翻阅教材,随后有"学习支持"模块,里面的大量资料会为你提供方向与灵感!

请用心关注每一次"链接项目任务",脚踏实地解决好每一次"链接",你会惊喜地发现,本项目的任务难题似乎正在迎刃而解!

"学习支持"可以帮助你更好地解决步骤中遇到的难题。这里除了有翔实的文字知识阐述,也会穿插高校教师为你录制的"微课学习",还有"知识窗口""链接岗位""案例赏析"等精彩融媒体资源,有些提供了二维码链接,你可直接扫码查看;有些提供了资料来源,请你发挥网络时代的信息检索优势,积极查阅下载相关资料。集细流,汇江海,在点滴努力里扩展见识!

学前儿童语言教育与活动指导

任务1 设计幼儿园谈话活动

探索路径提示

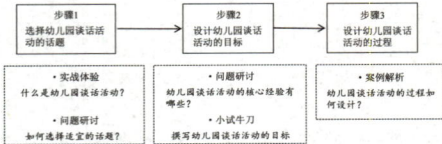

步骤1 选择幼儿园谈话活动的话题 → 步骤2 设计幼儿园谈话活动的目标 → 步骤3 设计幼儿园谈话活动的过程

- 实战体验 什么是幼儿园谈话活动?
- 问题研讨 如何选择适宜的话题?

- 问题研讨 幼儿园谈话活动的核心经验有哪些?
- 小试牛刀 撰写幼儿园谈话活动的目标

- 案例解析 幼儿园谈话活动的过程如何设计?

步骤1 选择幼儿园谈话活动的话题

实战体验:什么是幼儿园谈话活动?

请设想自己是一位即将毕业的幼儿园大班小朋友,你对小学生活充满了好奇,请以"我要上小学了"为话题,在学习小组内部开展一次谈话活动,并完整记录谈话内容。请思考,什么是幼儿园谈话活动?它有什么特点?

_____
_____
_____
_____

问题研讨:如何选择适宜的话题?

链接项目任务:为完成项目情境中的任务,某学习小组在"我要上小学了"主题下设想了如下几个谈话活动:我眼中的小学、课间十分钟、幼儿园好还是小学好,打算从中选择一个作为活动内容。

请讨论、评析该小组选择的话题是否适宜,并说明原因。然后展开小组讨论,确定你们小组的选题。

项目4 开展幼儿园谈话活动

_____
_____
_____
_____

学习支持

一、幼儿园谈话活动的内涵

谈话是一种交往性语言,是人们常用的一种语言运用形式,主要利用口头语言与他人交流。在这个过程中,交谈者需要具备口头语言表达能力,遵循一定的交谈规则。

幼儿园谈话活动是教师有目的、有计划、有组织地引导幼儿围绕一定话题,运用口头语言,以对话的形式与他人交流的语言教育活动。在幼儿园谈话活动中,教师需要引导幼儿学习倾听他人讲话,捕捉有效信息;帮助幼儿学习围绕话题中心谈话,鼓励幼儿积极表达;帮助幼儿掌握交谈规则,提高口语表达能力及人际交往能力。

二、幼儿园谈话活动的特征

(一)谈话活动有一个有趣的中心话题

1.幼儿对话题感兴趣

有趣味性的谈话话题,才能使幼儿产生谈话的欲望。一般来说,趣味性强的话题有两种来源,一是幼儿日常生活中共同关注或共同经历的事,例如,"我最爱的奥运项目""洗手池为什么堵了";二是幼儿曾经交谈过的,但持续喜欢的话题。例如,"假如我……""神奇的……""未来的……"等,但这样的话题需不断调整难度或调整宾语,使其既满足幼儿的兴趣又保持一定的新鲜感。因此,教师应关注幼儿的日常生活,注意观察、发现幼儿感兴趣的事物及话题。

2.幼儿对话题产生新鲜感

幼儿喜欢新鲜事物,因此也喜欢新颖的话题。如果某个话题反复作为谈话主题,就容易使幼儿失去兴趣,变得"无话可谈"。因此,最近发生的事情及正在发生的事情,更能使幼儿产生交流及分享的欲望。例如,刚参观完动物园、植物园,可以开启"我喜欢的小动物""植物园里有什么"等话题;刚过完中秋节,可以组织"我们家的中秋节"谈话活动。但是,当这些话题被反复提及,或是事情发生一段时间后再被提及,则很难

（五）关注教师提问的精心铺设

在幼儿园谈话活动中，教师的重要角色是引导者。如何进行引导？提问是重要的方式。教师在组织谈话活动的过程中，主要是通过提问的方式确保谈话主题的不断深入。因此，教师应该善用提问激发和推进幼儿的谈话。

教师的理想语言行为分为两种：一是较低水平的间接有意义言语，适合于技能类的指导；二是较高水平的间接有意义言语，适合抽象、创造类的学习与指导。[①]

首先，提问应该具体、明确，适合幼儿的经验和思维发展水平，避免抽象、笼统。其次，提问要具有开放性，即在谈话活动中，重点采用开放式的问题引导幼儿回忆自己独特的经验，产生新的想法，表达不同的观点，让每个幼儿对谈话主题有话可说。最后，提问要具有一定的启发性。由于幼儿经验和认知能力有限，就需要教师通过提问为幼儿的谈话搭建支架，这时，教师就要进行具有启发性的提问。

总之，在幼儿园谈话活动中，教师在观察、了解幼儿谈话情况的基础上，合理设计问题，使谈话内容拓展，为幼儿的语言学习和运用提供更多新的谈话经验，让幼儿在谈话活动中畅所欲言，从而实现思维的碰撞、认知的提升。

【知识窗口】
杨田、韩春红、周兢：《专家型幼儿园教师课堂言语反馈的特征分析》，《学前教育研究》2020年第10期。

项目验收　模拟教学——
幼儿园谈话活动的设计、组织、实施与评价

请梳理本项目所有学习内容，完成项目情境中的任务。

验收流程

（1）小组商议，确定教学内容。
（2）设计教案，修改教案。
（3）组内磨课，螺旋改进。
（4）课堂展示，小组互评。

[①] 高巍．课堂教学师生言语行为互动分析[D]．武汉：华中师范大学，2007：12.

验收标准

序号	验收项目	分值	评分细则	评定结果		
				自评	组间	教师
1	教学目标	20	1.目标具体 2.目标完整（三维） 3.符合幼儿年龄水平		平均：	
2	教学内容	20	1.内容价值导向端正 2.内容容量适宜 3.内容层次清楚 4.教材处理得当		平均：	
3	教学过程	20	1.导入自然，善于激发兴趣 2.过程完整、清晰、有层次 3.重点突出 4.教学法得当，教具合适		平均：	
4	教学技能	20	1.课堂管理能力较强 2.语言表达力强、逻辑严密 3.体态自然、神态亲和、师幼互动质量高		平均：	
5	教学效果	20	1.幼儿情绪高涨、参与度高 2.幼儿能掌握大部分活动内容		平均：	
6	项目验收总评分/等第					

注：评分70分以下为不合格，70～79分为合格，80～89分为良好，90分及以上为优秀。

"项目验收"是为了检验你这一项目的学习成效。一般来说，经过前期子任务的分步解决，项目验收已有大量素材、经验累积，参考验收流程，轻松过关不成问题！

具体的学习成效如何，需要经过"验收标准"的严格检验。请评价的每一方都要做到：根据具体标准，客观真实地给出评价。

目 录

项目1　科普学前儿童语言教育相关理论

项目情境

　　孩子是如何习得语言的？什么因素会影响语言学习？什么是学前儿童语言教育？学前儿童语言教育又有何意义？为了让广大家长了解学前儿童语言教育的相关知识，你的学习小组接到一项任务：通过团队合作，信息调研，资料搜集、分析及整理，借助自媒体平台向公众完成一次学前儿童语言教育概念、影响因素、先进观念的知识科普。

　　你们最终的任务是完成一次公益直播：学前儿童语言教育科普课堂。

学习目标

知识目标
感知、理解学前儿童语言教育的相关概念、价值、基本理论和基本观念。

技能目标
能借助多种渠道，收集语言教育基本理论的相关资料，先进观念的相关案例并进行课堂汇报。

素质目标
具有团队合作意识，愿意积极参与公益直播。

学习任务单

任务单编号	1	项目任务	科普学前儿童语言教育相关理论
学习资源准备			TED演讲视频《婴儿的天才语言能力》《早期语言的发展如何影响一个人的一生》，录像设备等
实训任务拆解			任务1　调查、分析学前儿童语言教育的概念、价值 　　步骤1：厘清学前儿童语言教育的相关概念 　　步骤2：分析、理解学前儿童语言教育的价值 任务2　制作学前儿童语言发展基本理论微信推文 　　步骤1：搜集学前儿童语言发展的基本理论 　　步骤2：制作学前儿童语言发展基本理论微信推文 任务3　制作学前儿童语言教育基本观念宣传海报 　　步骤1：搜集学前儿童语言教育的基本观念 　　步骤2：制作学前儿童语言教育基本观念宣传海报
项目验收评价			公益直播——学前儿童语言教育科普课堂

任务1　调查、分析学前儿童语言教育的概念、价值

探索路径提示

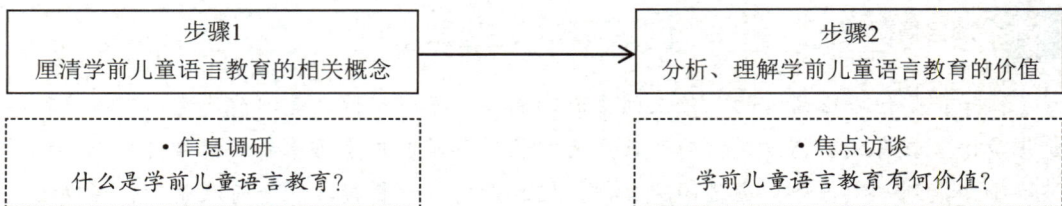

步骤1 厘清学前儿童语言教育的相关概念	→	步骤2 分析、理解学前儿童语言教育的价值
・信息调研 什么是学前儿童语言教育？		・焦点访谈 学前儿童语言教育有何价值？

步骤1　厘清学前儿童语言教育的相关概念

信息调研：什么是学前儿童语言教育？

请查阅图书资料或搜索网络资源，搜集不同学者提出的关于学前儿童语言教育的概念，并完成下表。

学前儿童语言教育相关概念记录表

	学者	相关概念
学前儿童语言教育		

学习支持

一、语言的基本概念

（一）语言的三大要素

语音、词汇与语法是语言的三个基本要素，这三者紧密相连构成了语言。

1. 语音

语音是指语言的声音，即说话时发出的声音，具体来说是人的发音器官发出并具有一定意义的声音，且这种声音必须是社会约定俗成的声音系统的一部分，因此并不是人发出的所有声音都属于语音。例如，新生儿或是生病的老人偶尔会发出一些类似"ou""e"等反射性的呻吟声，这些不具有符号意义的声音都不属于语音范畴。

2. 词汇

词汇又称"语汇"，简单来说是指词的总汇，是一种语言里所有的（或特定范围的）词和固定短语的总和，例如，汉语词汇、英语词汇等，词汇和词的关系是集体与个体的关系。词汇是每个正常儿童在语言发展过程中必需认知和学习的，了解并逐步积累常用词汇是其语言学习的重要内容，词汇量是在儿童成长学习过程中不断积累、扩充的。

词汇量、语篇范围的增加和词义理解的深入，都是学前儿童语言及词汇能力提升的重要表现。第一，词是基本的语言单位，词汇是语言的基本建筑材料；以此类推，学前儿童摄入词汇量的多少，将会直接影响到学前儿童语言表达能力水平的高低。第二，词汇量只能简单地从数量方面表现学前儿童词汇的初步水平，学前儿童词汇的质量则是从词类范围加以体现的。第三，学前儿童对于同一个词的理解水平不同。[①]

3. 语法

语法是语言学的一个分支。简单来说，语法就是组词、造句的规则。儿童要真正掌握一门语言必须学会语法体系，否则人与人之间的交流便会出现问题。语法范畴是句子组成的基本部分，能辨别一个单词（如名词、动词、形容词）的语法类别是掌握一门自然语言的基本能力。大量研究表明，当学前儿童开始将单词组合成简单的句子时，他们就可以区分语法范畴，而学前儿童习得语法范畴的过程都是在日常生活中自然完成的，并没有经历系统的学习与训练。[②]

总之，语音、词汇与语法是构成语言的三大要素，儿童要学习语言，这三者是紧密相连，缺一不可的。

（二）语言和言语

在日常生活中，人们常常将语言和言语混用，然而能区分语言和言语这两个概念对于研究言语交际是必要的。语言和言语是彼此不同但又紧密联系的概念，两者互相影响，互相依存。

在《幼儿教育辞典》中，对语言的界定是音、义结合的口头和书面的符号系统；而对言语的界定是个体运用语言时产生的话语行为及其产生的话语，是个体具体运用语言材料和语言规则进行思考、交际活动的过程。[③]语言是人类社会中客观存在的现象，是一种社会上约定俗成的符号系统；语言是以语音为物质外壳，以词汇或字形为建筑材料，

---

① 马明明.4—6岁学前儿童词汇发展水平与家庭亲子阅读环境的相关研究[D].桂林：广西师范大学，2021.

② 李素贞.汉语语法范畴的范畴化感知研究[D].海口：海南大学，2022.

③ 王忠民.幼儿教育辞典[M].北京：中国大百科全书出版社，2004：607.

以语法为结构规律而构成的体系。言语则是人类运用语言材料和语言规则进行交际活动的过程。

此外，美国语言学家乔姆斯基（Avram Noam Chomsky）曾用语言能力和语言行为区别语言与言语。他认为，"儿童听的、说的都是言语，儿童是在具体的言语环境中，通过个别的、具体的词和话语学习并逐步掌握一种语言体系的"[①]。

综上所述，简单来说，"言语"其实就是运用"语言"的过程。

二、学前儿童语言教育的概念

语言在人类社会中具有极为重大的意义，人们的一切生活、工作都离不开语言。因此，长久以来都有不少学者关注、探索语言学。对于学前儿童语言教育的具体内涵，不同学者有不同的看法。张明红、周兢、赵寄石等关于学前儿童语言教育概念的观点最具代表性。

张明红认为，广义的幼儿语言教育是指对0～6岁儿童加强听、说、读、写的训练的教育；狭义的幼儿语言教育对象主要是指3～6岁儿童，是对3～6岁儿童加强口语听说训练的教育。[②]周兢在《学前儿童语言教育》一书中将学前儿童语言教育定义为针对0～6岁儿童语言发展及其教育的一门应用性学科，除母语教育外，还包括英语教育。[③]此外，赵寄石、楼必生主编的《学前儿童语言教育》一书中将学前儿童语言教育定义为专门研究0～6岁儿童语言发展及其教育的学科，是高师学前教育专业的一门应用性科目，其内容还涉及语言障碍与矫治的教育。[④]

总体来说，学前儿童语言教育是泛指以0～6岁学龄前儿童为教育对象，以母语为主要学习内容，在幼儿教育机构或家庭中对儿童进行包括听、说、读、写各方面的基本语言训练，从而使学前儿童逐步掌握并运用语言的活动。

步骤2 分析、理解学前儿童语言教育的价值

焦点访谈：学前儿童语言教育有何价值？

请在见实习期间与一线幼儿园教师进行互动交流，采访其关于学前儿童语言教育价值的看法，完成以下调查表。

---

① 王忠民.幼儿教育辞典[M].北京：中国大百科全书出版社，2004：608.

② 张明红.学前儿童语言教育[M].上海：华东师范大学出版社，2001：4.

③ 周兢.学前儿童语言教育[M].南京：南京师范大学出版社，2001.

④ 赵寄石，楼必生.学前儿童语言教育[M].北京：人民教育出版社，1995：1.

学前儿童语言教育价值调查表

维度	具体价值作用（可举例详细说明）
（如：认知）	

学习支持

学前儿童语言教育的价值

美国心理学家加德纳在《智力的结构·多元智能理论》中指出："语言是最为广泛、最为公平，而为人类所共同拥有和分享的一种用来交流的能力工具。"因此，学前儿童语言教育的重要性不言而喻。儿童主要是通过语言进行交流，发展人际交往能力，促进自身社会性情感发展的；同样的，儿童也利用语言来获取外界信息，从而提升认知，发展智力。

（一）语言教育能促进学前儿童认知能力的发展

认知是人对客观世界的认识活动，它是一种心理活动或者说是心理过程。作为一种符号系统，语言总代表一定的事物，学前儿童在接受语言的过程中会接触到大量的语言材料，如各种绘本、电子图书等，并在其中感知语音、记忆词汇、理解词句等，也就是说，学前儿童在对这些知识进行加工的过程，同时成为他们接触和理解这些知识的过程，随着知识加工和经验的积累，学前儿童的认知也得到迅速发展。

学前儿童语言教育对于学前儿童的认知发展有着非常积极的影响。相关专家普遍认为，学前儿童早期语言能力的发展，是其智力发展的重要标志。学前儿童对语言的掌握有助于其直接或间接地认识世界，认识社会与自我，如熟悉社会基本规范、规则，掌握基本的社会交往技能，能与人交往，感知他人的情绪、情感，同时，还可以进行自我认知，自我意识也会不断提升，等等。对于家长和教师来说，借助语言能教会学前儿童认知周围事物，学会观察事物特征，由直接感知逐渐过渡到深入分析、判断等抽象思维，同时，由于伴随着语言的听与说，学前儿童不断积累词汇，增长经验，极大地促进了其认知发展。此外，通过开展语言教育活动也可以为学前儿童提供各种各样的语言范例，让学前儿童逐步去感知、体会、理解和记忆，从而促进其认知发展。

因此，学前儿童语言教育对于学前儿童认知能力的发展具有极其重要的作用，无论是专门性的语言教育活动还是各种语言类游戏都能大大促进学前儿童的认知发展。语言不仅是人们交际的工具，而且是人们进行思维的工具，没有语言就不可能有高级心理现象的出现和发展。

（二）语言教育能促进学前儿童社会性的发展

众所周知，语言是人类社会最重要的交际工具，学前儿童学习语言的过程往往也是社会交往的过程。人是社会中的人，人的系统社会化便是从学习语言开始的，语言的掌握也是社会化成果的集中体现。儿童从一出生就生存在这个社会中，社会性发展对儿童一生的重要性不言而喻。语言的学习与掌握是儿童在社会中生存和发展的基础，他们可以借助语言表达感受与自身需求，如表达对父母亲人、朋友同伴的关心与爱；同时他们也需要借助语言适应社会的各项要求，如知道如何待人接物，要遵守社会规则，履行社会义务，等等。随着语言和认知的进一步发展，学前儿童通过交往和模仿学习，开始逐渐掌握了一些行为规范和道德标准，开始关心他人、关爱社会，逐步提升自我道德水平，各种道德习惯也逐渐养成。

语言教育对促进学前儿童的社会性发展，包括社会认知、社会情感、社会行为、社会适应能力等具有重大意义。通过语言教育，学前儿童能逐渐社会化，学习、运用语言进行社会交际，逐渐熟悉相关的社会规则，正确处理人际关系，例如，知道讲话要文明有礼貌，要善于倾听，不能说脏话，别人说话的时候不插嘴，不同场合需要不同的讲话方式，等等。语言教育能帮助学前儿童逐步发展对外部世界、他人和自己的认识，例如，可以提供一个自由、宽松的语言交往环境，也可以开展各种语言类的小游戏，在温馨愉快的氛围中培养学前儿童语言交往的习惯，逐步提高学前儿童语言交往的能力，从而促进学前儿童社会性发展。

总体来说，通过语言教育学前儿童能了解更多的社会知识、社会情感与社会行为，能在与社会环境中人、事、物的互动中不断认识自我，慢慢了解他人甚至逐渐认识这个社会和世界，这也能为学前儿童将来接触社会、融入社会，在社会上生存与发展打下了基础。

（三）语言教育能促进学前儿童情绪、情感的发展

情绪、情感主要是人对客观事物持有的态度与体验，良好的情绪、情感有助于生成稳定的个性，这对儿童的一生有着深远的影响。在学前阶段，儿童良好情绪、情感的培养和个性心理倾向性都在初步发展，而语言教育能使儿童的语言获得快速发展。随着词汇的丰富，学前儿童对语言文字的理解能力也逐步增强，例如，在阅读过程中能理解和

感受其中的故事与情感表达。学前儿童口语的进步也有助于其对自身感受与体验进行描述和表达，从而获得心理的满足。通过语言教育，学前儿童能在绘本或文学作品中逐步体验作品中人物的情绪、情感，例如，一些"移情"能力的培养，绘本表演的亲身体验等，这些都促进了学前儿童自身情绪、情感的良好发展。

总之，学前儿童语言的发展和其情绪、情感的发展息息相关，相互作用。语言能力的提升还有助于形成个人与社会间的良好互动，学前儿童也会逐步学会自我情绪的调节与控制，这对学前儿童良好个性的养成、健全完整人格的塑造都是具有较大价值的。

任务2　制作学前儿童语言发展基本理论微信推文

探索路径提示

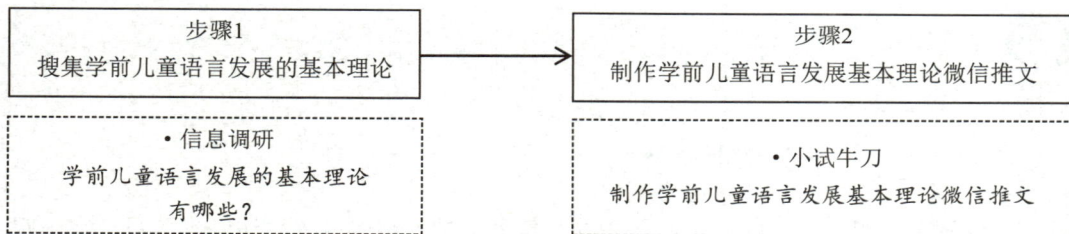

步骤1	步骤2
搜集学前儿童语言发展的基本理论	制作学前儿童语言发展基本理论微信推文
·信息调研 学前儿童语言发展的基本理论有哪些？	·小试牛刀 制作学前儿童语言发展基本理论微信推文

步骤1　搜集学前儿童语言发展的基本理论

信息调研：学前儿童语言发展的基本理论有哪些？

学前儿童语言能力是如何发展的？哪些因素会影响其发展？请利用图书馆查阅或网络检索等渠道，阅读图书《多元理论视野下的学前儿童语言教育》（张明红著），并完成以下读书记录表。

读书记录表

编号	我从书中摘录的学前儿童语言发展基本理论	我的思考（该理论的优势/局限性）
1	名称： 主要内容：	

编号	我从书中摘录的学前儿童语言发展基本理论	我的思考（该理论的优势/局限性）
2		
3		
4		

学习支持

学前儿童语言发展的基本理论

　　大量研究表明，儿童能在生命最初的几年就掌握一定的成人语法基本体系，在惊叹儿童这一惊人语言能力的同时也引人思索：儿童究竟是如何获得语言的，儿童又是如何在最初几年内便积累大量词汇并掌握复杂语法规则的？这是一个在各大领域争论不休的话题，而种种疑问就涉及学前儿童语言获得的相关理论。对此学界众说纷纭，根据争论的焦点，大致可以把学前儿童语言发展理论划分为以下三种流派：先天论、后天论和交互作用论。

（一）先天论流派

　　先天论流派的主要观点是强调人的语言的先天能力，即先天遗传因素对儿童语言发展起决定性作用，忽视乃至否定后天因素的影响。也就是说，先天论流派认为，儿童的语言能力主要是天生的，是通过遗传获得的先天能力。这一流派最早的代表人物有笛卡儿（René Descartes）、莱布尼茨（Gottfried Wilhelm Leibniz）、安托万·阿尔诺（Antoine Arnauld）和洪堡特（Wilhelm von Humboldt）等，作为先天论流派，他们的主要观点为"天赋假说"，认为普遍必然的理性知识是人心中固有的或与生俱来的"天赋观念"或"天赋原则"。如笛卡儿的"天赋观念"提出，语言是一系列符号的总和，是较完善的观念的代替物。观念具有普遍性，因此语言也具有普遍性，与之相对应也存在着一种"普遍的语法"。①

1. 生成转换理论

乔姆斯基的生成转换理论也称为"先天语言能力说"，该理论是当前影响最大的语言获得理论之一。20世纪50年代，乔姆斯基在其《句法结构》一书中提出该理论，其理论基础是结构主义语言学。在《句法结构》一书中他指出，"决定儿童说话的是先天遗传的语言能力"，即人类具有语言获得装置（language acquisition device，LAD），这是人语言能力的体现机制，它是一种与生俱来的学习语言的内部结构。正是因为人类先天具有的学习语言的内部结构，它便可以在后天语言经验或语言学习的作用下转化为使用某一具体语言的能力。根据这一假设，乔姆斯基认为，儿童天生就具有学习语言的能力，且这种能力可以适用于各种语言。因此，关于生成转换语法的理论，也是儿童获得语言的理论。

乔姆斯基的观点主要有两个：一是儿童的语言是根据规则理解和创造的，二是儿童语言的获得是其通过自己的LAD活动实现的。也就是说，根据乔姆斯基的假设，在LAD中潜存着一整套普遍的（从各种语言中抽象出来的）语言规则，而这些规则通过一定的逻辑顺序，就能构成一系列可供选择的转换语法，当原始的语言材料输入该装置时，LAD就将这些备用的转换语法与输入的语法进行比较和匹配，不断调整备用语法以便与输入的语法吻合，并通过评价把与母语相一致的语法确定下来，从而产生母语特定的抽象语法，于是，儿童就能运用母语的语法结构产生语言。

总体来说，先天论流派强调的更多是儿童内在的主动、创造的过程，能从内在获得语言的一系列规则。虽然很多生物学的研究在不同程度上为乔姆斯基的观点提供了支持，如脑科学的相关研究表明语言发展更多受到遗传因素的影响，但是这一先天学说也存在一些不足：第一，乔姆斯基说的LAD是完全抽象的术语，不具有任何实际实体模型；第二，没有说明或强调语言学习中普遍语法的建构过程，忽视了环境的影响作用。②

2. 自然成熟说

自然成熟说也是儿童语言获得先天决定论的一种，也称"关键期理论"。该理论的代表人物是勒纳伯格（E.H.Lenneberg），其理论主要是在20世纪60年代出版的《语言的生物学基础》一书中提出的，自然成熟说的理论基础主要是生物学和神经生物学，主要观点是强调先天禀赋的作用，指出人类语言能力是先天获得的，是大脑功能成熟的产物，否定环境和学习是语言获得的因素。

根据这一理论，勒纳伯格的自然成熟说主要有以下几个观点。第一，生物遗传因素是人类能获得语言的决定性因素，或者说语言是以大脑的基本认知功能为基础的，是人类脑机能成熟的产物，其发展过程也是受大脑神经机能包括发音器官等制约的自然成熟过程。第二，儿童语言的获得与发展是有关键期的（也称"最佳敏感期"），时间主要从两岁左右开始到青春期（11岁、12岁），这一观点如今也得到了不少科学验证。根据这

---

① 杨凯，赵艺.试析普特南对乔姆斯基"天赋假说"的批判[J].广西社会科学，2007（1）：125-128.
② 胡秋梦，罗腊梅.幼儿语言教育与活动指导[M].天津：南开大学出版社，2019：5.

一观点，只要过了这一关键期，如果大脑左半球受损，将会遭受严重的语言障碍，后天再努力训练也无济于事了，因此，抓住语言关键期的重要性不言而喻，这一观点对语言教育的实施有着重大意义。

关于勒纳伯格的自然成熟说虽有一定的道理，也有一些如"狼孩"等案例的支撑，都证明了错过语言发展关键期的儿童确实很难再去学习或是掌握人类的语言，但是该理论也存在一些明显的不足。第一，该理论过于强调语言发展的先天因素，在某种程度上忽视了后天环境对儿童语言学习的重要影响，包括忽视了后天教育的作用。第二，关于语言能力早期是受右半球支配的观点还没有获得实验数据的支撑，有待进一步研究。根据目前医学及脑科学研究的进展，比较倾向于认为大脑两半球都具有发展语言的潜能，且在儿童青春期之前，二者都处于竞争状态，尚不存在单侧优势。

（二）后天论流派

后天论又称"环境决定论"或"经验论"，该理论的核心观点是强调后天环境的重要性，包括后天的教育。后天论流派以行为主义学习理论为依据，认为语言是一种后天获得的行为习惯，儿童语言的发展正是后天学习的结果。根据对语言行为获得方式的不同看法，又可将后天论分为模仿说和强化说。

1. 模仿说

模仿说的主要观点是认为儿童语言的获得主要是通过对成人语言行为的模仿。这一理论强调模仿情景的重要性，儿童之所以模仿语言，仅仅是为了对这种情景做出响应或对这种情景表示向往。1924年，美国心理学家奥尔波特（F. H. Allport）提出了机械模仿说，他指出儿童语言是成人语言的简单翻版。之后，另一位心理学家摩尔也强调了儿童的语言主要是通过模仿获得的。不过最为人所知的还是美国心理学家班杜拉（Albert Bandura）的社会学习理论，也叫"模仿理论"。班杜拉的社会学习理论在解释儿童的语言学习中也强调语言模式和模仿的作用。他认为，儿童语言的发展和儿童心理的发展一样，并不是一个内部成长和自我发现的过程，而是通过外界社会模式的呈现、社会训练及实践构成的，儿童获得语言大部分是在没有强化条件下进行的观察和模仿，他肯定社会语言范型对儿童言语发展的重大影响，如果没有语言范型，儿童就不可能获得词汇和语法结构。[1]

总体来说，模仿是一种灵活的学习策略，儿童通过模仿成人学习，能较迅速地学会复杂的语言和相关行为。一般来说，模仿说也分为机械模仿说和选择性模仿说，前者认为儿童语言的获得是一系列"刺激—反应"的结果，后者则认为儿童语言的获得是对语言结构的模仿。根据班杜拉的社会学习理论，后天的社会环境对儿童语言发展具有重大作用，尤其是社会语言范型，即强调首先要有语言印象其次儿童才能模仿学习。模仿说虽有不少科学研究的支持，但也存在一定的缺点，主要有以下两点。第一，该理论难以解释儿童语言发展的速度问题。因为按照社会学习理论，儿童需要在学会说话前在社会

---

① 赵寄石，楼必生. 学前儿童语言教育 [M]. 北京：人民教育出版社，1995：70.

环境中倾听并熟记大量语句，显然这是存在问题的，也就是说，儿童全部语言的获得并非完全模仿成人语言得来的。第二，机械模仿说忽略了儿童自身的主动性和选择性，更多的是把儿童语言看成父母语言的翻版，比较片面。因此，模仿说还不能充分说明儿童语言获得的过程，和先天流派的观点一样具有一定的局限性。

2. 强化说

强化说强调"强化"在儿童语言获得中的作用，其主要观点是认为语言是一种"刺激—反应"学习，儿童是通过不断强化学习获得和掌握语言的，其主要代表人物有美国行为主义心理学家斯金纳、美国结构主义语言学家布龙菲尔德等，在当时也是颇具影响力的一种语言发展理论。强化说盛行于20世纪20年代至50年代，起源于苏联心理学家巴甫洛夫（I. P. Pavlov）的经典条件反射和两种信号系统学说。

强化说也是行为主义理论体系的具体表达，这一理论主要是用操作性条件反射的操作行为和强化等概念解释儿童语言的获得。1957年，斯金纳提出了强化理论，包括积极强化和消极强化，该理论强调"强化"在学习中的重要性。斯金纳认为，儿童的语言学习行为主要是通过操作性条件反射进行的。操作性条件反射，即当一个操作行为发生后，再接着呈现强化刺激，那么该操作行为发生的频率就会增加。也就是说，根据斯金纳的这一理论，儿童的语言学习和其他行为功能一样，把语言的获得看成一种操作性行为，特别是通过选择性强化来获取的，语言的操作性条件反射建立在由后天环境引起的声音强化的基础上。例如，当婴儿在牙牙学语时，会自发地、无目的地发出各种声音，而当有些声音类似于成人语言的语音时，父母便通过用微笑、拥抱等积极的方式对此进行强化，并将这些声音逐渐固定下来，久而久之，婴儿发出声音会更接近成人语言的语音，便逐步学会合乎成人语法规则的语言。又如，孩子小时候在认字时念对了会受到周围人的夸赞，从而进一步促使他正确念字读书，这些也体现了"选择性强化"，即只对正确的发音给予正强化。

此外，强化说强调环境因素，即认为儿童语言的发展也同其他行为一样，是一系列"刺激—反应"的结合，儿童语言的获得是对外界刺激的习惯化反应体系，学习说话必须学会根据不同情绪做出不同的语言反应，从而使语言行为与环境相吻合。这种吻合的要求，本身也是环境对儿童语言反应的一种强化。通过这种强化，儿童的语言逐渐变得有效和得体。[①]

斯金纳的强化理论试图归纳出儿童学习及获得语言的过程，然而该理论仍然存在一些无法解释的问题，主要有以下三点。第一，强化是影响儿童语言获得和发展的全部因素吗，儿童语言发展速度之快可以仅仅用"强化"来解释吗？第二，既然强化是建立在"刺激—反应"论与模仿说的基础上的，那这些理论本身存在的缺陷与弊端又该如何解释呢？第三，强化并不能促使儿童明确语言中的语法是否正确，那儿童又是如何理解并正确掌握语言的呢？综上所述，强化说虽有一定的合理性，但也存在一定的片面性和缺陷，至少其忽视了儿童自身在语言学习和语言活动中的主体创造作用。

---

① 高洁.学前儿童语言教育[M].西安：陕西师范大学出版社，2018：9.

（三）交互作用论流派

先天论流派和后天论流派争论的主要焦点便是"儿童语言的学习与获得究竟是先天决定的还是后天决定的"，而两种观点理论都各有其优点与缺点。为了更好地解释儿童语言的学习问题，学者们综合了先天论与后天论两者的观点，提出了儿童语言发展的交互作用论，强调遗传与环境两者是相互依存、转化与渗透的关系。

交互作用论有别于先天论和后天论，其主要观点是儿童语言的学习发展既不是完全靠先天遗传，也不是完全靠后天环境决定的，而是儿童生理因素的成熟（如大脑、发音器官等的生长发育）、认知发展和外界环境等相互作用的结果。根据这一观点，交互作用论流派既不绝对肯定，也不绝对否定语言发展中的先天因素和后天因素的作用，而是倾向于认为两者是联合起作用的。根据交互侧重点的不同，交互作用论主要分为认知与语言交互作用论和社会与语言交互作用论两大类。

1. 认知与语言交互作用论

认知与语言交互作用论又被叫作"语言获得认知相互作用理论"，其代表人物主要有美国心理学家斯洛宾和瑞士心理学家皮亚杰。该理论从儿童认知心理学角度提出了新的见解，皮亚杰指出，语言是儿童认知能力发展的一个标志，其语言获得也是先天因素与后天因素相互作用的共同结果。也就是说，语言是在主客体相互作用过程中通过同化和顺应不断发展的，既重视先天遗传生理因素，也不能忽视后天环境与教育的因素。儿童语言的学习与获得既要依赖其生理成熟，又必须具备一定的认知基础。例如，幼儿园小朋友在认识香蕉时，首先是依靠自己的感觉，通过自身感官如触摸、闻、品尝等促使其内心明白香蕉是一种可以吃的水果；其次是依靠外界如父母、教师告诉他这叫香蕉及其相关的特点，如"香蕉是黄色的，吃的时候要剥皮"等，从而进一步帮助孩子认知新事物，这一过程同时包含了儿童自身主动性和外界的教育影响。

认知与语言交互作用论主要是从儿童语言发展与认知发展的相互关系提出理论假设的。皮亚杰认为，个体的认知结构、能力的发展来源于主客体之间的相互作用，语言产生于人类认知的成熟，是认知组织的一部分，同样地，儿童语言也是在最初的认知发展的基础上发展起来的。或者说，语言是依赖思维的，即儿童必须先具备一定的思维并掌握一定的认知规则后，才能理解相对应的字词和句子。比如，儿童在理解"水果"一词时，必须先认知"苹果""香蕉""橘子"等众多水果，并掌握了一定的认知规则，最后才能真正理解"水果"。

此外，人脑中的先天机制不是语法知识的，而是一种认知潜能，这种一般性的加工能力不但适用于语言，也适用于一切认知能力。儿童的认知潜能与成人有很大的不同，儿童的语言运用，包括运用中出现的错误，不仅显示了他们有关语言结构的知识，而且揭示了他们的知识结构。[①]

从儿童语言发展与认知发展的关系上来看，认知与语言交互作用论认为思维的产生

---

① 赵寄石，楼必生.学前儿童语言教育［M］.北京：人民教育出版社，1995：79.

存在于语言出现之前，也就是说，语言是认知发展到一定阶段的产物。皮亚杰认为，儿童语言发展是遗传机制与社会环境相互作用的产物。其著名的认知发展阶段理论中指出，语言发展是儿童在向环境学习过程中通过不断地同化和顺应实现的。根据这一理论，儿童认知发展主要经过4个阶段：感知运动阶段（出生至1.5岁或2岁）、前运算阶段（2岁至六七岁）、具体运算阶段（六七岁至十一二岁）和形式运算阶段（十一二岁至十四五岁）。在每个阶段中主客体进行相互作用，包括同化、顺应和平衡化，儿童正是通过同化与顺应间的不断平衡化促进其认知的发展。按照这个理论，认知结构制约着儿童语言发展的水平，儿童的语言能力是随其思维、认知能力的发展而不断完善的。

总之，皮亚杰倾向于以认知结构的发展解释说明儿童语言的发展，认为儿童的语言能力仅仅是大脑一般认知能力发展的一个方面，儿童语言的发展也是主体与外界环境相互作用的结果。儿童不是通过被动模仿掌握造句规则的，他们的造句往往具有创造性。[1] 认知与语言交互作用论试图从先天遗传和后天学习交互作用的角度来解释儿童语言的获得与发展，有一定的合理性，然而也并不全面，比如，过分强调了思维和认知水平对儿童语言发展的制约，在一定程度上忽视乃至否定语言发展对儿童思维和认知的反作用。此外，该理论主要强调认知与语言的关系，在某种程度上也忽视了社会交往对儿童语言发展的作用和影响，显然该理论在后天因素的探讨上还不够全面、深入，由此也引出了另一个更折中的理论。

2. 社会与语言交互作用论

基于认知与语言交互作用论存在的问题和缺陷，随后出现了一种更折中的理论，即社会与语言交互作用论，该理论的主要代表人物有布鲁纳（Jerome S. Bruner）、鲁利亚（A. R. Luria）、班杜拉、贝茨（E. Bates）等，和认知与语言交互作用论不同的是它扩大了交互的范围，即不再局限于认知单一因素，而是把参与相互作用的因素扩大到社会环境、语言知识、生理成熟、认知发展等，这些因素的相互作用共同促进儿童的语言获得与发展。

社会与语言交互作用论指出了被其他理论所忽视的一面，这就是特别强调社会环境、语言环境和语言输入的作用，甚至把社会交往看作儿童的一种天性，十分强调儿童与成人的社会交往在其语言习得过程中的重要作用。社会与语言交互作用论是把儿童及其语言环境看作一个动态系统，认为儿童不是语言训练的被动受益者，而是能积极主动地建构语言，成为能动的语言加工者。儿童不仅在认知活动中学习掌握语言，也在社会交往中习得语言。此外，社会与语言交互作用论也强调儿童与成人之间的双向社会交往或是双向互动过程，一方面，婴幼儿天生会对父母的语言进行适当反馈，并以此作为暗示影响父母提供恰当的语言经验；另一方面，成人需要不断与儿童进行交流交往，用恰当语言来维持双方的社会互动。总之，儿童和其语言环境是一个密切相关的社会动态系统，在某种意义上，语言获得的进展速度取决于儿童本身。[2]

---

① 高洁.学前儿童语言教育[M].西安：陕西师范大学出版社，2018：9.
② 张莉娜.学前儿童语言教育[M].北京：清华大学出版社，2019：53.

　　社会与语言交互作用论认为，知识产生于主体与客体的互动过程之中，成人在与儿童的交往中，会自觉地解释孩子的语义或深层结构，比如，孩子发出任意的话语声音，成人都会试图做出相应的解释并尝试扩充这一语言。成人也逐渐习惯于把儿童过于简单压缩的话语表达扩展成完整的句子，使孩子的语言深层结构融入相应的表层结构中，从而逐渐帮助孩子找到想表达的方式，这一方式也使儿童较为容易地学到如何运用语词和结构表达相关的意思。

　　总之，社会与语言交互作用论综合各家之长，是一种调和的新理论，具有许多合理性。它吸收了先天论和后天论的一些合理成分，认为儿童与社会语言环境是一个动态系统，儿童在系统中主动观察并参与与他人的社会交流。语言获得需要先天的语言能力，也需要一定的生理成熟和认知发展，更需要在社会交往中发挥语言的实际交际职能。但它仍然存在以下一些问题：第一，有学者指出社会与语言交互作用论过分强调语言的输入，从而忽视了加工语言的心理过程；第二，对成人与儿童说话的特点和作用的看法也存在分歧，如有人认为两者在交谈时使用的是简化的语言，有人认为随着儿童认知能力的发展，成人对儿童说话的结构也在趋向复杂化，也有人认为即使成人语言对儿童的语言发展起作用，也可能只是一小部分，大部分语言输入在儿童的语言发展中是不起作用的；[1]第三，该理论过于强调语言环境和语言交流经验的作用，而语言环境究竟在儿童语言习得过程中起多大作用、如何起作用，还有待进一步研究。[2]

> **【知识窗口】**
> 　　陈鹤琴：《陈鹤琴教育思想读本·儿童语言教育》，南京大学出版社2013年版。

步骤2　制作学前儿童语言发展基本理论微信推文

小试牛刀：制作学前儿童语言发展基本理论微信推文

　　链接项目任务：请学习小组根据已经搜集、学习到的学前儿童语言发展的基本理论，对其进行整理与思考分析，并配备相关学前儿童语言发展案例，制作成精美的微信推文，在班级内展示、评比。

　　制作时可关注以下要点。

　　1. 内容应充实、完整，包括理论名称、代表人物、主要思想、评价分析，也可运用案例进行具体说明。

　　2. 根据已经梳理的基本理论进一步思考讨论儿童语言发展的影响因素，并加入推文制作。

　　3. 制作精良，排版合理、美观。

---

① 赵寄石，楼必生.学前儿童语言教育[M].北京：人民教育出版社，1995：85.
② 胡秋梦，罗腊梅.幼儿语言教育与活动指导[M].天津：南开大学出版社，2019：8.

学习支持

影响学前儿童语言发展的因素

语言是人类交流交往的重要工具，语言发展也是思维发展的前提。学前儿童语言的习得、发展和掌握是一个极其复杂的过程，会受到各方面因素的影响，包括先天因素与后天因素。

微课学习：学前
儿童语言发展的
影响因素

（一）先天因素

1. 遗传生理因素

学前儿童语言的发展离不开健康的身体器官，如正常的大脑、发音器官、听觉器官、视觉器官等。大脑是中枢神经系统的最高级部位，在大脑中，灰质分布在表层，成为大脑皮层；白质在深部，成为髓质。感觉器官将对语言学习重要的环境信息反馈给大脑，大脑把信息记录、储存和分析，再运用到口语或书面语言上去。若大脑受到损伤，尤其是语言中枢受损，将使得学前儿童的语言发展出现各种类型的语言障碍，从而影响其与社会的交往，此时必须尽快干预让其接受科学的治疗。发音器官包括呼吸器官、喉头声带、咽、口、唇等，只有发音器官正常发育，学前儿童才能具备个人特色的语音。学前儿童语言的发育也依赖听觉器官，尤其是新生儿主要通过听觉输入周围环境中的语言信息，若听觉器官出现障碍，听力就会损伤，从而影响其口语发展。此外，视觉器官也十分重要，所谓"听、说、读、写"，对于任何一门语言的学习、掌握，都离不开阅读离不开视力。总之，只有大脑健康，身体各器官都发育健全的学前儿童，才能较好地学习与掌握语言。

2. 气质个性因素

学前儿童语言的发展与气质类型也有一定的关系，根据当前研究主要有四大气质类型，即多血质、黏液质、胆汁质和抑郁质。多血质的人总体表现为活泼、热情、喜欢与人交流交往等，黏液质的人则表现为安静内敛、反应缓慢、沉默寡言等，胆汁质的人具有精力旺盛、脾气暴躁、情绪兴奋性高、易冲动等特质，抑郁质的人经常表现为孤僻、行动迟缓、不善与人沟通交往等。气质类型相对个性来说是一种较为稳定的心理特征，主要是由先天因素决定的。显然，不同气质类型的人在社会生活中也有较大差异，在对语言的学习把握上更是因人而异。如偏向多血质和胆汁质的学前儿童更善于交流，喜欢与他人交往，这种气质类型在某种程度上能促进其语言的学习与掌握，而偏向黏液质和抑郁质的学前儿童则相对更加安静内敛，不善于与人交往，语言交流的机会就少了很多，其语言水平的发展也会受到一定影响。除了气质类型外，不同的个性品质也会影响学前儿童的语言学习与发展。如性格活泼外向的学前儿童自身会创造更多交流与练习语言的机会，通过在实际社会情境中的不断互动有效提升了语言水平；反之，那些性格安静内向的学前儿童，则会缺少很多与人交往的机会。

（二）后天因素

后天因素是和先天因素相对的，影响学前儿童语言发展的后天因素有很多，其中，最重要的是学前儿童所处的整个语言环境，包括家庭环境、学校环境和社会环境等。此外，语言教育也是影响学前儿童语言发展的一个重要因素，包括教育观、教育内容、教育方式等。

1. 语言环境

如果说先天的生理遗传素质为学前儿童学习语言提供了可能性，那么语言环境则决定了这种可能性的开发程度。从出生开始，学前儿童的第一语言环境便是家庭，父母是学前儿童语言的第一任教师。父母通过给学前儿童创设一个较为丰富的语言学习环境，可以帮助学前儿童较早开展语言交流练习，抓住语言发展的关键期，这样他们的语言表达能力会得到有效发展。不少研究都表明，父母作为学前儿童的语言启蒙者，对学前儿童语言能力的发展具有重大作用。例如，父母的主动提问越多，学前儿童语言能力的表现越好。除了家庭外，学前儿童接触最多的环境便是学前儿童教育机构，如幼儿园是除家庭外的另一个重要的学习语言的场所，且幼儿园里有相对更专业的人对学前儿童进行教育，因此具有家庭教育无法替代的效果。幼儿园就像是一个小社会，学前儿童具备各种交往机会，包括与教师、同伴的交往都会对学前儿童语言的学习和运用产生至关重要的影响。除了提供真实而丰富的语言环境外，教师还会有目的、有计划地设计各类语言活动，让学前儿童在玩中学、做中学，学前儿童通过各类合作性游戏能不断提升口语表达能力，增进语言运用技巧，有效地促进其语言能力的发展。最后，整个社会环境是学前儿童语言发展的基础和大背景。每个学前儿童都是在不同的社会环境下长大的，不同的社会环境也会对学前儿童的语言发展产生各种影响，如不同的社会文化、风俗习惯，甚至是种族与民族差异等都会对学前儿童的语言发展产生影响。

2. 语言教育

在后天因素中，教育因素占了非常重要的地位。无论在家庭还是专门的学前儿童教育机构，教育质量的高低对学前儿童的语言发展都起着极其重要的作用，一般来说，语言教育包括教育观、教育内容和教育方式等。高质量的语言教育除了要有身心健康的学习者与良好素质的教育者外，更重要的是具有科学合理的教育观念。作为教育者，要真正了解学前儿童，知道学前儿童的身心发展特点与规律，能正确认识学前教育阶段的语言教育，抓住学前儿童语言发展的关键期，不要有揠苗助长或是功利化的不良倾向。除了具备正确的教育观、学前儿童观外，教育者还需要科学合理地设计、组织语言教育内容，主要包括创设轻松愉快的真实交流环境、提供专门性的语言教育活动及提供充足的各类图画书等。最后，教育者必须采用科学正确的教育方式，游戏是幼儿园的基本活动，因此，将游戏与语言教育进行渗透融合是较好的教育方式，能让学前儿童在玩中学，潜移默化提升其语言能力，同时，也要利用好阅读角、图书馆等资源，创设更多真实的语言环境，让学前儿童在与同伴交谈、共同阅读中逐步掌握语言。

任务3　制作学前儿童语言教育基本观念宣传海报

探索路径提示

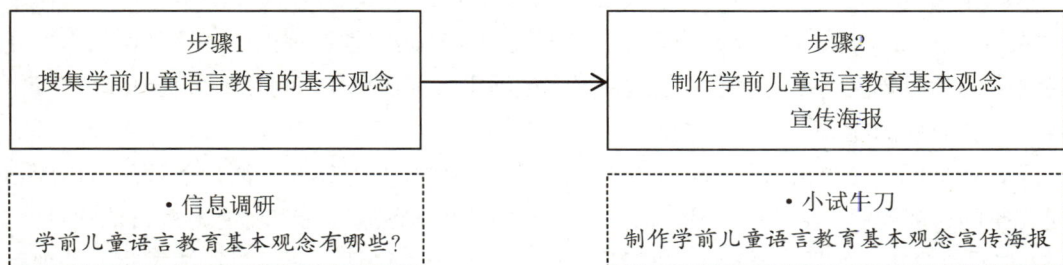

步骤1	步骤2
搜集学前儿童语言教育的基本观念	制作学前儿童语言教育基本观念宣传海报

- 信息调研
学前儿童语言教育基本观念有哪些?

- 小试牛刀
制作学前儿童语言教育基本观念宣传海报

步骤1　搜集学前儿童语言教育的基本观念

信息调研:学前儿童语言教育基本观念有哪些?

请从图书馆或网络渠道查找、收集学前儿童语言教育的先进观念,并联系教育实际,以具体案例做支撑说明。

学前儿童语言教育观念及案例记录表

编号	我收集到的学前儿童语言教育观念	我联想到的案例
1		
2		
3		
4		

一、完整语言教育观

完整语言教育观是指语言教育的目标、内容及过程是完整的。完整语言教育观的理论依据主要为全语言教育理论，全语言教育理论是20世纪80年代美国学者肯·古德曼（Ken Goodman）倡导的语文教育理论，也称为"完整语言教育理论"。[①]该理论指出，儿童语言的学习要回到真实世界，通过在真实生活中实际运用语言可以有效提升其听、说、读、写各方面的能力。

具体来说，完整语言教育观主要包括三个方面的要义。第一，语言教育的目标应当是完整的，即要涵盖关于听、说、读、写四个方面的知识、技能和情感态度价值观目标。《幼儿园教育指导纲要（试行）》也指出：幼儿喜欢与人谈话、交流，能注意倾听并理解对方的话、能清楚说出自己想说的事，喜欢听故事、看图画书。这些都是语言领域的主要目标。对于学前儿童来说，听、说、读、写是其语言发展的四个方面，其中，倾听与表达能力是重中之重，阅读与书写能力在学前阶段则为准备阶段。因此，在学前儿童阶段要注重创设自由、宽松的语言环境，鼓励、支持学前儿童与教师、同伴开展交流，引导学前儿童注意倾听，培养良好的倾听习惯，同时，还要重点激发学前儿童对听故事、看图画书的兴趣，培养其前阅读和前书写的兴趣与技能。

第二，语言教育内容应当是全面的，也就是说，在选择和编排语言教育内容时也要注意完整性与联系性。语言听、说、读、写的内容都要有，而且字、词、句子的学习要循序渐进、关联学习。总之，无论在家庭还是幼儿教育机构的语言教育中，对学前儿童语言的培养一定是综合性的，这也符合其语言的发展规律。

第三，语言教育过程应当具备真实性和形式的多样性。真实性是指在语言教育过程中要创设真实的社会交流情境，如可以将语言教育与真实的社会场景相结合，语言环境的耳濡目染能最有效地锻炼学前儿童的听、说能力，从而快速提升学前儿童的语言交往能力。形式的多样性是指在语言教育过程中要有多种多样的活动，可以在各种活动中渗透听、说、读、写的相关内容，这不仅符合现代幼儿教育理念，也能激发幼儿学习语言的兴趣，真正实现完整学习。

二、整合语言教育观

整合语言教育观是指把儿童的语言学习看成一个整合的系统，即儿童语言发展与其认知、情感、社会性等方面的发展是整合一体的关系，互相依存，紧密相连。整合语言教育观的理论依据主要为"三环学说"和"四范畴说"。

---

① GOODMAN K S. What's whole in whole language[M].Porstmouth，NH：Heinemann，1986：2.

整合语言教育观认为，学前儿童语言教育并不是独立的、简单的语言知识和技能教育，而应该加强语言领域与其他各领域之间的整合，促进幼儿实现整体发展。

具体来说，整合语言教育观的内涵有三层。第一，语言教育目标是整合的，即学前儿童语言目标包括认知、动作技能和情感态度三个方面，不能单一发展或是将这三者进行割裂，同时，也要考虑语言教育目标和其他领域目标相融合，并以此促进学前儿童在整合的语言教育环境中获得语言和其他方面的共同发展。不过需要注意的是，语言教育的目标要以语言教育目标为主线。第二，语言教育的内容是整合的，即社会知识、认知知识和语言知识的整合。因此，在设计、选择教学内容时要充分考虑这三种知识的有效结合，还需要遵循维果斯基的最近发展区理论，考虑学前儿童的语言教育内容既要有一定的挑战性，又要符合其语言发展规律。此外，学前儿童语言教育内容中也可以融入其他领域的内容，如可以在活动实施中结合绘画、戏剧等手段，不仅能促进其他领域的发展，绘画等能力的发展对其语言发展也具有促进作用。第三，语言教育的方式是整合的。学前儿童语言教育目标与内容的整合性也引发了教育方式的整合趋势，其中突出特点是其活动性。因此，语言教育活动形式也是整合的，除了专门的语言教育活动外，还可以整合各种区域活动、游戏、晨间谈话等，且在专门的语言教育活动中形式应多样化，如采用集体活动、小组活动、个别活动相结合等。

【知识窗口】

任姹婷、杨庆华：《儿童语言学习系统理论刍议》，《当代教育论坛（管理研究）》2010年第8期。

三、活动教育观

学前儿童语言的活动教育观是指要发挥学前儿童在语言学习中的主观能动性，并突出其活动性，利用多样化的活动组织学前儿童语言教育过程。活动教育观的理论依据主要是皮亚杰的认知发展理论。认知结构的学习涉及图式、同化、顺应和平衡这四个基本概念。简单来说，图式是学前儿童面对外部世界学会更多复杂动作的基础，同化是指将外界的信息融入自身的认知结构之中，顺应是指为适应外界环境刺激不断地改变原有认知结构或建构一种新的认知结构。同化和顺应都是学前儿童探索外部世界改变自身认知结构的方式，只有通过不断同化、顺应这两种方式与外界新刺激进行相互作用达到平衡，学前儿童的认知才可以不断发展。

学前儿童语言活动教育观的内涵主要包括以下三个方面。第一，活动教育观强调要充分发挥学前儿童的主动性，教育者要尽可能为学前儿童提供充分运用语言的机会与平台。学前教育阶段正是一个人语言习得的关键期，其语言发展主要是通过自身与外部环境互动实现的，因此，语言教育活动其实为学前儿童提供了一种学习媒介或情境，使学前儿童能与包含丰富语言要素的外部环境进行相互作用。第二，活动教育观需要利用多样化的活动来组织和操作。学前儿童玩中学、做中学的学习特点决定了学前儿童在语言学习过程中需要采用多种形式的活动，如结合区域游戏、体育游戏、戏剧表演等，通过多元的活动让学前儿童亲身体验，动手操作，进行社会交往，这使学前儿童在玩中逐步学会运用语言。第三，学前儿童语言的活动教育观注重发挥学前儿童在语言学习中的主体地位及教师的主导作用。简单来说，教育者在设计、组织与实施语言教育活动时应充分考虑学前儿童的年龄特征，顺应学前儿童身心发展规律，致力于发挥学前儿童在语言教育活动中的主动性、积极性、独特性和创造性，使学前儿童成为学习的主人；教师的主导作用要求学前儿童教师要做好学前儿童语言教育活动的支持者、合作者和引导者，引导学前儿童发现和体会语言之美、语言作用，不断支持学前儿童自主学习探索，为学前儿童提供朋友式、伙伴式的帮助。

步骤2　制作学前儿童语言教育基本观念宣传海报

小试牛刀：制作学前儿童语言教育基本观念宣传海报

请学习小组根据已经学习的关于学前儿童语言教育的先进观念，选择其中一种或多种，梳理相关内容，制作成宣传海报，并进行展示。

制作时请参考以下要点。

1. 内容充实、完整，无知识性错误。

2. 排版合理、美观，制作精良。

项目验收　公益直播——学前儿童语言教育科普课堂

请系统学习、回顾本次项目及各项任务，充分利用各任务步骤中已有的学习成果，开展一次学前儿童语言教育科普知识的公益直播。

验收流程

自由分组—组内分工（如策划、文案、主播等）—选定时间—班级公益直播—过程录制—项目验收评估。

验收标准

序号	验收项目	分值	评定标准	评定结果		
				自评	组间	教师
1	任务分工	25	1. 团队目标明确，团结意识强 2. 成员分工明确、合理，愿主动承担任务 平均：			
2	直播内容	25	1. 内容设计科学、规范，没有专业知识错误 2. 内容设计生动、形象、易懂，具有科普性 平均：			
3	直播表现	25	1. 直播内容紧扣主题 2. 直播表现生动激情，投入度高，具有信念感 平均：			
4	直播好评度	25	直播视频在网络转发后，点赞数达到 1. 100个及以上——25分 2. 80～99个——20分 3. 60～79个——15分 4. 40～59个——10分 5. 40个以下——5分			
项目验收总评分/等第						

注：评分70分以下为不合格，70～79分为合格，80～89分为良好，90分及以上为优秀。

项目2 创作学前儿童语言发展微剧作品

💡 项目情境

在21世纪网络社会崛起的背景下，信息素养是考量一个国家公众素质的重要指标。培育提升公民信息素养，是我国网络强国战略的重要组成部分。为提升学生信息素养，近期，学校正组织开展"传播专业正能量"校园微剧大赛。

你和团队成员决定参与本次大赛，计划立足专业优势，以0~6岁儿童语言发展的特点与具体指导策略为内容，让广大家长粉丝、幼儿教育工作者通过生动形象的公益短视频学习相关专业知识。请你们合作设计一个剧本，包括角色分配、具体场景、具体剧情，并通过生动演绎阐释各年龄阶段幼儿的语言发展特点、演示教养者的教育指导策略。你们最终的任务成果是产出一部5分钟以内的公益微剧，并进行网络传播及大赛评比。

🔲 学习目标

知识目标
感知、理解0~6岁儿童语言发展的各阶段及其典型特征表现。

技能目标
能够借助多种渠道，收集学前儿童各阶段语言教育的指导策略并规范操作。

素质目标
具有团队合作意识，积极参与微剧表演与短视频制作，具备良好的信息素养。

📝 学习任务单

任务单编号	2	项目任务	创作学前儿童语言发展微剧作品
学习资源准备	图书《0~6岁儿童发展的里程碑》，表演舞台与道具，录影设备			
实训任务拆解	任务1 编制学前儿童语言发展简表 　　步骤1和步骤2：调研分析0~6岁儿童语言发展的特点 　　步骤3：编制0~6岁儿童语言发展简表 任务2 录制学前儿童语言发展微剧 　　步骤1和步骤2：收集0~6岁儿童语言教育指导策略 　　步骤3：录制学前儿童语言发展微剧			
项目验收评价	微剧大赛——解锁学前儿童语言发展的秘密			

任务1　编制学前儿童语言发展简表

探索路径提示

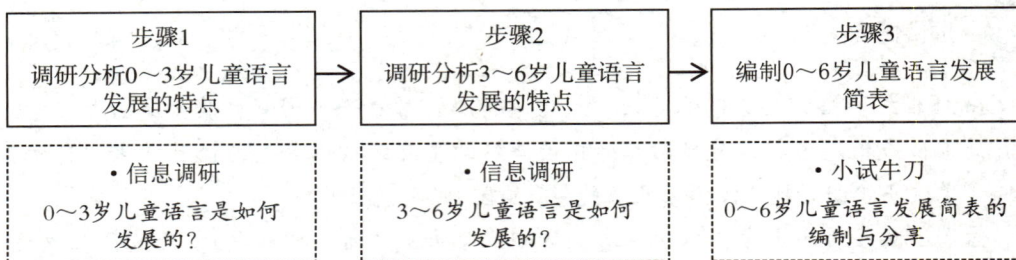

步骤1	步骤2	步骤3
调研分析0~3岁儿童语言发展的特点	调研分析3~6岁儿童语言发展的特点	编制0~6岁儿童语言发展简表

- ·信息调研
0~3岁儿童语言是如何发展的？

- ·信息调研
3~6岁儿童语言是如何发展的？

- ·小试牛刀
0~6岁儿童语言发展简表的编制与分享

步骤1　调研分析0~3岁儿童语言发展的特点

信息调研：0~3岁儿童语言是如何发展的？

请你在身边寻找几位0~3岁儿童，尝试与其互动，重点观察其语言发展表现，并完成以下调查表（也可利用网络资源完成探索）。

0~3岁儿童语言发展特点调查记录表

姓名	年龄	语言发展特点（可举例说明具体表现）		
		语音	语词	语法
	0~1岁			
	1~2岁			
	2~3岁			

一、0～1岁儿童语言的发展

婴儿自呱呱坠地起便开始学习语言。儿童从出生到1岁左右的语言学习，是正式语言运用的言语准备阶段，即前言语阶段。在前言语阶段，儿童感知语音的能力是他们获得语言的基础，这个过程大致可以分为三个阶段。

（一）简单音节阶段（0～3个月）

哭叫是婴儿在此阶段的主要发音活动。在此时期，啼哭是其情绪与需求表达的主要方式，辨音能力初步发展，对声音有反应，能发出部分单音节。

1. 听觉感受能力：对语音敏感，具备一定辨音水平

近年来国内外的一些研究均表明，早在胎儿期5～6个月，胎儿就具备了听觉，在孕30周时，听觉及大脑的感应机制已发展成熟，且能听出母亲讲话。

首先，这个阶段的婴儿既能分辨语言与其他声音，也能分辨出母亲的声音。出生12天的新生儿能以目光、吮吸、蹬腿等身体行为，对人类语音和普通声音的刺激做出不同的反应。其次，他们能分辨熟悉的声音与陌生的声音。出生24天后的婴儿能对男人和女人的声音，抚养者（如父母）和不熟悉者的声音做出明显不同的反应。[1]还有研究者认为，如果采用了足够敏感的测试程序，那么婴儿最初可以分辨几乎所有的语音范畴对比，无论是母语的还是非母语的。[2]

2. 语音表达能力：能发出单音节

这个阶段婴儿基本韵母发音较早，且以元音为主。曼纽克发现，婴儿在放松状态下较多地发"a""o""u"等音，但在饥饿、焦虑时较多地发"i""e"等音。此时，声母发音还很少，主要是"h"音，偶尔出现"m"音。

3. 语言交际能力：出现交际倾向，并伴随相应动作反应

美国加州婴幼儿发展专家和早期教育顾问林秀锦博士指出，虽然婴儿早期的啼哭只是其内在感受的反射性反应，但是哭声起到了沟通的作用，并且婴儿的哭声随着月龄成长而不同，养育者因而也逐渐能辨别不同的哭声所含的意义，如饥渴、尿湿或疲惫、身体不适等；同时，当婴儿在生理需要得到满足之后，对成人的逗弄和语言刺激报之以微笑或用咿呀作声或身体的同步动作。[3]

---

[1] 张明红.幼儿语言教育［M］.3版.上海：上海教育出版社，2015：62-63.

[2] WERKER J F，LALONDE C E. Cross-language speech perception：Initial capabilities and developmental change［J］. Developmental psychology，1988（24）：672-683.

[3] 林秀锦.婴幼儿的人际沟通和语言发展以及相关的回应和促进策略［J］.东方娃娃·保育与教育，2012（6）：28-33.

（二）连续音节阶段（4～8个月）

1.听觉感受能力：辨音能力增强，能初步辨别语调、语气和音色

研究发现，4个月的婴儿对愉悦的和冷淡的语调有反应；约6个月之后，他们能同时感知愉悦、冷淡、愤怒3种不同的语调并做出相应情绪、动作反应。[①] 这个时期的婴儿十分关注父母或其他成人说话时的语调、语气、音色，并从中判断对方的情感态度。

2.听觉理解能力：懂得简单的词、手势和指令，理解具有情境性

由于成人不断地给婴儿语言刺激，此时的婴儿已能听懂成人日常生活中的部分语言，能辨别家里人不同的称呼，会指认一些日常物体。但此时的理解具有情境性，他们往往只是根据成人说这些词时的不同语调和手势而判断出来的。

3.语音表达能力：主动发音，经常发出连续音节

大约从4个月起，婴儿发音明显活跃，主动发音明显增加，主要分为两类，一是对成人的社会性刺激进行发音回应；二是发音从单音节发声过渡到重叠多音节发声，如发出"dù—dù""a—ma—ma—ma—ma"等声音。[②]

4.语言交际能力：萌现"规则"雏形

在产生交际倾向之后，婴儿的前言语交际进入一个似乎在学习基本交际"规则"的阶段。4个月左右的婴儿会对成人的话语逗弄给予语音应答，与成人"对话"时，会出现与成人轮流"说"的倾向。在4～10个月，婴儿逐渐学习使用不同的语调表达自己的态度，而这种表达往往伴以一定的动作和表情。例如，用尖叫声、蹬腿等动作表明不满，用平静温和的语调及表情表示愉快。此时，婴儿的前言语交际已有明显的"社会性"成分。

（三）学话萌芽阶段（9～12个月）

1.语言表达能力：不同连续音节明显增加，能说出简单字词

在语音表达方面，大脑和口腔发音器官的逐步发育帮助该阶段婴儿去扩展发出更多样、复杂的连续音节，能发出的辅音增多，其发音形式出现重音和升调，并且喜欢模仿成人的发音。

在词汇表达方面，大约从10个月开始，婴儿会说出第一个有真实意义的词，这是婴儿语言发展过程中最重要的一个里程碑，例如，这一阶段大部分婴儿能准确运用"爸爸""妈妈"两个词，并能说出单字或用手指方式表达意图。

2.听觉理解能力：理解、执行简单指令性语言

婴儿大约到9个月后，理解水平快速发展。如果把婴儿理解的最小话语单位称为"语元"的话，如"走""看"等，那么婴儿在这一阶段已经可以理解230个不同的"语元"。[③]

---

① 周兢.汉语儿童的前语言现象[J].南京师范大学报（社会科学版），1994（1）：45-50.
② 许政援.三岁前儿童语言发展的研究和有关的理论问题[J].心理发展与教育，1996（3）：3-13.
③ 李宇明.人生初年[M].北京：商务印书馆，2019.

3. 语言交际能力：语言交际功能扩展

基于上述理解能力，该阶段婴儿已经能执行成人简单指令，并建立相应的动作联系，一定的语音能和实体相联系。例如，成人说"拍拍手"，他们会双手拍动，该阶段后期的婴儿还能使用单字或手指的方式表达意思。

二、1～2岁儿童语言的发展

经历了前面近一年的言语准备阶段，儿童开始进入学习口语的全盛时期，即言语发生阶段。研究表明，婴幼儿从13个月词汇量即出现猛增，比以往研究结果提前，在一定程度上说明，婴幼儿一旦突破发困难音节能力的限制，就可以自如地输出更多的词。[①]根据儿童语言发展的基本情况，它又可以被分为两个阶段。

（一）单词句阶段（1～1.5岁）

在这一阶段，婴儿往往用一个单词表示一个句子、多种不同的含义，我们称为"单词句"。如孩子说"妈妈"，这时"妈妈"这个词常常反映多种意思，有可能是让妈妈抱，也可能要吃什么东西，还可能要一个东西玩等。单词句阶段的词表达的意思是不精确的，情境性强，家长常常需要把孩子说话时附加的手势、表情、体态等作为参考的因素，来确定孩子说话的含义。

微课学习：单词句阶段幼儿的语言发展特点

1. 词汇表达能力：命名与使用新词

在词汇能力方面，出现以声代物、以形代物的现象。以声代物，如把"狗"称作"汪汪"，把"猫"称作"喵喵"；或者用某种声音代表人的某种活动，如用"嘘嘘"声代表小便。以形代物，如把毛绒玩具叫作"毛毛"等。

由此可见，这一阶段婴儿的词汇能力有所提升，但在命名和使用新词时常会出现表意"泛化""窄化""特化"等现象。

2. 语音表达能力：发音有提升，但仍然不准确、不清晰

该阶段儿童在发音能力上有所进步，但仍有一个发展特点就是发音不准确、不清晰，常常表现出一些特殊的发音策略，漏音、丢音或替代发音。

（二）双词句阶段（1.5～2岁）

1.5岁后，儿童说话的积极性很高，出现"词语爆炸"现象，词汇量高速攀升，词句的掌握也迅速发展，由单词句向双词句，再向完整句发展，主要表现在以下几个方面。

1. 词汇表达能力：数目和种类日益攀升，出现"词语爆炸"现象

这一阶段儿童表达欲明显提高。如18个月的儿童经常挂在嘴边的是20个左右单词，到24个月则能说出300个左右单词。如此学习词汇的惊人速度，我们称为"词语爆炸"。

---

① 王粉燕，张冀莉，闫琦.婴幼儿语言早期发展1509例资料分析[J].中国妇幼健康研究，2013，24（3）：282-284.

2. 词汇理解能力：逐步摆脱具体情境的制约

这一阶段的儿童进入了真正理解词语的阶段，对词义理解逐步加深，词的概括性也逐渐提高。如儿童已经由只认识穿红衣服的娃娃，过渡到把穿不同衣服的娃娃都叫娃娃。"娃娃"一词就由具体变为概括了。

3. 语句表达能力：以双词句为主，喜欢提问

双词句即由两个单词组成的句子。如妈妈抱抱、爸爸班班（上班）等。由于表达习惯类似电报用语，又被称为"电报句"。在本阶段末期，儿童语言中还会出现复合句，因此该阶段是单词句、双词句、复合句多种句式并存的阶段。

在本阶段后期，儿童会出现人生第一个反抗期。觉醒的自我意识转为身心的独立渴望，在语言发展上主要表现为语言的自主性与反抗性，他喜欢提问，常问"是什么""为什么"，以满足好奇心；也常把"不"挂在嘴边以示拒绝。

三、2～3岁儿童语言的发展

2～3岁儿童开始逐渐学习使用合乎语言规范的句子进行表达交流，该阶段是掌握口语的关键时期，又称"复合句阶段"，可分为初步掌握口语阶段和目标口语初步发展阶段。

（一）初步掌握口语阶段（2～2.5岁）

在这一阶段，儿童在语音和词汇方面取得显著进步，产生了复合句，能用比较完整的句子与人交往，表达自己的要求和愿望。

1. 语音表达能力：语音逐渐稳定和规范

由于发音器官发育逐渐成熟，儿童发出唇音已基本没有困难，如"b""p""m""f"等，但对于舌音掌握还存在困难，如"zh""ch""sh""r"等。

2. 句式表达能力：能运用多种简单句句型

在儿童所使用的句子中，简单句占90%左右，句子的含词量也在不断增多，在25～27个月出现了三词句，28～30个月出现了四词句。但其表达水平仍处在情境语言阶段，说话不连贯，常辅以动作和面部表情。[1]

3. 语言理解能力：能基本理解成人所用的句子，但仍具表面性

2～3岁儿童词汇量迅速增长，语言的理解能力迅速提高，对词义的理解也日益接近成人用词的含义。但对某些词汇在理解上还具有直接性和表面性。

此外，他们还常常使用接尾策略回答问题，如成人问"吃了没有？"（刚吃完饭），常回答"没有"。

---

① 张明红.幼儿语言教育[M].3版.上海：上海教育出版社，2015：84.

【知识窗口】
　　郑厚尧：《影响儿童理解选择问句的若干因素》，《语言研究》1993年第1期。

（二）目标口语初步发展阶段（2.5～3岁）

这一时期儿童对语音系统和基本的语法规则已掌握，具有了一定的词汇量和语言运用技能，语感已开始形成，并能运用语言进行一般的日常语言交际。

1. 词汇运用能力：储量迅速增加，开始使用人称代词

儿童到了3岁左右，对新词句表现出较大的兴趣。词汇量是两周岁时的3倍，是儿童新词不断习得并运用的阶段。同时，人称代词也被逐步掌握。因其处于自我中心阶段，他们最常用的代词是"我""我的"。

2. 句式表达能力：能说出完整的句子，出现了多词句和复合句

在此阶段后期，儿童说话的方式基本上和成人差不多。开始能用完整的句子与人交往，其中以陈述句为主；这阶段中单词和单词句所占比例明显下降，而复合句上升到30.5%；简单句中复杂谓语句比例也有上升；另外，句子明显加长，言语表达的内容也有发展。[①]同时，他们对文学语言也很感兴趣，并且愿意模仿，喜欢听儿歌、故事，喜欢反复聆听或重复吟诵。但该阶段的儿童口语表达仍不太熟练，经常会出现"破句"现象，如换气不畅、说话断续。

3. 语言交际能力：言语功能越发丰富、准确

这一阶段儿童已具备回答、提问、问候、告知、告状、争执、命令、请求等言语功能，功能越来越丰富、准确。他们逐渐学会轮流讲话、等待共同话题等交流策略方式与他人交流。

步骤2　调研分析3～6岁儿童语言发展的特点

信息调研：3～6岁儿童语言是如何发展的？

　　请你利用在幼儿园参观、见习、实习等机会（或借助网络资源），与小、中、大班幼儿互动交流，重点观察其语言发展特点，并采访各年龄阶段带班教师进一步了解，完成以下调查表。

---

① 许政援.三岁前儿童语言发展的研究和有关的理论问题[J].心理发展与教育，1996（3）：3–13.

3～6岁儿童语言发展特点调查记录表

姓名	年龄	语言发展特点（可举例说明具体表现）		
		语音	语词	语法
	3～4岁			
	4～5岁			
	5～6岁			

学习支持

一、3～6岁儿童语音的发展

在学龄前阶段，儿童语音方面的进步主要表现在以下方面。

（一）基本掌握母语的全部语音

一般而言，出生的头3年，儿童的语音辨别能力已经发展较好，仅对个别相似音，如"l"和"n"，"b"和"p"等还有可能存在混淆，但正确发音比听音要难一些。随着儿童发音器官的成熟和大脑机能的完善，他们的发音能力逐渐提高。

一份北京地区说汉语普通话的207名学前儿童口语资料分析结果显示，所有的声韵母，除"l"外，在5岁前全部稳定。音位的稳定不仅有年龄顺序，在获得稳定的过程方面也有长短的区别。发音偏误率随年龄增长不断降低，显示儿童的语音掌握情况逐步提升，而声韵母的获得基本是同步的，最晚稳定的声母是舌尖音[1]，如平翘舌音不分，"z、c、s"和"zh、ch、sh"混淆；最晚稳定的韵母是鼻韵母，如前后鼻音不分，常常把"不

---

[1] 姜莹.3—6岁普通话儿童的语音发展特点[D].北京：北京师范大学，2009.

行（bùxíng）"念成"bùxín"；边音和鼻音不分，会把"牛奶（niúnǎi）"说成"liúlǎi"等。

（二）语音意识明显增强

语音意识是指语音的自我调节机能，即儿童能自觉辨别发音是否准确，自觉模仿正确发音，主要表现在两个方面。一是能评价别人发音的特点，指出或纠正别人的发音错误，或者笑话、故意模仿他人的错误发音等。二是能自觉调节自己的发音。例如，有的儿童不愿意在别人面前发自己发不准的音；有的儿童发出一个错误的音之后，不等别人纠正自己便先脸红了；还有的儿童知道自己有些音发不准确，会主动学习改正。通常情况下，4～5岁的儿童能主动练习正确的发音，主动、自觉地学习语言，这对其语言的发展有很大的促进作用。

二、3～6岁儿童词汇的发展

3～6岁儿童词汇的发展主要表现在词汇储量迅速增加、词汇类型不断扩大和词义理解逐渐确切三个方面。

微课学习：3～6岁
儿童词汇的发展特点

（一）词汇储量迅速增加

随着儿童年龄的增长，他们的言语能力不断提高，词汇量也稳步增长。研究普遍认为，3～6岁是儿童词汇量增长最迅猛的阶段，每年增长1000个词左右。目前较为认可的数据是：3岁儿童的词汇量为900～1100个，4岁为1600～2000个，5岁增至2200～3000个，6岁可达3000～4000个。[①]

（二）词汇类型不断扩大

词汇储量的增加从数量上说明儿童语言能力的发展，而词汇类型的不断扩大则从质量上表明儿童语言能力的进步。

与词汇量一样，儿童掌握的词汇类型也是随着年龄的增长而扩大的。儿童一般先掌握实词，后掌握虚词。从词量上来看，儿童掌握的实词多于虚词，而实词中又以名词数量为最多，动词次之。从词频的发展来看，3～6岁这个阶段，儿童使用最多的实词是动词和名词，其次是形容词、副词、代词，最后是数量词、叹词、拟声词；此阶段儿童使用虚词的频数较词型的增加量更显著，如语气词和助词虽然数量不多，但儿童使用的频次较多。此外，儿童词汇类型的扩大还体现在词汇内容上。儿童最初掌握的词汇多是与自己生活密切相关的，如"爸爸""妈妈"，然后逐渐掌握一些与自己关系稍远或略为抽象的词汇，如"祖国""诚实"等。

（三）词义理解逐渐确切

儿童对词义的理解是一个由浅入深的过程，随着年龄的增长、认知能力的提高和经

---

① 胡秋梦，罗腊梅.幼儿语言教育与活动指导[M].天津：南开大学出版社，2019：1.

验的丰富，儿童对词义理解不断发展进步，主要表现为以下两个发展趋势。

1. 词义的理解从片面到全面

对成人词义的过分缩小或扩充现象逐渐减少。例如，逐渐能理解"车车"不仅代表自己的玩具车，还表示各种各样的车，如自行车、小汽车、公交车等；能逐渐理解"小猫"、"小狗"和"兔子"等分别有自己的名字，不再笼统地称它们为"毛毛"。

2. 逐渐理解一词多义及词与词之间的关系

例如，"好吃"一词中"好"读三声时，表示食物味道很棒；而读四声时，则是形容人们喜欢吃东西或贪吃。

此阶段儿童虽然在词汇储量、词汇类型和词义理解方面都有显著进步，但从总体上来说，他们的词汇量还是较为贫乏的，在词汇理解和使用上仍然存在很多错误。因此，成人应当为儿童创造多种倾听和使用词汇的机会，促进儿童词汇的发展。

三、3～6岁儿童语法的发展

儿童对语法的掌握主要表现在语句的发展和句子的理解运用两个方面。

（一）句型和句子结构不断丰富完善

1. 句型从简单到复杂

儿童的语言发展先后经历了单词句阶段（1～1.5岁）、双词句阶段（1.5～2岁）、初步掌握口语阶段（2～2.5岁）和目标口语初步发展阶段（2.5～3岁），这体现了儿童掌握句型从简单到复杂的一般规律。儿童最初掌握的简单句是没有修饰语的，如"宝宝饿了""宝宝觉觉"等，之后才慢慢出现简单修饰语和复杂修饰语。3岁以后，儿童开始学习使用较为复杂的修饰语；4岁左右能说出一些带有复杂修饰词的句子，且随着年龄的增长不断增多。但从总体上来看，整个儿童阶段，儿童还是以使用简单陈述句为主，复合句为辅的。

2. 句子结构从混沌松散到分化严谨

儿童掌握句子是从单词句开始的，也就是说用一个词来表达整句话的含义，这样的句子结构混沌不清且不完整，漏掉了很多句子成分。而3岁以后，儿童开始学习使用带有修饰语的句子，其能掌握的句子结构较之前更复杂，句子成分也开始分化。此外，随着年龄的增长，句子结构逐渐严谨起来，儿童逐渐学会使用完整句，缺漏句子成分的现象不断减少。比如，从最初只会用"饭饭"来表明吃饭的愿望，到说出"我要吃饭"的简单句，再到能说出"我饿了，想要吃饭"的复合句，充分体现了此阶段儿童语法的不断完善。

（二）句子的理解和运用逐渐准确

儿童理解句子是先于运用句子发生的。也就是说，儿童在开口说话之前，已经能听懂许多话的意思。在3～6岁这个阶段，儿童理解和运用语句的能力明显增强，并且更加准确。1岁之前，儿童能听懂成人的某些简单句并能按成人的指令行事。2～3岁，大部分儿童已经能与成人进行简单的交流。但是，在这个阶段，他们能理解的句子大多是简单句，一些成分和修饰语复杂的句子对于他们来说难度较大；而且他们能使用的句子非常有限，常常使用词语或词语组合表达自己的意思。而3岁以后，儿童能理解成人使用的一些复合句，而且开始学习使用带有复杂修饰语的句子。4～5岁的儿童已经能与成人较为自由地交谈，且喜欢向成人提出各种各样的问题并渴望得到解答。但是，一些结构复杂或较为抽象的句子对于他们来说仍然是具有很大难度的，往往无法准确理解。

步骤3　编制0～6岁儿童语言发展简表

小试牛刀：0～6岁儿童语言发展简表的编制与分享

链接项目任务：请整理步骤1、步骤2中积累的学习资料，编制0～6岁儿童语言发展简表，并在课堂上展示汇报。建议包括以下内容模块。

（1）进行特征阶段的划分。

（2）呈现各特征阶段儿童语言发展的典型表现。

（3）为典型表现辅以具体案例说明。

（4）梳理0～6岁儿童在语音、词汇、语法方面的整体发展趋势。

（5）谈谈自身的学习感悟。

（6）简表形式自定，可以用计算机绘制，也可以手工绘制等。

"知识窗口"中的学术资料供你拓展阅读，请自行检索相关文献并认真阅读，以便更好地完成本步骤任务。

【知识窗口】

时秀娟：《简论汉语儿童语音习得研究的理论探索》，《语言文字应用》2007年第3期。

陈萍、许政援：《儿童最初词汇的获得及其过程》，《心理学报》1993年第2期。

任务2　录制学前儿童语言发展微剧

探索路径提示

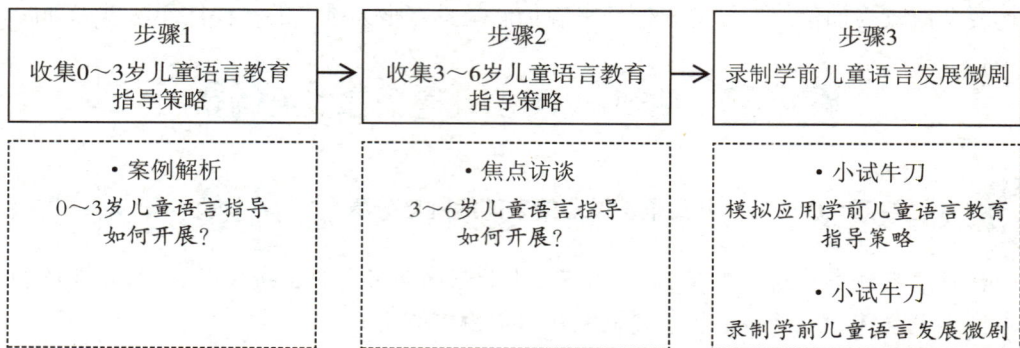

步骤1 收集0～3岁儿童语言教育指导策略	步骤2 收集3～6岁儿童语言教育指导策略	步骤3 录制学前儿童语言发展微剧
·案例解析 0～3岁儿童语言指导如何开展？	·焦点访谈 3～6岁儿童语言指导如何开展？	·小试牛刀 模拟应用学前儿童语言教育指导策略 ·小试牛刀 录制学前儿童语言发展微剧

步骤1　收集0～3岁儿童语言教育指导策略

案例解析：0～3岁儿童语言指导如何开展？

来园时的"宝宝天天说"是培养婴幼儿语言的良好时机（节选）①

……

通过一段时间的实践，我发现"宝宝天天说"对婴幼儿的语言发展起着不小的推动作用。"宝宝天天说"是我园为婴幼儿在来园时创设的一个传统区域。教师为婴幼儿在来园时创设一个宽松的氛围，为婴幼儿提供各种各样的卡片，让婴幼儿学习语言。

1. 来园活动时，能充分利用家长资源，家长指导率高

【案例】

"快，跟老师问好。"只见顾诗濛和奶奶手拉手走来了。我连忙微笑着和他们打招呼。"早上好，顾诗濛。""老师早！"说完，顾诗濛主动抽取了一张卡片，上面是一只小白兔。她说："老师，一只小兔子。""对，一只小白兔。"我正想提几个问题，耳旁又响起了"老师早"的声音。一看，是黄梦萱，我在跟黄梦萱打招呼的同时对顾诗濛说："你来讲给奶奶听，好吗？""好的。"只听奶奶问："小兔子喜欢吃什么？""喜欢吃萝卜、青菜。""小兔子是怎么走路的？""一跳一跳的。""对，我们可以讲一蹦一跳。""小兔子身上的毛是什么颜色的？""白的。""小兔子的眼睛是什么颜色的？""红的。"奶奶在一旁露出了赞许的微笑。

---

① 华爱华，黄琼.托幼机构0～3岁婴幼儿教养活动的实践与研究[M].上海：上海科技教育出版社，2006：266-269.

【反思】

"宝宝天天说"可以利用一日活动的任何一个环节进行，但对于托班婴幼儿来说，最重要的是一对一、面对面地交流，需要成人一起参与、一起应答、一起体验情感、一起学习语言。心理学家布鲁纳认为："儿童不是在隔离的环境中学习语言，而是在和成人的语言交往实践中学习，和成人的语言交流是儿童获得语言的决定性因素。"而来园时，我们可以充分利用家长资源共同教育（通过观察，家长的指导率达90%），使婴幼儿的语言表达能力得到更好的发展。

2. 来园活动时，是个别指导的有利时机，教师指导率高

【案例】

7点40分，黄梦萱来了。"老师早！""黄梦萱早！"我和她来了一个大拥抱，并亲了亲她的小脸，她开心地笑了，高兴地跟爸爸说再见。"来，我们抽张卡片说一说。"她看到的卡片是一扇窗户。我问："这是什么呀？""门。""再仔细看看。""是窗户。""对，是一扇窗户，你家里有窗户吗？""有。""和卡片上面的一样吗？""不一样。""那是什么样子的？""是可以动来动去的。""这扇窗户也是可以动的，它是往外打开的，你家的窗户是不是移来移去的。""对，移来移去的。""你家窗户往外能看到什么呢？""看到树、花、汽车、人……"就这样，我和她在"宝宝天天说"里进行了整整10分钟的对话，直到第二个孩子进入教室，她才到别的区域玩。

【反思】

从入园到现在，幼儿的情绪趋于稳定。大部分幼儿每天早上都渴望来园，而一到下午午睡起床，他们又都盼望着离开幼儿园回到父母的怀抱。来园时这段时间，是婴幼儿一天中精力最旺盛、注意力最集中、最容易了解事物的时候，而教师有更充分的时间以一对一的方式给予孩子更多的亲近和关爱。婴幼儿正处于情绪感受最敏感的时期，教师的亲近和关爱，能给予他们一个宽松和谐的氛围、一个适宜开口的心理环境。婴幼儿只有处于放松状态之中，心理无半点压力，才可以大胆放开说。教师抓住这一宝贵时机，有目的、有计划地开展语言教育，往往能取得事半功倍的效果。

……

2～3岁婴幼儿的注意及记忆是无意的、短暂的。因此，除了专门设计的语言教育活动之外，更要以全语言的教育观念将语言学习融合在日常生活和各领域的学习活动中，教师要因时、因人有意识地对孩子进行语言教育。

总而言之，婴幼儿的语言学习是与生活密不可分的。教师和家长要做有心人，为婴幼儿提供动脑、动手、动口的生活环境和学习材料，并寻求一个恰当的时机，激励和支持婴幼儿有意义地使用语言，使婴幼儿成为主动的学习者，让他们开心、开口、开窍。

（上海市宝山区小主人幼儿园　徐葵）

阅读以上案例，思考判断下列问题。

1.案例中的幼儿处于哪个语言发展阶段，该阶段其语言发展特点主要有哪些？

2. 案例中的教师/家长采用了哪些方法帮助幼儿发展语言能力，有什么好处？如果你是教养者，你还会采用哪些指导方法？

_____

_____

_____

_____

_____

_____

_____

学习支持

0～3岁儿童语言教育指导策略

（一）0～1岁儿童语言教育

1. 提供各类语音、声音刺激，丰富语言环境

研究表明，成人对三个月以内的婴儿给予频繁的语言刺激，可以增加婴儿的发音频率。因此，要尽量提供各种不同的声音，帮助婴儿迅速发展听力，但切忌强烈的声音和噪声刺激。

婴幼儿学习语言，与周围现实的人、物、大自然、社会现象紧密联系。例如，通过听、看、触、摸、尝、闻等进行直接感知，获得对周围世界的认识。成人要依据婴幼儿学习特点，提供生动、有效的语言刺激，创设条件，丰富生活内容，从而发展婴幼儿的语言能力。

2. 提供榜样示范，重视人际沟通

研究发现，儿童如果只是看大量电视节目，也不一定能学会单词或语法，而经常参与使用语言的社交互动，对于掌握语言来说更重要。

首先，交流时应配合身体接触。在婴儿早期阶段，成人要有意识地用面对面的语言交流方式帮助婴儿将语音和动作建立同步反应。同时，应伴随抚摸、拥抱、亲吻等亲密的身体接触，促进婴儿安全性依赖的建立，以此发展婴儿在前言语阶段用语音伴随的表情或动作去代替语言与人进行交往的能力。

其次，及时鼓励强化。研究表明，如果对婴儿发出的每个音成人都报以微笑、爱抚和强化、鼓励的话，那么婴儿在咿呀学语期里发出的语音就会显著增多，学习语言的速度也会明显加快。

最后，示范讲究方法。婴儿第一次尝试发的新语音也许并不准确，成人可以用多种形式示范正确发音，让婴儿及时调整发音，反复练习正确发音；同时，在行动中伴随着语言刺激，成人应主动与婴儿交谈，让婴儿在具体活动和情境中学说话。

3. 培养有意识的倾听能力

0～3个月的婴儿睡前可听节奏舒缓、旋律优美的摇篮曲，可以充分发挥无意注意和无意记忆的优势，有效提高有意识的倾听能力。

3个月后，婴儿可尝试听简单的文学作品，如简短的儿歌、童诗等。文学作品语言是婴儿进一步学习说话较成熟的语言样本之一，这些样本可以被婴儿记忆或模仿，为扩大婴儿的词汇量、丰富语言内容奠定基础。睡前听文学作品可以让婴儿感知不同风格特色的语言样式。

4. 开展早期阅读活动

0～3个月的婴儿也可进行早期阅读，但重点在于对画面的关注度，且对阅读材料有一定要求。建议率先接触黑白图卡，科学家通过视觉偏好实验研究表明，该阶段的婴儿偏好对比鲜明的色彩特别是黑白色，并且对人脸图案和成形图案更感兴趣；[1] 图卡应大小适宜，一般16开左右即可；建议选用安全无毒、不易破裂的材质。要求边看边说，采取"点读"的方法，用手指着画面或书中的文字，指到哪儿成人则读到哪儿，每次1～3分钟不等，阅读内容不必频繁更换，依婴儿的兴趣情况而定。

3个月后，可采用"平行式的亲子阅读"方式（当婴儿会坐以后，父母可以抱孩子坐在自己腿上，让孩子自由接近阅读内容）。画页色彩宜鲜艳，内容最好是有关动物、人物、玩具和孩子较熟悉的事物，继续渗透"点读"的方法，以训练孩子手眼协调能力和有意注意能力。

10个月后，可初步培养婴儿良好的阅读习惯。如教会他拿书的方法，阅读时的姿势，阅读完把图书放回原来位置等。可以让婴儿自己看书，你会发现，婴儿一会儿把书拿颠倒了，一会儿又从后向前翻，一会儿又连翻好几页，千万不要因此而制止，这表明他正在"研究"和"探索"书。

5. 开展早期听说游戏

婴儿早期的听说游戏以刺激婴儿听觉为主，如唤名游戏、发音游戏；同时，游戏也可与肢体活动相结合，如摸脸游戏。

6个月后，随着婴儿语言能力进一步发展，又可进行指认游戏、手指脚趾游戏等。

（二）1～2岁儿童语言教育

1. 帮助幼儿掌握新词，扩大词汇量

此阶段，幼儿语言发展的主要任务是学习新词，扩大词汇量。在帮助其学习新词时，应把握以下要点。

第一，突出、强调新词。尽量使用简短的话语介绍新词，以免多余的语言混淆了新

---

① 周念丽.0～3岁儿童心理发展 [M].上海：复旦大学出版社，2017：73.

词，可以变换句中的其他成分，但一定要突出新教的词。如名词"车"，成人可以带孩子去停车场观察各种各样的车，"这是什么呀，这是车；这里有好多车，有红色的车，白色的车，黑色的车……它们都叫作'车'"。

第二，反复、强化练习。幼儿刚开始学新词难免发音不够准确，切勿批评或打断，也不要求一遍遍跟读，以免削减说话兴趣。成人可以反复地结合具体情境示范这个新词，为他下一次模仿作榜样。对于孩子的每次尝试，无论正确与否，都要予以鼓励。

2. 提供语言模仿交流榜样

幼儿最初掌握的语言主要是通过周围语言环境的模仿而获得的。父母和教师语言的规范性，内容的丰富性，都为其提供了模仿的榜样。

首先，要重视与幼儿的语言交流。成人的言行举止是幼儿模仿和学习的内容。成人要主动介绍周围的事物、大家正在做的事情。每当幼儿接触新事物、体验新情感时，都要渗透相关词语，使用简单句子和他谈谈他看到、听到与在做的事情。

其次，提供正确的言语榜样与示范。成人应注意用丰富的面部表情，富有变化的语调，规范、正确的发音，丰富而又准确的用词造句，提供良好的言语榜样与示范。

最后，应耐心对待幼儿的提问和讲述。此阶段幼儿常常不断地提问、不断地讲述，好奇心与表达欲强烈。这时候成人应耐心地回答、认真地面对，持鼓励、欣赏的态度激发他们的求知欲，保护其好奇心，最好的办法是主动且不厌其烦地把他感兴趣的东西告诉他，并且可以结合图书、图片、电视、电影，以及参观、游览等活动进行。

3. 培养阅读兴趣与阅读能力

这一阶段幼儿对图画书兴趣浓厚，成人应当和幼儿共同阅读，并且辅以耐心讲解；成人还应创设条件，让幼儿逐步学会独立阅读，并要求其边看边讲述图书或图片的内容。根据阅读进展情况可适当添加图书，以提高其阅读积极性。

4. 开展多种形式的语言游戏

这个时期是幼儿语言发展的高峰期，成人可以通过开展多种形式的语言游戏丰富和巩固幼儿的词汇，促进幼儿语言交流能力的发展。

游戏一：猜猜看

把玩具放进一个口袋里或箱子里，也可以藏在手掌或衣服里，让幼儿猜猜是什么物品，并大声地说出来。无论最后是否猜出，成人都要告诉幼儿物品的正确名称。

游戏二：打电话

打电话游戏能有效地促进幼儿语言交流能力的发展。当成人在家打电话时，可以让幼儿在一边听你怎样接电话，怎样与人谈话，怎样与人告别等。有了以上生活经验之后，成人可以用玩具电话与幼儿练习打电话。成人用语要简单明了，结合幼儿熟悉的事情来说，并耐心地听幼儿说话，鼓励他多说话。

游戏三：词语接龙

1.5岁左右是幼儿"词语爆炸"期，成人可以通过此游戏丰富和巩固幼儿的词汇。例如，问答式接龙，往往是一问一答。问"谁会飞"答"鸟会飞"，问"谁会游"答"鱼会游"。又如，报菜名式接龙，"动物园里有什么？老虎、狮子、大象……"，可由家庭成员轮流接龙。

（三）2～3岁儿童语言教育

2岁以后一直到入学前，是幼儿基本掌握口语阶段，他们在掌握语音、词汇、语法和口语表达能力方面都较前一阶段有明显进步，基本上能运用语言与人交往。在这一阶段，对幼儿的语言指导可按以下要点进行。

1. 多看，多听，多说，多练

多看，即要有计划地带领幼儿直接观察，直接接触外界物体，积累感性经验，只有储备丰富的生活内容和知识，幼儿才会拥有丰富多彩的语言。

多听，即培养幼儿能注意地倾听，听录音故事，听成人讲故事，邀请同伴交谈，互相倾听。听各种声音——乐器的声音、自然界的声音、动物的叫声、生活中的声音等，听后让幼儿模仿、想象。

多说，即创设多说的环境，利用各种机会，随时随地与幼儿交谈，引导其无拘无束地说话。

多练，发音和新词，都得在语言实践中学习、掌握，这就必须让幼儿多练习，采用多种方法反复地练习。

2. 鼓励同伴间语言学习

2岁以后的幼儿常常会出现同伴相互间的语言模仿。他们会自动发话，自发模仿的积极性有了明显的发展。同伴间的自发模仿和相互交谈会带给幼儿许多乐趣，提供相互间语言交往和学习、练习的机会。

3. 开展文学作品欣赏活动

此阶段幼儿的语言能力较之前有所进步，对于文学作品的学习目标可以逐渐转向复述和理解作品内容。文学语言的早期输入对幼儿早期文学语言的发展具有非常重要的意义，它不仅可以促进幼儿文学词汇的积累，而且可以帮助幼儿理解文学作品的画面内容，为幼儿的创意表达奠定基础，提高幼儿对不同文学样式的敏感性[①]，促进艺术思维的萌发。

4. 开展语言教育活动

这里讲的语言教育活动是指有目的、有计划、有组织地进行的集体教育活动。设计这类教育活动的出发点应基于幼儿语言发展的一般水平，想达到的语言发展目标是大多数幼儿力所能及的。组织形式多样，语言教育活动类型有倾听、表述、欣赏文学作品、听说游戏、早期阅读等。

---

① 周兢.幼儿语言学习与发展核心经验[M].南京：南京师范大学出版社，2014：122-124.

步骤2 收集3～6岁儿童语言教育指导策略

🔎 焦点访谈：3～6岁儿童语言指导如何开展？

1. 请寻找你认识的幼儿园教师或身边学前儿童的家长，开展一次学前儿童语言教育经验"焦点访谈"，对相关教育指导策略做记录，并谈谈你的思考与感悟。

学前儿童语言教学指导策略记录表

编号	我收集到的3～6岁儿童语言教学指导策略	我的思考与感悟
1		
2		
3		
4		

2. 链接项目任务：回顾任务1中积累的专业知识，请和学习小组成员共同商议，选择某个年龄阶段（0～3岁、3～4岁、4～5岁、5～6岁），根据该阶段学前儿童语言发展的特点，开启微剧剧本撰写，包括角色分配、具体情境、人物对话等，将适宜的指导策略融入你们的作品。

_____

_____

_____

_____

_____

一、3～6岁儿童语音教育的指导策略

培养幼儿正确发音是一项长期细致的工作。幼儿学习发音是靠模仿形成言语反应。这个反应必须经过多次的重复练习，以不断发展他们发音器官肌肉组织细小动作的协调性，发展听觉器官的敏感性，这对小班幼儿尤其重要。中大班幼儿虽然在掌握语音方面有了长足的进步，但在呼吸的长度和强度方面还需要经过练习，才能使他们善于支配自己的呼吸和调节声音的强弱。对于中班后期和大班的幼儿还需要培养幼儿言语的表现力，即表述时能用语调抑扬顿挫的变化表达自己的情感。由此可见，小、中、大各年龄班语音教育应有所侧重。

（一）小班的语音教育

小班是语音教育的关键时期，语音教育也是小班语言教育的重要内容之一。小班语音教育的重点应放在听力和发音练习上，要做好这项工作，教师首先要了解本班幼儿的发音特点，了解每个幼儿的语音掌握情况，针对幼儿语音掌握情况，制订相应的语音教育计划，计划中应包括对幼儿言语器官活动的训练，使唇、舌、肌肉细小动作逐渐协调灵活，包括呼吸量的练习和个别幼儿的语音矫正工作。练习方式要自然轻松，内容要多种多样，生动活泼，具有趣味性，尽量在日常生活和游戏中进行，时间不宜过长，每次大约10分钟。

（二）中大班的语音教育

中大班幼儿言语器官已发育成熟，正确发出全部音节的生理条件已经具备，特别是语音意识的发展，已经能意识到自己和别人语音中的问题。因此，他们也就同时产生了说话清楚而正确的愿望。

中大班语音教育的重点是对个别幼儿发音的矫正，正音工作要渗透在幼儿园教育活动和日常生活的各环节中进行，还要取得家长的配合和支持。

中大班还应注重培养幼儿语音修养的能力，如清楚地吐字吐词，自如地强调声音的强弱，富有感染力和表现力的抑扬顿挫，表述时能调整自己的呼吸等。

二、3～6岁儿童词汇教育的指导策略

3～6岁儿童词汇教育主要包括丰富词汇、理解词义及在言语交际中正确运用词汇，可从以下几个方面进行教育指导。

（一）在日常生活中丰富幼儿的词汇

日常生活是幼儿学习语言的基本环境，它具有形象、自然、反复强化、符合幼儿的需要等优越性。在日常生活中教师要善于抓住时机丰富幼儿的词汇。

一是注重形象、自然。在日常生活中，作用于幼儿的词句都是与一定的事物、动作同时出现的，即事物、动作、词句总是同时作用于幼儿的视觉和听觉，因此词对幼儿来讲是具体的、易于理解的。

二是注重多次重复。日常生活中的语言多是常用的，经常重复易加深幼儿的印象和理解。因为所有的词都不是讲一讲或结合观察去听一下就能掌握的，而是要经常反复出现、多次运用之后，才能真正理解词义，做到正确使用。

三是善抓教学契机。在日常生活中，教师应善于抓住时机进行词汇教学。例如，在穿衣时，教会幼儿正确叫出衣服和衣服各部分的名称；在盥洗时，教会幼儿掌握盥洗用具、盥洗动作、面部或身体各部分的名称；在吃饭时，教会幼儿叫出餐具、主食、副食的名称；在散步时，教师主动向幼儿介绍见到的各种社会事物和自然现象，同时，丰富相应的新词（事物或活动的名称、用途等）。

（二）通过观察丰富幼儿的词汇

直接观察既是幼儿认识事物的重要途径，也是丰富幼儿词汇的重要来源。但是，幼儿还不能自动对看见的一切事物、现象形成明确的概念，因为幼儿还不具备分辨出事物及现象的本质与非本质的能力。因此，幼儿的观察只有在成人指导下进行，才能形成正确的概念。成人的指导一方面是通过语言组织幼儿观察；另一方面是教给幼儿相应的词汇，让其用语言把认识成果巩固下来，使词汇与直观形象建立巩固的联系。

（三）运用听说游戏进行词语练习

通过观察、参观等形式，主要是丰富幼儿的新词。而听说游戏则比较灵活，既可以教幼儿新词，也可以练习正确运用词。通过游戏练习词语的运用，教学要求是在幼儿"玩"的过程中完成的，幼儿更有学习兴趣。

幼儿园练习词语的游戏，大致有以下几种。

1. 练习正确使用名词的游戏

例如，游戏"奇妙的口袋"，其教具是一个带松紧口的口袋，或一个只能伸进一只手的木箱子，里面可放玩具或其他物品，让幼儿凭触觉判断摸到的是什么东西，正确叫出它的名称，说出它的简单特征。这个游戏在小、中、大班均可进行。小班适合选择形状、材料差异明显的，用手摸很容易区别开来的物品（以玩具为主），要求正确叫出名称；中班则可增加日常生活用品（如线球、线轴、牙刷、铅笔等），除要求正确叫出它们的名称外，还要求说出它们的主要特征；大班除要求正确叫出其名称外，还要求能正确判断它的形状和制作的原材料等。又如"正反游戏"，游戏内容是培养幼儿正确掌握一些反义词。游戏玩法可以多种多样。如一种是运用实物进行，游戏由教师或一名幼儿主持。主持人说："一根长棍儿。"幼儿必须说："一根短棍儿。"实物种类可以多一些，速度可逐渐加快，指谁谁就得马上答出，没有被指的幼儿不能出声。一种是口头问答结合动作，如一方说："大灯笼。"同时，要用手比小圆。另一方则要说："小灯笼。"同时，要用手比大圆。一种是完全用口头进行，如教师说："我起床。"幼儿说："我睡觉。"教师说："我开收音机。"幼儿说："我关收音机。"教师说："我跑得快。"幼儿说："我跑得慢。"

2. 丰富词汇的游戏

连词游戏。所谓"连词"，是让幼儿用第一个词的第二个字组出第二个词，如太阳—阳光—光明—明天—天天—天亮。这种游戏最好是能从第一个幼儿连到最后一个幼儿，如有的幼儿遇到困难连不下去时，教师要及时给予启发和帮助。如不能连到最后一人时，教师可再出一个新词，接着往下连。

练习双音词尾的游戏。这种游戏可由教师或幼儿说第一个词，然后按座位顺序说，要求幼儿最好不重复别人说过的词，个别能力差的幼儿说出相同的词也允许。如笑哈哈、亮晶晶、红艳艳、白茫茫、冷冰冰、金灿灿、轻飘飘。

练习四字格的词。在玩这类游戏时，有时可让幼儿自由说，如欢欢喜喜、跑跑跳跳、整整齐齐、老老实实、上上下下、马马虎虎；有时教师可指定用两个词组成四字格的词组，如用"来"和"去"组词：走来走去、飞来飞去、飘来飘去、摇来摇去、挖来挖去。

（四）运用儿童文学作品进行词汇教育

儿童文学作品中的语言，是经过作家提炼加工的语言，具有生动、形象等特点，易于为幼儿理解和接受。一些代表抽象概念的词，如"光荣""牺牲""诚实"等；一些形容人心理活动、状态的词，如"等待""兴奋""激动"等，是难以通过观察（观察图片除外）、参观了解词义的。而文学作品的生动情节和形象描述，能帮助幼儿较快地理解这一类词的词义。如讲刘胡兰、罗盛教的故事时，通过他们的行为表现，幼儿就容易体会和掌握"英雄""光荣"等反映抽象概念的词了。

佳作推荐：幼儿图画书推荐书目

通过儿童文学作品丰富词汇，有的是通过故事情节使幼儿自然地理解词义，有的还需要通过辅助手段（如图片、玩具、模型等）观察实物，帮助幼儿理解词义。如讲"董存瑞炸碉堡"的故事情节时，可自然出示有关碉堡的图片，并稍加解释碉堡的功用，幼儿不仅能具体形象地掌握新词的意义，而且能对董存瑞英雄行为的价值有更深刻的理解。有时也可用幼儿熟悉的事物，并配以适当的解释，来帮助幼儿理解词义。如故事中有这样的句子："他穿过了一片密密的荒林。""荒林"是新词，而"树林"是幼儿早已熟悉的词，这时教师就可把"荒林"解释为"就是没有人去过或没有人管理的树林"。让幼儿由此及彼，就比较容易懂得"荒林"一词的含义了。

复述故事或朗诵韵体作品，是使幼儿巩固、掌握词汇的好方法，每学期都应保证幼儿能复述、朗诵一定数量的儿童文学作品。

表演故事（也称表演游戏），是幼儿在游戏中再现儿童文学作品的好形式。教师应注意在幼儿游戏时，能反映出一些儿童文学作品的内容，以促进幼儿积极、正确地运用学到的词汇。

（五）通过各种类型的教育活动进行词汇教育

除通过观察、参观、教学游戏、讲故事、朗诵儿童文学作品外，其他类型的语言教育活动，如各种谈话活动、讲述活动，都可以丰富幼儿的新词，帮助幼儿练习正确运用词等。

幼儿园的各种教育活动都发挥着有目的、有计划地向幼儿进行教育，丰富知识，形成概念的作用。在各种教育活动过程中，都要大量丰富幼儿的词汇。例如：美术活动中，要教幼儿叫出蜡笔、铅笔、各种颜色、线条、形体、动作的名称；体育活动中，要教幼儿掌握有关走、跑、跳、钻、爬等动作的名称；科学教育中，幼儿要学到大量有关动植物的名称、特征、习性及功用方面的，有关四季特征和自然科学现象方面的词汇；数学及音乐活动中，也要相应地掌握很多有关的词汇。

总之，幼儿园词汇教育的内容，是通过日常生活、游戏、语言教育活动及各种教育活动等多种途径共同完成的。

三、3～6岁儿童语法教育指导策略

幼儿说话常常层次混乱，语不成句，不能按照一定语法结构完整、连贯地叙述，因此要求幼儿完整、连贯地表达自己的意思，应循序渐进地训练。

（一）在日常生活中培养幼儿清楚、完整的表达能力

在日常生活中，我们常常碰到这种现象，幼儿在把看到的东西或自己的请求、愿望、需要等转化为口语表达时，没说完整，可成人已"心领神会"，长此以往，会导致幼儿说话不完整的"后遗症"，如幼儿说："妈妈，苹果。"妈妈说："自己去拿。"这样是不对的。成人应该教他说一个完整的语句："我要吃苹果。"让幼儿在具体情境中重复跟着学。

1. 对话能力

对话能力的核心要求是培养幼儿能按照问题进行正确回答。为此，就要培养幼儿正确理解问题，掌握问句形式，并会选择恰当的词，进行正确的搭配，组成完整的句子，来表达自己的意思。

对3～4岁的幼儿，首先是培养他们喜欢说话，愿意和别人交谈，使用语言（不是手势或表情）表达自己的请求和愿望，培养其讲话的积极性；其次是培养幼儿谈话的技能，即教幼儿学会运用简单句表达自己的意思，说话时吐字清楚，让人能听明白。

对中、大班幼儿，则要求他们按照问题准确地回答，围绕一定的主题讲，不能答非所问。在讲话技能方面，发音和用词要正确，句子要完整，语序要正确，要逐渐学会使用一些比较简单的复合句。另外，还应培养他们会向教师和同伴提问题，在交谈过程中能互相补充内容。

2. 讲述能力

这里说的讲述能力是指发展幼儿的连贯性言语（独白言语）。对幼儿讲述能力的基本要求，一是正确，二是生动。正确是对语言的基本要求，即讲述能围绕一定主题，用词正确，词语搭配恰当，在使用复合句时，能正确运用连接词（或关联词），做到条理清楚，前后连贯。生动是对幼儿口语的高标准要求，即讲的内容要丰富，用词要生动、

形象，会选择合适的形容词恰如其分地进行描述，根据表达需要，能恰当地运用复合句。讲话的声调、速度、停顿，能根据内容而有所变化。

（二）用口头造句的形式培养幼儿清楚、完整的表达能力

可以从口头造句开始，引导幼儿用一个完整的语句，表达自己的思想。比如，请幼儿用"越……越……"造句，幼儿可以说"花儿越开越红""鸟儿越飞越高""我越长越高"。

（三）用竞赛、游戏等多种形式提高幼儿说完整句的积极性

在幼儿已能把一句话讲完整的基础上，可以进一步引导幼儿完整讲述一段话。为了提高幼儿讲述的积极性，可以采用竞赛、游戏、仿编、表演等多种形式进行。

步骤3　录制学前儿童语言发展微剧

小试牛刀：模拟应用学前儿童语言教育指导策略

请根据已经学习的学前儿童语言教育指导策略，选择一个年龄段，在学习小组内部进行操作使用，并在课堂上分享展示。

请参考以下操作要点。

（1）选择一位或几位同伴扮演你的教育对象。

（2）策略使用应严格遵循该年龄段儿童身心发展特点。

（3）操作规范有序，凸显教育者的耐心、爱心、细心。

小试牛刀：录制学前儿童语言发展微剧

链接项目任务：请根据步骤2中设计的微剧剧本，小组再次讨论商议，对其进行修改；根据剧本，自备道具，拍摄短视频，注意把握视频时长，以不超过5分钟为宜。

录制过程中，务必检查是否符合相关网络条例，以下法律文件可参考学习，请自行检索下载，认真阅读。

【知识窗口】

《国家网络空间安全战略》

《中华人民共和国网络安全法》

《即时通信工具公众信息服务发展管理暂行规定》

《网络信息内容生态治理规定》

项目验收　微剧大赛——解锁学前儿童语言发展的秘密

请系统学习、回顾本次项目及各项任务，并将学前儿童语言教育的发展特点与教育指导策略以科普短剧表演形式呈现。

验收流程

自由分组—组内角色分工（如幼儿、教养者、教育专家）—剧本编写—班级微剧大赛—过程录制—项目验收评估

验收标准

序号	验收项目	分值	评定标准	评定结果			
				自评	组间	教学教师	教辅教师
1	参与态度	25	1. 开拓创新，作品创意性强 2. 善于团结合作、分工明确合理				
				平均：			
2	剧本内容	25	1. 内容设计科学、规范，没有专业知识错误 2. 内容设计生动、形象、易懂，具有科普性 3. 内容体现儿童教育工作者的爱心、细心、耐心				
				平均：			
3	表演技能	25	1. 表演内容基本还原剧本设计，紧扣主题 2. 表演生动，投入度高，具有职业角色代入信念度 3. 环境创设及道具准备丰富、用心、适宜				
				平均：			
4	网络好评度	25	微剧视频在网络转发后，点赞数达到 1. 100个及以上——25分 2. 80～99个——20分 3. 60～79个——15分 4. 40～59个——10分 5. 40个以下——5分				
项目验收总评分/等第							

注：评分70分以下为不合格，70～79分为合格，80～89分为良好，90分及以上为优秀。

项目3 设计学前儿童语言教育活动方案

近期，学校正组织学前教育专业的学生参与师范生技能大赛。选拔赛中的一项任务，是设计一个语言领域的集体教育活动方案。请你自选教学内容、自定年龄段，确定活动主题，制定一份完整、规范、精彩的语言领域的集体教育活动方案。

📖 学习目标

知识目标

（1）明确语言领域各年龄段及其活动类型的目标结构。

（2）理解学前儿童语言教育内容选择的依据及结构。

（3）掌握学前儿童语言教育的途径与方法。

技能目标

（1）能自主设计完整的学前儿童语言教育活动方案。

（2）能模拟实施学前儿童语言教育活动的方法策略。

素质目标

形成问题调研、信息搜集与处理的意识。

📝 学习任务单

任务单编号	3	项目任务	设计学前儿童语言教育活动方案
学习资源准备			文件《幼儿园教育指导纲要（试行）》《3～6岁儿童学习与发展指南》，图书《〈幼儿园教育指导纲要（试行）〉解读》《〈3～6岁儿童学习与发展指南〉解读》
实训任务拆解			任务1　设计学前儿童语言教育活动的目标 　　步骤1：搜集、分析学前儿童语言教育的各类目标 　　步骤2：明确学前儿童语言教育活动目标制定的要求 　　步骤3：设计、展评学前儿童语言教育活动的目标 任务2　选择学前儿童语言教育活动的内容 　　步骤1：分析学前儿童语言教育活动内容选择的依据 　　步骤2：梳理学前儿童语言教育活动的内容 　　步骤3：确定学前儿童语言教育活动的内容 任务3　实施学前儿童语言教育活动 　　步骤1：搜集、应用学前儿童语言教育的途径与方法 　　步骤2：设计学前儿童语言教育活动方案
项目验收评价			设计展评——学前儿童语言教育活动方案的撰写

任务1　设计学前儿童语言教育活动的目标

探索路径提示

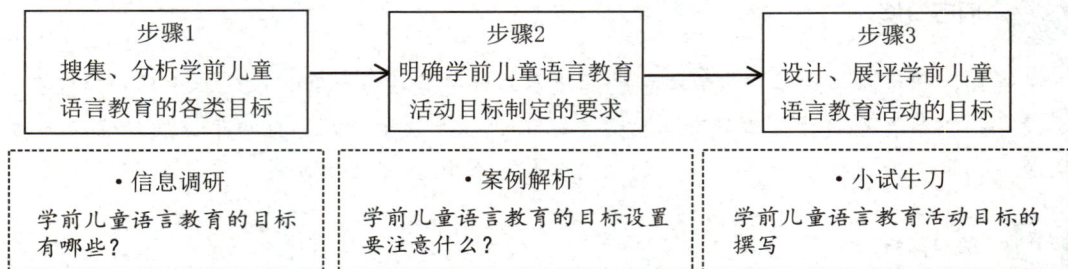

步骤1 搜集、分析学前儿童语言教育的各类目标	→	步骤2 明确学前儿童语言教育活动目标制定的要求	→	步骤3 设计、展评学前儿童语言教育活动的目标
·信息调研 学前儿童语言教育的目标有哪些？		·案例解析 学前儿童语言教育的目标设置要注意什么？		·小试牛刀 学前儿童语言教育活动目标的撰写

步骤1　搜集、分析学前儿童语言教育的各类目标

信息调研：学前儿童语言教育的目标有哪些？

1. 请利用各种资源手段搜集学前儿童语言教育的目标，并将它们分类，完成以下调查表（信息来源可包括学前教育政策法规、幼儿园主题教育计划、活动教案等）。

学前儿童语言教育目标调查表

语言领域总目标		
年龄阶段目标	小班	
	中班	
	大班	
分类目标	倾听能力	
	表述能力	
	文学欣赏能力	
	早期阅读能力	
具体活动目标	活动1：	
	活动2：	
	活动3：	

2. 请和学习小组成员思考以下问题。

（1）以上各类目标在制定时，需要考虑哪些方面？

_____

_____

_____

（2）学前儿童语言教育的目标可以分成哪些类型？如果用画图的方式阐释它们之间的关系，你将如何表达？

学习支持

一、学前儿童语言教育目标制定的依据

教育目标是教育活动的出发点和归宿。学前儿童语言教育的目标是根据学前儿童保育与教育的主要目标确定的，它是学前儿童教育总目标的重要组成部分，指引着语言教育的方向。制定适宜的学前儿童语言教育目标，从宏观上来看，需要综合考虑社会发展需要、学前儿童身心发展规律、语言学科特性及学前儿童语言学习特点等方面。

（一）社会发展需要

1. 教育目标反映社会现阶段的价值取向

教育随着社会政治、经济、文化、科技的发展而发展，同时，社会对教育提出目标和要求。[①] 学前儿童语言教育是学前儿童教育的重要组成部分，对学前儿童身心发展具有重要作用。因此，学前儿童语言教育目标需反映时代和社会的发展要求，需体现我国社会主义现阶段的价值观念及取向。

2. 教育目标适应中国现阶段的生产力发展水平，符合人才培养要求

"培养什么样的人"始终是教育的重大议题，而教育为社会发展服务，因此，教育目标应与生产力发展水平相适应，与人才培养要求相吻合，从而促进社会发展。

3. 教育目标具有前瞻性

教育目标不仅要满足现阶段社会发展要求，还要考虑未来发展需要，为学前儿童的

---

① 郝文武. 现代中国教育本质观的合理性建构［J］. 高等教育研究，2022，43（1）：1-10.

终身发展奠定基础。

（二）学前儿童身心发展规律

学前儿童语言教育的对象是学前儿童，学前儿童语言教育目标的制定应遵循学前儿童身心发展规律，依据身心发展的相关研究成果，把握学前儿童各年龄阶段发展特点、发展需要、个别差异等，根据实际情况确定语言发展的具体方向。

（三）语言的学科特性和学前儿童语言学习特点

语言作为一门独立学科或学前儿童五大领域的课程之一，有其固有的逻辑体系和特有的教育功能。学前儿童语言发展的整体特点包括发音不够清晰、表达不够完整、模仿力较强、综合运用能力较好。[①]因此，应把握语言的学科特性，尊重学前儿童语言的学习与发展特点，依据学前儿童语言学习与发展的核心经验制定语言教育目标。

二、学前儿童语言教育的目标结构

（一）纵向层次结构

1. 学前儿童语言教育总目标

在《幼儿园工作规程》中，幼儿园保育和教育的主要目标涵盖了语言教育目标，在语言方面的概括性目标是"培养幼儿运用语言交往的基本能力"[②]。

2001年，教育部颁布《幼儿园教育指导纲要（试行）》，明确了语言领域的教育目标：①乐意与人交谈，讲话礼貌；②注意倾听对方讲话，能理解日常用语；③能清楚地说出自己想说的事；④喜欢听故事、看图书；⑤能听懂和会说普通话。[③]

2012年，教育部印发《3～6岁儿童学习与发展指南》，将语言教育目标概括为两个维度，分别指向口头语言和书面语言，共六个条目，具体如下。

（1）倾听与表达：①认真听并能听懂常用语言；②愿意讲话并能清楚地表达；③具有文明的语言习惯。

（2）阅读与书写准备：①喜欢听故事，看图书；②具有初步的阅读理解能力；③具有书面表达的愿望和初步技能。[④]

知识窗口：文件《幼儿园教育指导纲要（试行）》

知识窗口：文件《3～6岁儿童学习与发展指南》

---

① 周慧.3～6岁幼儿语言发展特点、影响因素、策略[J].重庆第二师范学院学报，2018，31（6）：84-87，92.

② 教育部.幼儿园工作规程[EB/OL].（2016-01-05）[2023-12-10]. http://www.moe.gov.cn/srcsite/A02/s5911/moe_621/201602/t20160229_231184.html.

③ 教育部.幼儿园教育指导纲要（试行）[EB/OL].（2001-07-02）[2023-12-10]. http://www.gov.cn/gongbao/content/2002/content_61459.htm.

④ 教育部.3～6岁儿童学习与发展指南[EB/OL].（2012-10-09）[2023-12-10]. http://www.moe.gov.cn/srcsite/A06/s3327/201210/t20121009_143254.html.

2. 学前儿童语言教育年龄阶段目标

《3～6岁儿童学习与发展指南》对《幼儿园教育指导纲要（试行）》中语言教育的目标进行了完善，在每条目标之后进一步提出了各年龄阶段该目标发展水平的典型性表现。

（1）倾听与表达。

在倾听与理解维度，不同年龄阶段幼儿的能力发展呈现出以下特点（见表3-1）。

第一，倾听对象：由单一的他人个体逐渐扩展到群体及集体，并逐渐能在群体或集体中有意识倾听。

第二，倾听情境及理解：由非正式的日常会话逐渐扩展到具有典型情境性的语言活动，并逐渐参与情境，结合情境理解语言。

表3-1　目标1　认真听并能听懂常用语言

3～4岁	4～5岁	5～6岁
1. 别人对自己说话时能注意听并做出回应 2. 能听懂日常会话	1. 在群体中能有意识地听与自己有关的信息 2. 能结合情境感受到不同语气、语调所表达的不同意思 3. 方言地区和少数民族幼儿能基本听懂普通话	1. 在集体中能注意听老师或其他人讲话 2. 听不懂或有疑问时能主动提问 3. 能结合情境理解一些表示因果、假设等相对复杂的句子

在表达维度，不同年龄阶段幼儿的能力发展要求呈现出以下特点（见表3-2）。

第一，表达对象：由熟悉的人，逐渐扩展到他人及众人。

第二，语言类型：由本民族或本地区语言逐渐扩展到普通话，并逐渐对"发音"有了"清晰"的要求。

第三，表达内容：由表达需要及想法扩展到谈论感兴趣的话题，并逐渐能讨论相关问题；由儿歌、童谣扩展到所见所闻。

第四，表达形式：由口齿清楚地复述逐渐发展到完整、连贯、有序地讲述，讲述的语言逐渐丰富、生动。

知识窗口：文件《国务院办公厅关于全面加强新时代语言文字工作的意见》

表3-2　目标2　愿意讲话并能清楚地表达

3～4岁	4～5岁	5～6岁
1. 愿意在熟悉的人面前说话，能大方地与人打招呼 2. 基本会说本民族或本地区的语言 3. 愿意表达自己的需要和想法，必要时能配以手势动作 4. 能口齿清楚地说儿歌、童谣或复述简短的故事	1. 愿意与他人交谈，喜欢谈论自己感兴趣的话题 2. 会说本民族或本地区的语言，基本会说普通话。少数民族聚居地区幼儿会用普通话进行日常会话 3. 能基本完整地讲述自己的所见所闻和经历的事情 4. 讲述比较连贯	1. 愿意与他人讨论问题，敢在众人面前说话 2. 会说本民族或本地区的语言和普通话，发音正确清晰。少数民族聚居地区幼儿基本会说普通话 3. 能有序、连贯、清楚地讲述一件事情 4. 讲述时能使用常见的形容词、同义词等，语言比较生动

在语言习惯维度，不同年龄阶段幼儿的能力发展要求呈现出以下特点（见表3-3）。

第一，音量音调：由音量适中到学会调节，由音调的调节到整个语言的调节。

第二，文明礼貌：由对话时眼睛看向对方，到积极主动回应对方；由在成人提醒下使用礼貌用语逐渐过渡到主动使用。

表3-3　目标3　具有文明的语言习惯

3～4岁	4～5岁	5～6岁
1. 与别人讲话时知道眼睛要看着对方 2. 说话自然，声音大小适中 3. 能在成人的提醒下使用恰当的礼貌用语	1. 别人对自己讲话时能回应 2. 能根据场合调节自己说话声音的大小 3. 能主动使用礼貌用语，不说脏话、粗话	1. 别人讲话时能积极主动地回应 2. 能根据谈话对象和需要，调整说话的语气 3. 懂得按次序轮流讲话，不随意打断别人 4. 能依据所处情境使用恰当的语言。如在别人难过时会用恰当的语言表示安慰

（2）阅读与书写准备。

在阅读与文字符号维度，不同年龄阶段幼儿的能力目标要求呈现出以下特点（见表3-4）。

第一，阅读行为：由听他人讲读逐渐过渡到主动、专注地自主阅读；由被动跟读逐渐过渡到主动谈论图书的相关内容。

第二，标识符号：由理解生活中的标识、符号意义逐渐发展到对文字符号的兴趣和意义理解。

表3-4　目标1　喜欢听故事，看图书

3～4岁	4～5岁	5～6岁
1. 主动要求成人讲故事、读图书 2. 喜欢跟读韵律感强的儿歌、童谣 3. 爱护图书，不乱撕、乱扔	1. 反复看自己喜欢的图书 2. 喜欢把听过的故事或看过的图书讲给别人听 3. 对生活中常见的标识、符号感兴趣，知道它们表示一定的意义	1. 专注地阅读图书 2. 喜欢与他人一起谈论图书和故事的有关内容 3. 对图书和生活情境中的文字符号感兴趣，知道文字表示一定的意义

在阅读理解与表达维度，不同年龄阶段幼儿的能力目标要求呈现出以下特点（见表3-5）。

第一，阅读对象：由短小的儿歌或故事逐渐扩展到幼儿文学作品，由单一画面的理解逐渐扩展到连续画面，由画面文字的理解逐渐扩展到整个作品表达。

第二，阅读表达：由根据画面表达逐渐扩展到根据相关信息或线索表达，并逐渐能创造性表达。

表3-5　目标2　具有初步的阅读理解能力

3～4岁	4～5岁	5～6岁
1. 能听懂短小的儿歌或故事 2. 会看画面，能根据画面说出图中有什么，发生了什么事等 3. 能理解图书上的文字是和画面对应的，是用来表达画面意义的	1. 能大体讲出所听故事的主要内容 2. 能根据连续画面提供的信息，大致说出故事的情节 3. 能随着作品的展开产生喜悦、担忧等相应的情绪反应，体会作品所表达的情绪情感	1. 能说出所阅读的幼儿文学作品的主要内容 2. 能根据故事的部分情节或图书画面的线索猜想故事情节的发展，或续编、创编故事 3. 对看过的图书、听过的故事能说出自己的看法 4. 能初步感受文学语言的美

在书面表达维度，不同年龄阶段幼儿的能力目标要求呈现出以下特点（见表3-6）。

第一，表达形式：由涂画表达逐渐发展到用图画及符号表达。

第二，表达内容：由表达出一定的意识逐渐发展到表达自己的愿望和想法，最终能表现事物或故事。

第三，书写姿势：由成人提醒下的被动调整到自觉使用正确的姿势。

表3-6 目标3 具有书面表达的愿望和初步技能

3～4岁	4～5岁	5～6岁
1.喜欢用涂涂画画表达一定的意思	1.愿意用图画和符号表达自己的愿望和想法 2.在成人提醒下，写写画画时姿势正确	1.愿意用图画和符号表现事物或故事 2.会正确书写自己的名字 3.写画时姿势正确

3.学前儿童语言教育具体活动目标

学前儿童语言教育具体活动目标是指，通过一次或几次教育活动，或者主题系列活动，期望幼儿达到的语言发展要求。《幼儿园教育指导纲要（试行）》规定，教师应在《幼儿园工作规程》和《幼儿园教育指导纲要（试行）》的指导下，结合本班幼儿的发展水平、经验和需要来确定教育活动目标。[①]正是通过达成一次次具体的教育活动目标，才能达成年龄阶段目标和语言教育总目标。因此，学前儿童语言教育具体活动目标的制定需考虑该年龄阶段的语言教育目标要求，以及语言教育的总目标要求。教师应依据相关文件要求，语言教育总目标要求，幼儿年龄阶段特点，原有能力水平及经验、需要等制定学前儿童语言教育具体活动目标，并有效实施。

例如，中班的文学作品学习活动"瓜儿大"（绕口令）的活动目标为：

（1）感知绕口令的韵味，体验学说绕口令的乐趣；

（2）练习绕口令，发准易混淆的字音"夸""瓜"；

（3）学习通过看图及轮流接念的方式说绕口令。[②]

【知识窗口】

李季湄、冯晓霞：《〈3～6岁儿童学习与发展指南〉解读》，人民教育出版社2013年版。

（二）横向分类结构

《3～6岁儿童学习与发展指南》中将语言教育目标分为倾听与表达、阅读与书写准备两大方面；由赵寄石、楼必生主编的《学前儿童语言教育》，将语言教育目标分类为"倾听""表述""欣赏文学作品""早期阅读"；由冯晓霞等主编的《幼儿园教育活动——语言领域》，将语言教育目标划分为"对语言活动兴趣""言语能力""言语习惯"等。

① 教育部.幼儿园教育指导纲要（试行）[EB/OL].（2001-07-02）[2023-12-10].http://www.gov.cn/gongbao/content/2002/content_61459.htm.

② 郭咏梅.幼儿园优秀语言活动设计70例[M].北京：中国轻工业出版社，2015：63.

但大部分学前儿童语言教育目标主要聚焦于倾听、表述、欣赏文学作品和早期阅读四个方面。

1. 倾听

倾听是沟通的基础之一，良好的倾听习惯和能力既是学前儿童不可或缺的行为能力，也是学前儿童必须掌握的核心经验。

学前儿童倾听能力的发展有三个层面，分别是有意识倾听、辨析性倾听、理解性倾听，具体表现为：在倾听意识方面，从无意识倾听发展到有意识倾听，逐渐能集中注意力倾听；在倾听内容方面，逐渐能辨听出不同内容；在倾听理解方面，对所听内容的理解、掌握能力逐渐提高。[①]

2. 表述

表述是以一定的语言内容、语言形式及语言运用方式表达和交流个人观点，是学前儿童语言学习和语言发展的主要表现之一。[②]表述能力的发展可以从表述的意愿、交谈的语境、讲述的能力等方面分析，具体表现为：学前儿童的表述愿望应逐渐强烈；逐渐积极、主动及有礼貌地与人交谈，并喜欢与人交谈；使用普通话表述，并且发音清楚、语音语调准确、语句适当；逐渐使用较为完整和连贯的语句讲述图片及事件。

3. 欣赏文学作品

文学作品是通过语言塑造形象、表现生活的一种艺术形式，带有口头语言的特点，却又不同于口语。[③]欣赏文学作品，重在发展学前儿童对语言多样性的认识、扩展词汇量、自觉获取语言材料、灵活运用语言，是对文学作品的倾听与欣赏、理解与体验、创造性表达的综合性学习。[④]学前儿童欣赏文学作品，在很大程度上以获得早期文学语言经验为目标。早期文学语言经验包括了文学语汇经验、文学形式经验、文学想象经验。其中，文学语汇经验包括语词、语句、修辞手法，文学形式经验包括诗歌形式、故事形式、散文形式，文学想象经验包括再造文学作品和创造文学作品。[⑤]

4. 早期阅读

《幼儿园教育指导纲要（试行）》中强调引发幼儿对书籍、阅读和书写的兴趣，培养前阅读和前书写技能。[⑥]学前儿童的早期阅读，是学前儿童从口头语言向书面语言过渡的前期阅读和书写准备时期[⑦]，重在利用故事、图画等广泛的阅读材料激发幼儿的阅读兴趣，在阅读中接触书面语言，锻炼语言的倾听与表达，理解阅读内容。[⑧]早期阅读能力

---

① 周兢.学前儿童语言教育[M].南京：南京师范大学出版社，2001：74.

② 同①.

③ 同①75.

④ 董俊.试析幼儿园文学作品活动与讲述活动教学指导差异[J].科教导刊，2021（28）：161-163.

⑤ 朱怡.大班幼儿文学语言核心经验发展现状研究[D].昆明：云南师范大学，2020.

⑥ 教育部.幼儿园教育指导纲要（试行）[EB/OL].（2001-07-02）[2023-12-10].http://www.gov.cn/gongbao/content/2002/content_61459.htm.

⑦ 同①75.

⑧ 李梦怡.陶行知教育理念在幼儿早期阅读中的应用研究[J].亚太教育，2022（18）：21-23.

的培养目标主要表现为：知道口语与文字的对应关系，掌握阅读图书的基本方法与技能，喜欢认读及初步辨认常见文字，做好正确书写姿势和书写技能的准备。

步骤2　明确学前儿童语言教育活动目标制定的要求

案例解析：学前儿童语言教育的目标设置要注意什么？

请结合以下案例，尝试分析学前儿童语言教育活动目标制定的要点，完成分析记录表。

大班语言活动"我爸爸"的具体目标为：

（1）认真观察画面，感知理解绘本中"我爸爸"诙谐、有趣的形象；

（2）尝试对父亲的形象展开合理想象，运用"爸爸像……一样，……"的句型造句；

（3）感受作品中的父爱，乐于向父亲表达自己的情感。

学前儿童语言教育活动目标分析记录表

维度	分析维度	我的思考
1. 目标制定的数量	目标有几条	
	过多/过少会怎样	
2. 目标表述的维度	目标分别促进了幼儿哪些方面的发展	
	目标可以从哪些维度表述	
	以上3条目标分别对应哪个维度	
3. 目标表述的主体	每条目标的主语是谁	
	这3条目标主语是否统一	
	你认为主语应为幼儿还是教师？为什么	
4. 目标表述的要素	该目标要达成的行为是什么	
	达成该目标的条件分别是什么	
	达成该目标的标准是什么	
5. 目标表述的语言	案例中目标表述的语言具有什么特点	
	你认为目标表述的语言还应该具有哪些特点	

续表

维度	分析维度	我的思考
6. 目标表述的重难点	这3条目标中，你认为哪一条是活动的重点目标，哪一条是难点目标	
	你如何区分活动的重难点呢	

📖 **学习支持**

一、学前儿童语言教育活动目标制定的数量

学前儿童语言学习与发展的核心经验并不能通过一次教育活动全部达成，即使同一年龄阶段、同一个方面的目标也需要通过系列活动层层递进。例如，通过阅读文学作品，增强幼儿的阅读理解能力，使幼儿获得早期文学语言经验，学习相关的词语、句型等，均可以作为语言教育活动的目标。具体到一次教学活动中，例如，学习散文诗歌《做梦》，既可以学习诗歌的词汇、句型，理解和感受诗歌的"美"，也可以学习诗歌的情节内容，还可以对诗歌进行仿编、创编。但是，单次教学活动并不可能将以上目标全部达成，因此需要有选择、有针对性地制定适宜数量的活动目标。

从教育活动的内容体量、时间，以及幼儿的可接受性等方面综合考虑，一次教学活动以实现2～3条目标为宜。若目标数量过少，则可能导致教育活动无指向性，忽视幼儿的全面和谐发展；若目标数量过多，则可能使得教育活动实施较为困难，加重幼儿学习负担，最终难以达成活动目标，也会使幼儿失去活动兴趣。

二、学前儿童语言教育活动目标表述的维度

布鲁姆（也译作布卢姆）教育目标分类模型1956年问世以来，虽饱受质疑，但仍广被接纳。在我国的课程改革历程中，布鲁姆教育目标分类模型的作用不容忽视。[1] 自2009年起，近十几年来发生在我国的基础教育课程改革无论是以素质教育还是以核心素养为大旗，教育目标设定都没有跳出布鲁姆的教育目标分类模型思路及框架。[2] 学前儿童教育目标分类模型借鉴分类学工具，遵循教育、心理等原则，通过可观察与描述的学生行为对教育目标进行分类、分层，将教育目标划分为认知、情感态度、动作技能三类。[3] 语言教育活动目标的制定也需从认知、情感态度、动作技能三个维度出发，从而帮助幼儿获得语言学习与发展的核心经验。在学前儿童语言教育活动的2～3条目标中，

① 郭方涛.布卢姆教育目标分类模型实用性维系的瑕疵与审思[J].教育评论，2022（9）：13–19.
② 冯友梅，李艺.布鲁姆教育目标分类学批判[J].华东师范大学学报（教育科学版），2019，37（2）：63–72.
③ 同①.

一般至少有两条目标指向认知和动作技能维度，另一条目标应指向情感态度维度。情感态度维度的目标最好体现在幼儿对语言学习的兴趣和主动性等学习品质方面，这条目标既可以单独列出，也可以整合在前两条目标中。

三、学前儿童语言教育活动目标表述的主体

从语言教育活动目标表述的主体来看，一般分为教师角度和幼儿角度。从教师角度，表述形式一般为"培养幼儿……""让幼儿……""增强幼儿的……"；从幼儿角度，表述形式一般为"知道……""能……""愿意……"。在教学活动的目标设计中，无论是从教师角度还是从幼儿角度，目标表述都必须保证角度一致。

教育活动目标表述的形式，渗透着教育活动设计与实施的理念。当前，学界普遍认同以幼儿为主体的发展导向，并且《幼儿园教育指导纲要（试行）》中也强调幼儿是教育活动的主体，因此教育活动目标的表述主体比较倾向于幼儿角度。

四、学前儿童语言教育活动目标表述的要素

教育活动的目标基本包括行为、条件和标准三个要素。"行为"要素，主要通过观察学习者的行为判断目标是否达成，强调学习者在教育活动后行为层面的表现；"条件"要素强调行为的前提背景，即学习者行为发生的条件；"标准"要素是指合格行为的最低标准。[①]例如："中班诗歌活动：捉迷藏"，活动目标为"感受并理解诗歌，初步尝试用诗歌的结构仿编'……色躲在……里'的句式"[②]。在该目标表述中，"感受并理解诗歌"是行为发生的"条件"，"仿编句式"是"行为"，"用诗歌的结构仿编'……色藏在……里'的句式"是合格行为的"标准"。

五、学前儿童语言教育活动目标表述的语言

从纵向层次来看，学前儿童语言教育活动目标的表述应遵循层次越低目标越具体的原则。学前儿童语言教育活动的目标，应聚焦于某次活动后期望幼儿发生的变化，因此目标的表述应该具体、明确、可检测、突出关键核心经验、具有可操作性等。例如，"中班诗歌活动：捉迷藏"，如果将目标表述为"仿编诗歌"，就比较宽泛，且没有可检测的标准。而当目标表述成"初步尝试用诗歌的结构仿编'……色躲在……里'的句式"时，就能明确具体的目标要求。同时，还需注意，目标表述的语言具体明确，但不可冗杂。例如，"小班谈话活动：我的爸爸"，如果把目标表述成"向别人介绍自己爸爸的身高、体重、样貌、职业、性格、爱好、特长等特点"，未免有些啰嗦并有一定达成难度，因此可以将目标制定为"会用简短的语句介绍自己的爸爸"。

---

① 黄瑾.幼儿园教育活动设计与指导 [M].上海：华东师范大学出版社，2014：32.
② 郭咏梅.幼儿园优秀语言活动设计70例 [M].北京：中国轻工业出版社，2015：75.

六、学前儿童语言教育活动目标表述的重难点

整个教学活动的重难点，在目标定位中应明确。同样的，在学前儿童语言教育活动目标的表述中，要注意对活动重点的突出和难点的把握。学前儿童语言教育活动目标的重点应突出体现，例如，"大班早期阅读活动：我爸爸"，目标之一为"喜欢阅读绘本，会使用绘本中的词语、句型"。这样的目标定位，并没有突出重点。因为绘本中出现的词语、句型很多，例如，"我的爸爸是个……家""我爸爸像……一样……""有时候……有时候……"等。但是，将目标制定为"理解绘本内容，尝试使用'爸爸像……一样……'的句型"，就能明确重点。

学前儿童语言教育活动目标的制定还需要把握难度，应结合幼儿的年龄发展特点，调动幼儿的已有经验，并且具有一定的挑战性，使幼儿在最近发展区内获得成长。同样以上述活动为例，如果将目标制定为"会用简单的语句介绍自己的爸爸"，那么对于大班幼儿来说可能过于宽泛、简单，可以结合绘本中的词语、句型，如"爸爸像……一样……"，让幼儿利用绘本中的句型进行介绍，更适配大班幼儿的语言发展水平。

步骤3 设计、展评学前儿童语言教育活动的目标

小试牛刀：学前儿童语言教育活动目标的撰写

请利用前期积累的素材及学习支持材料，设计"大班语言活动：春雨"的活动目标，并对该目标进行分析，具体如下。

（1）设计该活动的学前儿童语言教育活动目标。

（2）学前儿童语言教育活动目标制定的要点分析。

春 雨

滴答，滴答，下小雨啦！

种子说："下吧，下吧，我要发芽。"

梨树说："下吧，下吧，我要开花。"

麦苗说："下吧，下吧，我要长大。"

小朋友说："下吧，下吧，我要种瓜。"

滴答，滴答，下小雨啦！

（改编自浙江省第十六届师范生教学技能竞赛学前教育组"说课"赛题）

请自主搜索并阅读"知识窗口"中的学术资料，以便更好地完成自主探索。

【知识窗口】

张发明：《设计幼儿语言教育活动目标应注意的问题》，《课程教育研究》2019年第39期。

任务2　选择学前儿童语言教育活动的内容

探索路径提示

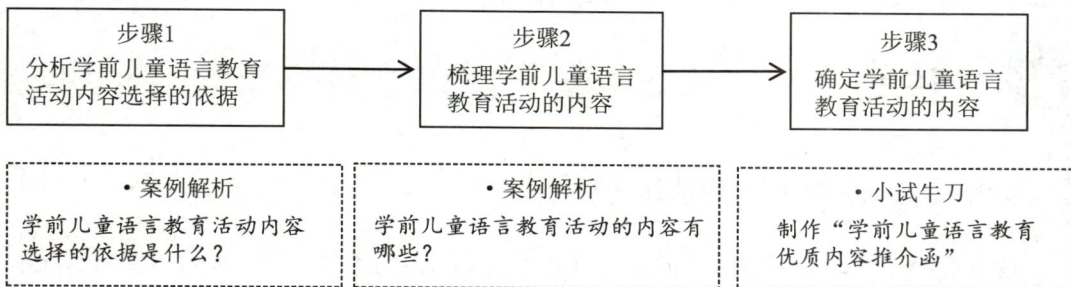

步骤1 分析学前儿童语言教育活动内容选择的依据	→	步骤2 梳理学前儿童语言教育活动的内容	→	步骤3 确定学前儿童语言教育活动的内容
• 案例解析 学前儿童语言教育活动内容选择的依据是什么?		• 案例解析 学前儿童语言教育活动的内容有哪些?		• 小试牛刀 制作"学前儿童语言教育优质内容推介函"

步骤1　分析学前儿童语言教育活动内容选择的依据

案例解析：学前儿童语言教育活动内容选择的依据是什么?

请自主搜索、下载、阅读学术论文《幼儿园语言课程实施的个案研究——以重庆A幼儿园为例》中"幼儿园语言课程内容的选择"部分，结合论文中的案例及自己的理解，分析学前儿童语言教育的内容该如何选择。

【知识窗口】

罗泽林：《幼儿园语言课程实施的个案研究——以重庆A幼儿园为例》，西南大学2010年硕士学位论文。

学前儿童语言教育内容选择分析记录表

分析维度	内容
1. 对于学前儿童语言教育内容，论文案例中幼儿教师的观点	
2. 学前儿童语言教育已有研究内容选择的依据	

续表

分析维度	内容	
3. 分析整合后的学前儿童语言教育内容选择的依据		

📖 **学习支持**

学前儿童语言教育内容选择的依据

学前儿童语言教育内容是学前教育机构为儿童提供的语言形式、内容与运用的基本知识、基本态度和基本行为方式的总和，是学前儿童学习语言并获得语言经验的载体。[①] 选择学前儿童语言教育的内容，需要考虑以下因素。

（一）依据学前儿童语言教育的目标

学前儿童语言教育的目标是开展学前儿童语言教育活动的风向标。首先，学前儿童语言教育的根本目的是促进学前儿童语言能力的发展。因此，在选择学前儿童语言教育内容时应综合考虑该内容能否促进学前儿童听、说、读、写四大能力中一种或几种能力的发展。其次，每类目标应从认知层面、动作技能层面、情感态度层面综合分析，从而确定适宜的学前儿童语言教育内容。最后，需要注意选择学前儿童语言教育的内容时无须与目标一一对应，只需要将目标中的各部分要求转化为教育内容即可。既可以通过一次教育活动达成，也可以通过多次教育活动达成；既可以通过专门的语言教育活动达成，也可以通过其他活动中渗透的语言教育内容达成。

（二）依据学前儿童学习与发展的特点及需求

学前儿童具有情绪性、好模仿、想象力丰富的年龄特点。因此，在选择学前儿童语言教育内容时，应选择学前儿童感兴趣的事物与主题，提高趣味性；成人应提供丰富且规范的语言教育环境，让学前儿童在潜移默化中学习丰富的语言内容；在选择活动内容时还应考虑到开放性，给予学前儿童一定的想象空间和创作余地。

从学前儿童语言的发展特点和需求来看，学前儿童正处于以口语发展为主，并逐渐向书面语发展的阶段。在口语交际的背景下，学前儿童需对音、词、句有基本的感知和理解，从而利用语言符号完成听与说的转换。因此，在学前儿童口语交际初期应加强对词语的感知和应用，并逐渐在认知、操作活动中渗透构词成句和表达意思的学习。在口语发展向书面语发展的转换过程中，可将语言学习的内容侧重在口头语言与书面语言之

[①] 周兢，余珍有.幼儿园语言教育[M].北京：人民教育出版社，2004：83.

间的关系和前识字方面。

（三）依据语言教育活动"整合性"的特点

学前儿童语言能力的发展并不是孤立的，而是与思维、情感、社会性等方面的发展息息相关。在学前儿童教育活动的五大领域中，除了语言领域专门设计语言教育活动外，还可根据不同领域的特点渗透学习语言教育内容，各领域相互渗透的整合活动是语言教育的重要形式。例如，在科学领域活动中，可引导学前儿童表达自己的观察发现，倾听教师的要求，与同伴交流、讨论等；在艺术领域活动中，可引导学前儿童分享、展示、表达自己的创作过程，并表达对作品的理解等。总之，不同领域的活动内容，应该有机联系并相互渗透，而不是割裂语言领域与其他领域的关系。

步骤2 梳理学前儿童语言教育活动的内容

案例解析：学前儿童语言教育活动的内容有哪些？

请结合以下案例开展学习小组研讨。

晨晨平时很少说话。某次晨间入园时，李老师看到晨晨走进幼儿园，便问道："晨晨，是谁送你来的？跟家长说再见了吗？"晨晨说"妈妈"，然后指了指门口。李老师说："门口有好多都是妈妈呢，哪位是你的妈妈呀？"晨晨说："长头发。"李老师又说："长头发的妈妈也有好多，还是没有找到呀！"晨晨说："穿裙子的。"李老师说："我看到有三位穿裙子的妈妈呢。"晨晨说："那个穿白裙子的，长头发的，拿包的就是我妈妈。"

（1）李老师真的不认识晨晨的妈妈吗？李老师这样做的目的是什么？

（2）以此为契机，可以组织开展什么内容的学前儿童语言教育活动？

（3）学前儿童语言教育活动的内容有哪些？

📖 **学习支持**

学前儿童语言教育活动的内容非常丰富，从结构上划分，可以归为两大类，分别是教师组织的有目的、有计划的专门的学前儿童语言教育活动内容和渗透在其他活动中的学前儿童语言教育内容。

一、专门的学前儿童语言教育活动内容

专门的学前儿童语言教育活动内容是为学前儿童提供集中的语言学习机会，促进学前儿童语言经验的提炼和总结，使其能理解语言规则，增强语言运用能力，主要包括谈话活动、讲述活动、文学教育活动、早期阅读、听说游戏等。

（一）谈话活动

谈话活动是发展幼儿口头对话能力的活动，教师有计划、有目的地组织创设对话情境，引导幼儿运用已有的谈话经验参与交流活动，从而促进幼儿谈话技能的发展和新旧经验的转换。[1]谈话活动的重点是培养幼儿运用口头语言与他人交际的意识、情感和能力。[2]谈话活动的内容主要包括以下两点。

（1）围绕自己熟悉的人或事进行谈话。例如，生活常规、日常事件、教学主题等相关的话题。[3]

（2）围绕熟悉的场景发表个人观点和想法。

（二）讲述活动

讲述活动是为幼儿创设较为正式的语言表达情境，鼓励幼儿运用完整的句子和连贯的语言在集体面前描述事物及表达其认识或看法。讲述活动主要培养幼儿的倾听能力和独白语言能力，使其清楚、完整、连贯地表达。讲述活动的内容主要包括以下四点。

（1）实物讲述：提供某一实物，请幼儿用简洁明了的语言描述其外部特征、性质、功用、使用方法等。

（2）图片讲述：提供某一幅图片或某一组图片，请幼儿用完整、连贯的语言讲述主要人物和事件。

（3）情境讲述：根据情境，请幼儿用生动形象的语言讲述情境表演中的人物形态及动作、事件过程和情节等。

（4）经验讲述：幼儿围绕直接经历或间接经历的人或事，讲述人物的特征、表现或事件的发生过程。

---

① 余珍有.幼儿园语言领域教育精要：关键经验与活动指导[M].北京：教育科学出版社，2015：77.
② 周兢，余珍有.幼儿园语言教育[M].北京：人民教育出版社，2004：85.
③ 付苗苗.幼儿园晨间谈话现状调查及优化策略研究：以保定市Q幼儿园为例[D].保定：河北大学，2021.

（三）文学教育活动

文学教育活动是围绕文学作品开展的语言活动，使幼儿感受、欣赏、学习、运用文学作品中的文学语言。文学教育活动重在培养幼儿对文学作品的欣赏、理解、想象、创造、表达能力。其内容主要包括以下三点。

（1）倾听与感受：倾听成人朗读或有感情地讲述文学作品，感知、欣赏不同题材的文学作品，感受其语言、情节、动作、对话、思想情感、表现手法等。[①]

（2）表达与表演：跟随成人朗诵文学作品；运用语言、动作、表情、绘画等方式自主表达对文学作品的理解与感受；通过扮演角色，运用一定的道具材料演绎文学作品。

（3）仿编与创编：在欣赏与理解的基础上，根据一定的框架或句式，仿编、续编、创编文学作品。

（四）早期阅读

早期阅读以书面语言为主，是幼儿对图画、文字、符号等的阅读活动，重在培养幼儿对书面语言的兴趣，对文字的敏感性，丰富前阅读、前识字、前书写经验。早期阅读活动的内容主要包括以下三点。

（1）前阅读：翻阅图书的技能，理解图书的内容，学习制作图书，了解图书的画面、文字与口语的对应关系。

（2）前识字：感受文字的功能与作用，了解识字的基本规律和方法。

（3）前书写：感受汉字的基本结构，了解汉字的书写特点、工具及正确的书写方式，学习正确的书写姿势。[②]

（五）听说游戏

听说游戏是幼儿园最常见的语言游戏活动[③]，是为幼儿提供游戏情境，按照一定的游戏规则，培养幼儿在口语活动中快速、机智、灵活地倾听及表达。[④]听说游戏的内容主要包括以下四点。

（1）音：练习声调和巩固发音，发准难发的音，区分近似的音。

（2）词：扩展词汇量，正确运用词汇。

（3）句：锻炼语感，正确运用各类句型、句式。

（4）倾听：养成认真倾听的习惯，理解游戏规则，按规则行事。

二、渗透的学前儿童语言教育内容

渗透的学前儿童语言教育内容，是相对于专门的学前儿童语言教育活动而言的，主

---

① 张莉娜.学前儿童语言教育[M].北京：清华大学出版社，2019：109.

② 陈瑶.学前儿童语言教育[M].北京：北京师范大学出版社，2020：33.

③ 胡秋梦，罗腊梅.幼儿语言教育与活动指导[M].天津：南开大学出版社，2019：42.

④ 高羽，周晴.学前儿童语言教育与活动指导[M].北京：人民邮电出版社，2019：11.

要是指在日常生活中、游戏活动中、其他领域学习活动中渗透的学前儿童语言教育内容。渗透的语言教育背景下，语言环境和学习情境更宽松，幼儿使用语言的自由度更大，教师能进行个别化的指导，因此，从这个层面上来理解，渗透的学前儿童语言教育内容有不可替代的价值。渗透的学前儿童语言教育内容具体包括以下几个方面。

（一）日常生活中的语言学习

日常生活中的语言学习主要体现在与成人交往中语言指令的接收、与同伴交往中的人际沟通、自我表达和评价等，具体可以从以下几个方面帮助幼儿获得语言经验。

（1）倾听、理解、执行成人的指令性语言和规则要求。

（2）运用礼貌用语与他人交往。

（3）用恰当的语言与同伴展开讨论或辩论，解决同伴冲突或纠纷。

（4）向他人表达自己的愿望或需求，对他人的要求予以恰当回应。

（5）用语言评价他人和自己的行为。

（6）在日常生活中大胆表达自己的想法和见闻。

幼儿园一日生活的各环节中，均可以渗透语言教育。教师营造宽松自由的环境，鼓励幼儿以小组或个别的形式进行语言表达和交流，增加对语言的兴趣和经验。因此，渗透在日常生活中的语言学习，还可以从一日生活的各环节理解语言学习内容，具体表现为以下两点。

（1）餐前餐后、午睡前后、入园后离园前等生活环节：倾听或自主阅读儿歌、散文、故事等文学作品（一般为已学习过的或能自主理解的），鼓励以小组或个人的形式阅读图书，形成喜欢阅读的良好习惯。

（2）点心后、盥洗后等过渡环节：开展一定规则的语言游戏，例如猜谜语、传话、组词等活动，让幼儿在游戏中巩固、扩展语言经验。

（二）游戏活动中的语言学习

渗透在游戏活动中的语言交流，也是必不可少的学前儿童语言教育内容。在游戏中，语言是幼儿沟通、交往、合作、分享的工具，指导和调节着游戏伙伴、游戏内容、游戏材料，也是总结、分享游戏感受和经验的工具。[①] 在游戏活动中，幼儿可以获得的语言经验具体包括以下几点。

（1）自我表达：利用玩具结合动作自言自语，进行自我表达和自主练习。

（2）自主协商：通过协商、交流，自主选择游戏伙伴、游戏内容、游戏材料。

（3）解决冲突：通过沟通、协商，解决与同伴之间在游戏内容、材料及规则制订中的矛盾冲突。

（4）经验总结：运用语言表达自己在游戏中的发现，讲述游戏过程及结果，总结经验。

---

① 陈瑶.学前儿童语言教育[M].北京：北京师范大学出版社，2020：34.

（5）交流评价：运用语言交流评价自己的游戏经验和他人的游戏表现。

（三）其他领域活动中的语言学习

学前儿童的语言教育渗透在各领域的教育活动中，一方面，语言是学习其他领域活动内容的工具，有利于帮助幼儿更好地感知和理解相应内容；另一方面，其他领域的学习活动为语言学习提供了素材。例如，艺术领域活动中，在音乐欣赏时，可以让幼儿展开想象，并表达对音乐的感受或联想到的事物；在歌唱活动时，幼儿可尝试对歌词进行改编或续编。健康领域活动中，在开展体育活动时，可以让幼儿讲解自己的动作要领，并帮助其他伙伴学习新动作。[①]其他领域活动中的语言学习，具体包括以下几点。

（1）倾听与理解：倾听与理解教师讲解的内容、布置的任务。

（2）表达与交流：运用语言或符号表达自己的观察及感受，交流学习内容。

（3）联系与互通：理解语言与其他领域活动之间的相互关系，运用语言促进其他领域知识的学习，在其他领域学习活动中主动提出问题、解答问题。

步骤3　确定学前儿童语言教育活动的内容

小试牛刀：制作"学前儿童语言教育优质内容推介函"

链接项目任务：回顾项目情境中的任务要求，结合以上所学，自主选择一个年龄段，精心选择一个适合该年龄段的语言教育内容，学习小组成员共同合作，制作"学前儿童语言教育优质内容推介函"进行展示并评选优秀作品。

推介函以艺术海报的形式呈现，至少（但不限于）包括以下要点。

（1）所选内容。

（2）适用的年龄段。

（3）选择该内容的理由。

（4）初步构想该内容下可开展的学前儿童语言教育活动名称，并撰写相关活动目标。

---

① 周鑫.语言培养应渗透于幼儿教育的各个领域：浅谈语言教育在幼儿园的实施[J].吉林省教育学院学报（下旬），2013，29（8）：116-117.

任务3　实施学前儿童语言教育活动

探索路径提示

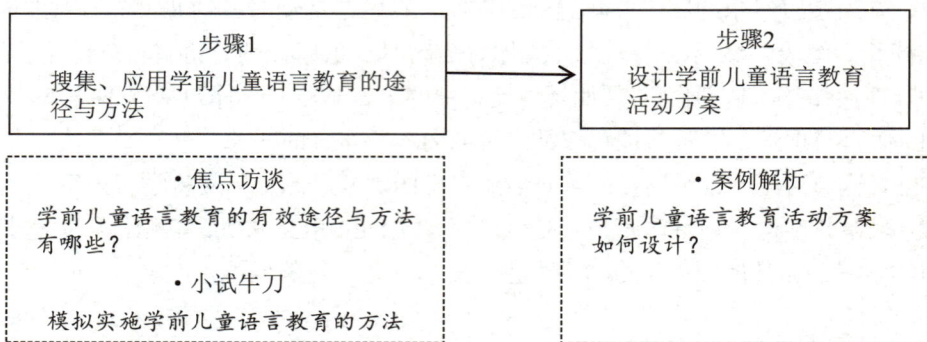

步骤1 搜集、应用学前儿童语言教育的途径与方法	→	步骤2 设计学前儿童语言教育活动方案

- 焦点访谈
学前儿童语言教育的有效途径与方法有哪些？
- 小试牛刀
模拟实施学前儿童语言教育的方法

- 案例解析
学前儿童语言教育活动方案如何设计？

步骤1　搜集、应用学前儿童语言教育的途径与方法

焦点访谈：学前儿童语言教育的有效途径与方法有哪些？

请利用见实习机会，向幼儿园教师请教学前儿童语言教育的有效途径与方法，并结合以下表格做好记录和分析。

学前儿童语言教育的途径与方法记录分析表

学前儿童语言教育的途径	学前儿童语言教育的方法	具体案例	我的收获与思考

⊡ 小试牛刀：模拟实施学前儿童语言教育的方法

　　请选择一种学前儿童语言教育的方法，设计一个具体教育情境，并在该情境中进行模拟应用。请将操作模拟拍摄成视频，上传到班级群中。由投票选出的最佳实施者进行课堂展示。

【教育情境】

午饭后/区域活动中/集体教学活动中……

【具体应用】

师：

幼：

师：

……

▊ 学习支持

一、学前儿童语言教育的途径

（一）通过良好的语言环境进行学前儿童语言教育

　　良好的语言环境既包括物质环境也包括心理环境。在物质环境层面，可以在班级环境中创设赋予语言教育意义的内容。例如，在相关的玩具、材料、设备上贴标签，通过各种文字符号展现物品的名称、颜色、外形、用途、使用方法等。在心理环境层面，应给予幼儿宽松的语言环境，支持、鼓励幼儿的语言表达。一方面应以关怀、接纳、尊重的态度对待幼儿，耐心倾听他们的表达，并给予一定的反馈；另一方面应从自身做起，使用积极、丰富的语言，为幼儿提供良好的榜样。

（二）通过日常生活进行学前儿童语言教育

　　语言能力的发展不是一蹴而就的，应该在日常生活中渗透学习，在语言的交流与运用中发展起来。一日生活的各环节均蕴含着语言教育的契机，应充分利用入园、晨检、如厕、过渡环节促进学前儿童语言能力的发展。一方面，可以引导幼儿在这些环节中学会倾听，理解指令，学会礼貌用语等；另一方面，可以利用这些环节开展个别教育，根据不同幼儿的发展水平因材施教。除此之外，还可以在一日生活的各环节使幼儿理解相关的图示、符号等，也可以在过渡环节利用手指操、绘本等学习语言。

（三）通过教学活动进行学前儿童语言教育

通过教学活动促进学前儿童语言的发展，既包括专门的学前儿童语言教育活动，也包括渗透在其他领域的教学活动。专门的学前儿童语言教育活动包括谈话活动、讲述活动、文学教育活动、早期阅读等，这些显然能针对性地促进幼儿语言能力的发展。渗透在其他领域的教学活动同样可以为语言发展提供素材和机会，并有利于语言的理解与运用。例如，在健康领域活动中，幼儿可以自行设计体育游戏，并向大家介绍游戏的玩法与规则；在部分社会领域活动中，可以利用优秀的文学作品、阅读材料，传递情感价值；在科学领域活动中，可以让幼儿描述观察对象，表达发现，总结结论等；在艺术领域活动中，可以让幼儿表达自己对艺术作品的理解，或者谈论自己的创作。

（四）通过游戏活动进行学前儿童语言教育

游戏是幼儿园的基本活动。通过游戏活动进行学前儿童语言教育，既包括语言游戏活动，也包括区域游戏等自主游戏活动。语言游戏活动可以分为听说游戏、儿歌游戏、词汇游戏等。听说游戏是幼儿根据要求做出相应的动作或说出相应的语言，例如"请你像我这样做""老狼老狼几点了"；儿歌游戏是幼儿边说儿歌边做动作，例如"数字对对歌"；词汇游戏是采用问答或比赛的形式以词汇为主要内容的语言游戏，重点培养幼儿的词汇理解能力和反应能力，例如"说相反""正说反做"等。区域游戏活动的各环节均可以促进幼儿语言的发展，在区域游戏活动前，可以通过谈话让幼儿表达自己想去哪个区域，区域的规则及游戏计划；在区域游戏活动中，幼儿的自然交往必然涉及语言的使用与练习；在区域游戏活动结束后，可以引导幼儿自主表达游戏的过程和感受。

二、学前儿童语言教育的方法

（一）示范法

示范法是指教师运用规范化的语言，包括正确的发音及词汇、句型的运用等，为幼儿提供语言学习的榜样，使其在潜移默化中自然地模仿学习。示范既可以由教师亲自示范，也可以利用多媒体手段，还可以请语言发展水平较高的幼儿做示范。运用示范法时应注意以下几个方面。

1. 榜样示范须准确规范，具体到位，并与讲解相结合

教师的示范语言应发音准确，表意清晰，语法规范，语汇丰富，用词恰当；[①]表达技巧上应采用适宜的音量、语调、语速，辅以适当的手势、表情，且语言富有感染力和表

---

① 张莉娜.学前儿童语言教育[M].北京：清华大学出版社，2019：134.

现力。教师还应把握好示范的时机、力度、分量，具体到位，配合讲解。特别是在学习新内容时，仿编参照词句出现时，发难发准的音时等，教师应边示范边讲解。例如，对"老师"一词的发音，可边示范边讲解："请小朋友们像老师这样，把舌头卷起来。"[①]

2. 显性示范与隐性示范相结合

教师应注意根据幼儿的实际水平和需要，以及教学活动的重难点灵活采用显性的示范和隐性的示范，特别是隐性示范更能达到润物无声的效果。例如，进行与生活经验相关的讲述活动时，教师可以先讲述，通过暗示的方式予以示范并主导活动的进程。

3. 积极观察语言表现，及时强化，适当纠正

教师要善于观察幼儿的语言表现，并善于发现其在语言发展方面的个别差异，适时给予鼓励、引导和支持。要善于发现幼儿的进步和正确的语言表现，及时强化。当发现其有语言错误时，可适当进行纠正性示范，但不可过于挑剔，否则会打击幼儿的自信心，降低其学习的积极性。

（二）游戏法

游戏法是指教师运用一定的规则游戏，帮助幼儿掌握正确的发音，丰富词汇，学习语法、句型，学会讲述及形成早期阅读技能。运用游戏法时应注意以下几个方面。

1. 根据目标及内容选择游戏

教师需根据学前儿童语言教育的目标及内容选择或编制游戏，制定游戏规则，以达到有针对性的语言训练目的。因此，游戏的目标需明确，规则需具体，便于幼儿理解并遵守，从而实现语言训练重点。

2. 根据游戏需要创设游戏情境

在运用游戏法时，教师可结合教具、学具准备充足的游戏材料，并创设适宜的游戏情境，使得游戏更具有趣味性，也能有意识地达到语言训练的目标。

3. 根据活动目的及幼儿表现确定游戏时机

游戏法的运用较为灵活，既可以在专门的学前儿童语言教育活动中，也可以在渗透的学前儿童语言教育活动中；既可以在教育活动的开始部分进行，也可以在教育活动的巩固环节进行。因此，应根据活动目的及幼儿实际表现确定游戏时机。

（三）表演法

表演法是指在教师的指导下，帮助学前儿童在理解文学作品的基础上扮演角色，通过演绎文学作品中的对话、情景、动作、表情等，再现文学作品内容，从而提高语言的综合运用能力，特别是口语表达能力。运用表演法时应注意以下事项。

1. 以理解文学作品为基础

教师需帮助幼儿充分理解文学作品，只有在感知、熟悉、理解文学作品的基础上，才能生动流畅地演绎，才能更好地学习文学作品中的语言，加深对文学作品的理解，感

---

① 陈瑶.学前儿童语言教育［M］.北京：北京师范大学出版社，2020：43.

受表演的乐趣。

2. 鼓励自主表达，大胆创作

在理解文学作品的基础上，应允许幼儿有自己的理解和表达。因此，鼓励幼儿在作品主题的基础上发挥想象，在语言、表情、动作方面加入自己的理解后大胆表现。教师还可提供道具材料，帮助幼儿恰当发展情节、增加对话、创新设计、渲染氛围，使其在积极参与表演中发展语言能力。

3. 提供全员参与的机会

表演法的运用不同于限时、限人的舞台表演，应在一日生活中恰当地给予全体幼儿表演的机会，灵活地设置表演角色，让每位幼儿都有机会参与表演。

（四）练习法

练习法是指有意识地让幼儿多次使用同一个语言因素（例如语音、词汇、句子等）或训练其某一方面的语言技能。幼儿的语言需要在实践练习中发展，语言技能需要在反复练习中得到巩固。运用练习法时需注意以下事项。

1. 明确要求，逐步提高

教师需在每次练习时提出明确的要求，并且要求应逐步提高。每次练习的分量应适宜，与要求契合，顺应儿童的身心发展规律，帮助幼儿循序渐进地提升语言能力。

2. 方式独创，练习多样

鼓励幼儿在理解练习内容的基础上，进行独创性的练习，避免单一、机械、枯燥的练习方式。采用多样化、趣味性、创造性的练习方式，可以调动幼儿的练习兴趣。例如，朗诵诗歌时可以采用一人一句、拍手朗诵、男女对练、表演朗诵、角色朗诵、游戏朗诵等形式。

3. 结合日常，渗透生活

专门的语言教学活动时间有限，而语言的练习却不能仅停留在教学活动中。因此，应将语言练习与广泛的日常生活相结合，充分利用一日生活的各环节和教师、同伴的广泛交往中渗透语言的练习。例如，在餐前等待中，可以配合手指操练习诗歌朗诵，可以让幼儿猜测或描述食物；在饭后散步时，可以让幼儿描述景物、练习造句。

总之，学前儿童语言教育的方法应该灵活运用，教师还需结合本班幼儿的特点选择运用。各种方法的运用既可以相互配合，也可以创造补充，以更好地培养幼儿对语言的兴趣，促进幼儿语言能力的发展。

步骤2 设计学前儿童语言教育活动方案

案例解析：学前儿童语言教育活动方案如何设计？

请认真阅读以下活动案例，思考相关问题。

大班语言活动：后羿射日

设计意图

中国有很多脍炙人口的神话故事，历来受孩子们的喜爱。神话故事中有许多传奇的角色、大胆的想象，神话《后羿射日》从天上有十个太阳这一怪诞的现象起头，能吸引幼儿的关注与想象。太阳是孩子们日常生活中司空见惯的事物，并且他们对太阳带来的"热"与"晒"有直接体验，因此孩子们容易迁移经验，联想到十个太阳下民不聊生的场景。大班这个年龄段的孩子在生活中乐于寻找榜样和英雄，而后羿这一形象就很可能成为孩子们心目中的英雄。希望通过这一故事的熏陶，让更多的孩子对中国传统神话故事感兴趣，在神话故事的浸润下感受中华优秀传统文化。

活动目标

（1）了解神话故事中后羿射日的缘由、过程及结果，理解故事中的人物关系。

（2）大胆推测想象故事情节，乐于表达自己的观点。

（3）感受后羿神勇的人物形象特征，萌发对于中国传统神话故事的兴趣。

活动重难点

（1）活动重点：理解神话故事内容，感受后羿神勇的人物形象特征。

（2）活动难点：大胆推测想象故事情节，并乐于表达自己的观点。

活动准备

电子绘本、PPT、弓和箭、太阳图片。

活动过程

一、问题导入，引发兴趣

师：太阳为我们的生活提供了光和热，可是假如天上有十个太阳，会发生什么事呢？

二、分段解析，理解内容

（一）顽劣的太阳

讲述故事第一、第二段。

师：当十个太阳出现的时候，人们的生活发生了什么变化？如果真的有十个太阳，我们会怎么做呢？

（二）推测故事情节

1.初识后羿

讲述第三段。

师：这个射太阳的英雄叫什么名字？他有什么本领？

2. 推测结果

师：你觉得他射太阳会成功吗？为什么？我们也来体验一下射太阳吧！

幼儿体验拿弓和箭。

师：射中太阳容易吗？原来射中太阳那么难，这下后羿还会成功吗？

（三）后羿射日

讲述故事第四、第五段。

师：后羿射日成功了吗？射日的过程轻松吗？他的弓箭是怎么样的？他是怎么射落第一个（第二个、第三个）太阳的？谁能来模仿一下后羿射日困难重重的样子？

小结：后羿射日尽管困难重重，但是凭借着坚持不懈的品质及为人们谋幸福的决心，他成功射下了九个太阳。

（四）幸福生活

师：后羿将太阳射下来之后，人们的生活发生了什么变化？大家心情怎么样？

三、交流分享，拓展延伸

师幼完整欣赏、讲述故事。

师：听完这个故事，你觉得后羿是一个怎样的人？你喜欢这个故事吗？为什么？

师：后羿是一个勇敢、有正义感、坚持不懈、不怕困难的人，他身上有许多优秀的品质，十分值得我们学习。

活动延伸

师：《后羿射日》是一个中国传统神话故事，除了这个故事外，中国还有很多有意思的神话故事，比如，精卫填海、女娲补天等，大家可以去图书区看一看。

活动反思

本次教学活动的活动效果整体较好。在对神话故事的理解上，主要采用了分、整结合赏析的方式，过程中辅以有效的提问引导回顾、促进理解，还通过亲身体验加深对故事内容的感受，如体会射日的动作，该环节教师使用真实的弓箭邀请幼儿亲身体验与感受，活动氛围接近高潮，幼儿参与热情极高，正是切身感受到拉弓射日的困难，幼儿对后羿人物形象的理解进一步具象化，为后续情感目标的实现奠定了基础。由此，活动重点基本达成。幼儿对故事情节的合理推测是活动的难点，为此，教师通过在故事欣赏过程中多次有意识地设置引发推测的提问"你觉得他射太阳会成功吗？为什么""原来射中太阳那么难，这下后羿还会成功吗"，在重重提问下，将幼儿的好奇心激发到最高，同时也在反复引导其大胆发表自己的观点并说明理由。由此，活动难点得以突破。但值得反思的是，由于时间关系，没有让全体幼儿参与观点的发表，对此应该考虑转换组织形式，比如，小组内分享，更能体现大班幼儿的合作学习水平，也更有利于活动难点的全班性突破。

（宁波市市级机关第二幼儿园　汪静科）

1. 学习小组共同思考以下问题。

（1）上述活动方案包括哪几个部分？每个部分的撰写应注意哪些要点？

_____

_____

_____

_____

（2）在该活动中，教师主要采用了哪些语言教育的方法，请具体罗列。你还能想到其他更好的方法吗？请具体谈谈如何运用。

_____

_____

_____

_____

_____

2. 链接项目任务：回顾任务1步骤3中你们小组已经确定的学前儿童语言教育内容，根据此内容，请自定年龄段，设计一个语言领域的集体教学活动方案，注意确保方案结构的完整性。

_____

_____

_____

_____

_____

_____

_____

_____

_____

_____

_____

_____

_____

学前儿童语言教育活动方案的设计

一般而言，学前儿童语言教育活动方案包括如下几项内容。

第一，活动名称。教师首先应确定本次活动的名称，也就是选定活动的主题。活动名称通常的写作格式为：适用的年龄班+活动所属领域+具体活动名称。例如，大班语言活动：了不起的中国人。

第二，设计意图。该部分常常被省略，但设计意图在幼儿园活动方案设计中是必不可少的一个方面。设计意图主要包括以下内容。①对所选教育内容的分析。即阐明该内容的教育价值如何体现，与儿童经验的关联性从何体现等。②对本班幼儿情况的分析。了解幼儿的年龄特点和学习需要，是设计幼儿语言教育活动的重要依据。因此，教师应当用简略的语言概括本班幼儿的实际语言发展水平和特点，并说明就此现状教师计划采取的策略与方法是什么。

第三，活动目标。方案设计中清楚说明本次活动期望幼儿能达到的水平。通常从认知、动作技能、情感态度三个维度进行表述，但并不要求每次活动必须面面俱到，也可以涉及部分，需要根据活动的具体情况来定。活动目标应尽可能写得凝练，一目了然。一般在活动目标后，还需标注出本次活动的重点与难点。重难点的确立来自设计意图中教师对本班幼儿实际语言发展水平的把握，对于幼儿目前尚未发展完善的能力往往就是活动的难点所在。明确活动重难点，也有助于教师在活动过程设计与后续活动实施中有意识地突出重点、突破难点，有利于保证活动效果。

第四，活动准备。写明本次活动前的准备，一般包括物质准备和经验准备。

第五，活动过程，即活动的具体步骤。一个精心设计的活动过程大致包括活动的导入、活动的展开、活动的结束，然后须按先后顺序写清楚活动的详细过程，包含每个环节具体名称、具体内容、组织形式、教师具体指导语言等。

第六，活动延伸。所谓"延伸"，就是本次活动结束以后，教师将通过哪些方式巩固和扩展幼儿新习得的语言经验。一般可以渗透到其他领域的活动中，也可以通过区域活动、户外活动、家园合作等形式灵活实现。

第七，活动反思。在活动结束后，教师根据自己的教学表现和幼儿在活动过程中的表现及最终活动效果，对本次活动方案做出客观的评价，提出活动亮点，同时，反思不足，并设想改进的途径与方法。

项目验收　设计展评——学前儿童语言教育活动方案的撰写

请系统学习、回顾本次项目及各项任务，完成项目情境中的任务。

验收流程

（1）自主选择一个适宜的学前儿童语言教育内容，自定年龄班及主题。
（2）完整、详细撰写该教育内容的语言教育活动方案。
（3）上传作业平台，展开三方评价（自评、组间互评、教师评价）。

验收标准

评价内容	评价标准	分值	三方评价平均得分
目标设计	教学目标清楚、具体，易于理解，便于实施，行为动词使用正确，阐述规范	1.5	
	符合领域特点和幼儿实际，体现对知识、能力与创新思维等方面的要求	1.5	
设计意图	教学内容前后经验关系、价值作用描述准确，重点、难点分析清楚	2	
	幼儿认知特点和水平表述恰当，学习习惯和能力分析合理	2	
教学过程设计	教学主线描述清晰，教学内容处理符合目标要求，具有较强的系统性和逻辑性	2	
	教学重点突出，点面结合，深浅适度；难点清楚，把握准确；化难为易，处理恰当	2	
	教学方法清晰适当，符合教学对象要求，有利于教学内容完成、重点突出和难点解决	2	
	教学辅助手段准备与使用清晰无误，教具及现代化教学手段运用恰当	1	
	内容充实精要，适合幼儿水平；结构合理，过渡自然，便于操作；理论联系实际，注重教学互动，启发幼儿思考和解决问题	3	
	注重形成性评价及生成性问题解决和利用	1	
延伸设计	安排符合教学目标，有助强化幼儿新习得的经验	2	
文档规范	文字、符号、单位和公式符合标准规范；语言简洁、明了，字体、图表运用适当；文档结构完整，布局合理，格式美观	2	
设计创新	教学方案的整体设计富有创新性，较好体现课程改革的理念和要求；教学方法选择适当，教学过程设计有突出的特色	3	
合　计		25	

注：评分15分以下为不合格，16～18分为合格，19～22分为良好，23分及以上为优秀。该评分标准参考全国师范生教学技能大赛"教学设计"部分评分标准制定。

项目4　开展幼儿园谈话活动

项目情境

　　大班下学期，李老师发现班级幼儿普遍对小学的学习生活不够了解，一些幼儿对上小学有些担心。于是，李老师准备开展"我要上小学"主题活动，希望通过多种形式的活动，增进幼儿对小学生活的了解，帮助幼儿进一步做好入小学的心理准备。请你和团队成员共同思考，如果你是李老师，根据目前班级情况，你将如何开展"我要上小学"主题活动下的谈话活动？请根据要求撰写一则谈话活动的集体教学活动方案，并组织团队磨课，模拟组织实施该活动。

（改编自2018年下半年幼儿园教师资格考试保教知识与能力测试真题）

学习目标

知识目标
（1）感知、理解幼儿园谈话活动的内涵、类别、特点。
（2）理解并掌握幼儿园谈话活动的核心经验。
（3）熟悉幼儿园谈话活动的基本组织过程。

技能目标
尝试根据要求设计一则幼儿园谈话活动方案，并组织、实施模拟教学。

素质目标
重视谈话的作用，善于培养幼儿想说、敢说、能说的能力。

学习任务单

任务单编号	4	项目任务	开展幼儿园谈话活动
学习资源准备		文件《3～6岁儿童学习与发展指南》，图书《〈3～6岁儿童学习与发展指南〉解读》《幼儿园语言领域教育精要——关键经验与活动指导》	
实训任务拆解		任务1　设计幼儿园谈话活动 　　步骤1：选择幼儿园谈话活动的话题 　　步骤2：设计幼儿园谈话活动的目标 　　步骤3：设计幼儿园谈话活动的过程 任务2　组织、实施幼儿园谈话活动 　　步骤1：明确常见问题 　　步骤2：组织、实施教学活动	
项目验收评价		模拟教学——幼儿园谈话活动的设计、组织、实施与评价	

任务1 设计幼儿园谈话活动

探索路径提示

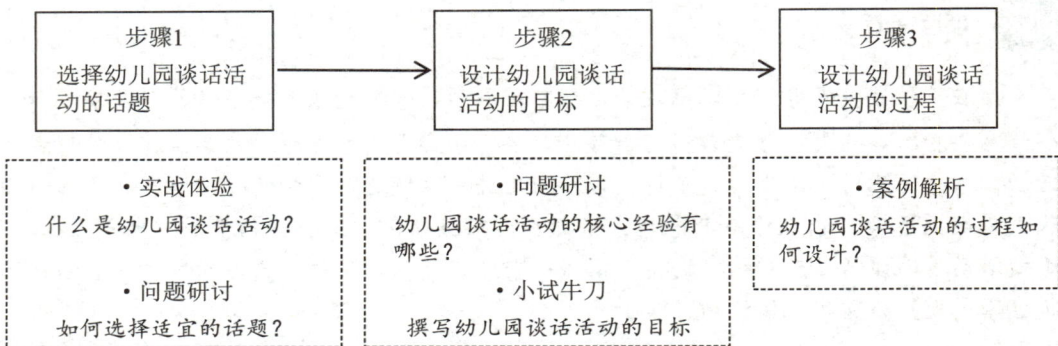

步骤1 选择幼儿园谈话活动的话题	步骤2 设计幼儿园谈话活动的目标	步骤3 设计幼儿园谈话活动的过程

- **实战体验**
  什么是幼儿园谈话活动？
- **问题研讨**
  如何选择适宜的话题？

- **问题研讨**
  幼儿园谈话活动的核心经验有哪些？
- **小试牛刀**
  撰写幼儿园谈话活动的目标

- **案例解析**
  幼儿园谈话活动的过程如何设计？

步骤1 选择幼儿园谈话活动的话题

实战体验：什么是幼儿园谈话活动？

请设想自己是一位即将毕业的幼儿园大班小朋友，你对小学生活充满了好奇，请以"我要上小学了"为话题，在学习小组内部开展一次谈话活动，并完整记录谈话内容。请思考，什么是幼儿园谈话活动？它有什么特点？

_____

_____

_____

_____

_____

问题研讨：如何选择适宜的话题？

链接项目任务：为完成项目情境中的任务，某学习小组在"我要上小学了"主题下设想了如下几个谈话活动的话题：我眼中的小学、课间十分钟、幼儿园好还是小学好，打算从中选择一个作为活动内容。

请讨论、评析该小组选择的话题是否适宜，并说明原因。然后展开小组讨论，确定你们小组的选题。

_____

_____

_____

_____

_____

_____

📖 **学习支持**

一、幼儿园谈话活动的内涵

谈话是一种交往性语言，是人们常用的一种语言运用形式，主要利用口头语言与他人交流。在这个过程中，交谈者需要具备口头语言表达能力，遵循一定的交谈规则。

幼儿园谈话活动是教师有目的、有计划、有组织地引导幼儿围绕一定话题，运用口头语言，以对话的形式与他人交流的语言教育活动。在幼儿园谈话活动中，教师需要引导幼儿学习倾听他人讲话，捕捉有效信息；帮助幼儿学习围绕话题中心谈话，鼓励幼儿积极表达；帮助幼儿掌握交谈规则，提高口语表达能力及人际交往能力。

二、幼儿园谈话活动的特征

（一）谈话活动有一个有趣的中心话题

微课学习：谈话
活动的中心话题

1. 幼儿对话题感兴趣

有趣的谈话话题，才能使幼儿产生谈话的欲望。一般来说，趣味性强的话题有两种来源，一是幼儿日常生活中共同关注或共同经历的事，例如，"我喜欢的奥运会项目""洗手池为什么堵了"；二是幼儿曾经交谈过的，但持续喜欢的话题，例如，"假如我……""神奇的……""未来的……"等，但这样的话题需不断调整难度或调整宾语，使其既满足幼儿的兴趣又保持一定的新鲜感。因此，教师应关注幼儿的日常生活，注意观察、发现幼儿感兴趣的事物及话题。

2. 幼儿对话题产生新鲜感

幼儿喜欢新鲜事物，因此也喜欢新颖的话题。如果某个话题反复作为谈话主题，就容易使幼儿失去兴趣，变得"无话可谈"。最近发生的事情及正在发生的事情，更能使幼儿产生交流及分享的欲望。例如，刚参观完动物园、植物园，可以开启"我喜欢的小动物""植物园里有什么"等话题；刚过完中秋节，可以组织"我们家的中秋节"谈话活动。但是，当这些话题被反复提及，或是事情发生一段时间后再被提及，则很难引起幼

79

儿谈论的兴趣。

3. 幼儿对话题有经验基础

幼儿熟悉话题，对话题有一定的生活经验并能产生基本看法和态度，这是幼儿在幼儿园谈话活动中想说、可说、能说的前提。因此，确立的话题应在幼儿的认知水平内，应是幼儿理解的、有相关经验的话题。例如，"我最喜欢的玩具"谈话话题，就是幼儿非常熟悉并且有充足生活经验的话题，可以围绕"最喜欢的玩具是什么样子的""谁买的""怎么玩""为什么喜欢它"等内容展开。幼儿园谈话活动常用话题如表4-1所示。

表4-1　幼儿园谈话活动常用话题

类别	表述形式	具体名称
人	"我的……"	爸爸、妈妈等家人，教师、小伙伴等
事	"……趣事""难忘的事"	周末、节日的趣事，过生日等难忘的事
物	"我最喜欢的……"	食物（水果、糖果、早餐、特产、糕点）、玩具、图书、动画片、动物、衣服等
环境	"幼儿园里的……""家周围的……""公园里的……"	花草树木、建筑物、四季变化等
节日	"我最喜欢的……""我最难忘的……""我们家度过的……"	儿童节、国庆节、春节、中秋节等
经历与体验	"我最难忘的……""我最喜欢的……"	春游、旅游、参观、游戏等
观点与想法	"未来的……""假如……"	未来的汽车、假如我有翅膀、假如我长大了……

（二）谈话活动有宽松、自由的谈话氛围

1. 不要求形成统一认识

谈话活动允许幼儿根据自己的经验、理解和感受发表个人看法及见解，即使幼儿的相关经验匮乏，也可以根据主题自由谈论，结合想象表达。无论幼儿选用何种方式谈话，对话题有何认识，原有经验如何，均应鼓励幼儿大胆、自主表达，而不要求形成统一认识。如果对话题的要求有统一认识、统一标准，则会限制幼儿的表达，更不利于其思维的发展。

2. 不强调使用规范化语言

谈话活动重在为幼儿提供表达的机会，让幼儿练习使用语言，提高对语言的敏感性，使幼儿愿意交谈、积极说话、善于表达，体验到语言交流的乐趣。因此，幼儿园谈话活动中不强调幼儿是否使用规范化语言，例如，句式的规范、词汇的运用、表达的逻辑和连贯性等。如果教师总是在交谈中关注以上内容，则会影响幼儿表达的积极性，且会打断其表达逻辑，不利于幼儿语言表达能力的发展。

（三）谈话活动注重多方的信息交流

1. 谈话活动有多样化的信息来源

由于不同幼儿各自的生活背景与经验不同，表达方式也不同，而幼儿阶段发散式的思维特点又进一步使谈话内容变得多样，因此每名幼儿在谈话活动中获取的信息来源是多样的，信息量也是巨大的。

2. 谈话活动有多样化的交谈主体和交谈方式

谈话活动的交流范围既包括幼儿与幼儿之间的谈话，也包括幼儿与教师之间的谈话，因此交谈的主体是多样化的，并且交谈的组织方式多样，既包括个别交谈，也包括小组内交流，还包括在全班面前谈论个人见解。值得注意的是，教师与幼儿的交谈中，是教师主动引起谈话并引导幼儿交谈的；而幼儿与教师的交谈，侧重幼儿主动发起交谈，因此产生的交谈方式也并不相同。

（四）谈话活动有教师间接、合理的引导

1. 以提问的方式引出或转移话题

教师通过提问的方式可以引出或转移话题，以此突出话题的重点。提问的方式可以把握谈话的方向和进程，帮助幼儿建立谈话思路。例如，谈话活动"我喜欢的玩具"，可以先向幼儿提问"你们喜欢玩玩具吗？""你家里有哪些玩具？"，然后进一步引导幼儿谈论"你最喜欢的玩具是什么？为什么？"，以此突出谈话的重点。

2. 用平行的谈话做隐性示范

幼儿往往在话题起始阶段不知从何说起，此时，教师可以通过平行的谈话方式为幼儿做隐性示范。例如，谈话活动"我最喜欢的绘本"，教师可结合自己的经验发表看法，为幼儿提供谈话范本：我最喜欢的绘本是……（讲明观点，点出主题）；因为这本绘本……所以我喜欢它（说明原因，列出事实）。

三、幼儿园谈话活动的类型

案例赏析：
《中班谈话活动：
青草和毛衣》

（一）日常谈话活动

日常谈话活动主要包括日常个别谈话和日常集体谈话，主要发生在入离园、晨间活动、游戏活动中，具有随机性、情境性等特点。从谈话对象来看，既可以个别交谈也可以集体交谈；从谈话时间来看，一日生活的各环节都可以充分利用；从谈话内容来看，与幼儿日常生活相关的事项均可作为选择。

1. 日常个别谈话

在一日生活的各环节，教师均可以与某个幼儿进行个别谈话。既可以围绕某一话题或结合主题开展，也可以在某一情境下随机开展，还可以针对某些性格内向、不善言谈的幼儿有意识地开展。例如，某幼儿入园时，可以通过询问"谁送你来幼儿园的？""哪位是你的妈妈？"等问题，引导幼儿表达与交流。

日常个别谈话还包括幼儿之间的自主交谈，例如，深秋时节，户外活动时，幼儿在种植地发现了被咬死的兔子，幼儿对死掉的兔子进行了讨论：兔子被什么咬死了？兔子死了人们可以为它做什么？[①]教师要为幼儿提供自由交谈的机会，给予幼儿充分交流的时间和空间，让幼儿在轻松自由的氛围中产生谈话的欲望，并在自主尽情表达中练习语言。

2. 日常集体谈话

日常集体谈话是指教师面向全班幼儿，围绕某一话题开展的谈话活动，但是日常集体谈话区别于有计划的、专门的集体谈话活动，具有随机性，时间较短。一般来说，其话题选择上较为自由，且可以有多个话题；形式开展上较为活泼、开放，幼儿参与上更自由，既可以全体幼儿都参与，也可以部分幼儿参与，计划性与目的性较弱。

> **【知识窗口】**
>
> 付苗苗：《幼儿园晨间谈话现状调查及优化策略研究——以保定市 Q 幼儿园为例》，河北大学 2021 年硕士研究生论文。

（二）有计划的谈话活动

有计划的谈话活动是指教师有目的、有计划、有组织地面向全班幼儿进行的谈话活动，是引导幼儿围绕主题以交谈的形式开展的集体教学活动。教师需要根据幼儿的兴趣、需要和语言发展水平选择话题，确定活动目标，制订活动方案，并有计划、有组织地实施。

在集体谈话活动中，教师要给予幼儿充分表达的机会，引导幼儿主动与教师、同伴表达，鼓励其质疑和讨论，并适时延伸拓展谈话的内容，同时，帮助幼儿学习谈话的规则和策略，提高语言运用能力。

步骤2　设计幼儿园谈话活动的目标

💬 **问题研讨：幼儿园谈话活动的核心经验有哪些？**

认真观看视频《中班语言活动：夏天辩论赛》并完成记录表。请重点关注该谈话活动中教师的教学引导及幼儿相应的行为表现。你认为在此类活动中，幼儿将会发展哪些核心经验？

链接岗位：《中班语言活动：夏天辩论赛》

[①] 翟琳琳.中班幼儿晨间谈话的课程价值研究[J].教育观察，2021，10（20）：47-48，78.

幼儿园谈话活动核心经验记录表

编号	核心经验	教师的关键提问	我观察到的 幼儿具体表现
1			
2			
3			

小试牛刀：撰写幼儿园谈话活动的目标

1. 根据以上教学活动视频《中班语言活动：夏天辩论赛》，请尝试反推该活动的活动目标，并列出活动重难点。

_____

_____

_____

_____

2. 链接项目任务：回顾本项目情境中的任务要求，依据步骤1中学习小组已选定的幼儿园谈话活动话题，撰写该活动的活动名称、活动目标与活动重难点。

_____

_____

_____

_____

幼儿园谈话活动的核心经验

（一）倾听习惯和能力

《3～6岁儿童学习与发展指南》中将"认真听并能听懂常用语言"列为幼儿语言发展的首条目标。倾听是指有意识地、专注地、认真地听，这既是表达与沟通的基础和前提，也是谈话的基本保障，因此良好的倾听习惯和能力是谈话活动的核心经验之一。良好的倾听习惯和能力主要表现为在他人谈话时能主动、安静、有礼貌地倾听。倾听习惯具体表现为倾听的主动性、倾听的行为和回应行为；倾听能力具体表现为理解对方话语的含义并做出相应的行为，初步理解话语中的词汇、语句、语气等含义。幼儿的倾听一般由有意识倾听发展到辨析性倾听，再发展到理解性倾听。在幼儿园谈话活动中，幼儿在倾听方面的表现一般经历了初始阶段、稳定阶段、拓展阶段，具体表现内容见表4-2。

表4-2　学前儿童倾听习惯和能力核心经验的发展阶段及典型表现

核心经验	初始阶段	稳定阶段	拓展阶段
良好的倾听习惯和能力	1. 能在较短时间内安静地倾听他人谈话 2. 听懂对方的语言，跟随对方谈话内容的变化而转移注意力 3. 在教师的提示下不插话或抢话 4. 别人对自己说话时能注意听并做出回应	1. 初步自主地集中注意力倾听他人谈话 2. 在谈话中做出目光、表情或口头语言上的回应 3. 能根据声音、语气、语调辨别不同的谈话对象 4. 方言地区和少数民族幼儿能基本听懂普通话	1. 能充分理解他人意思，初步听懂话语中的隐含意思 2. 关注谈话对象提到的细节 3. 会对他人谈话的内容表达自己的认同与否，对他人的谈话进行评论和提问。当听不懂或有疑问时能主动提问 4. 能结合情境理解一些表示因果、假设等相对复杂的句子

资料来源：依据《3～6岁儿童学习与发展指南》及周兢教授团队梳理的学前儿童谈话核心经验，进行筛选、整合所得。

（二）交流和表达的规则

在谈话过程中，需要以一定的交流和表达的规则作为谈话顺利进行的保障。例如，使用文明礼貌用语、不随意插话、谈话对象之间轮流发言等。《3～6岁儿童学习与发展指南》中"具有文明的语言习惯"这一目标就属于"交流和表达的规则"这一范畴中的目标要求。掌握并运用交流和表达的规则也属于谈话活动的核心经验，具体表现在轮流讲话、礼貌用语、发言示意等，具体表现内容见表4-3。

表4-3　学前儿童交流和表达的规则核心经验的发展阶段及典型表现

核心经验	初始阶段	稳定阶段	拓展阶段
掌握并运用交流和表达的规则	1. 在教师的提示下能认真倾听他人发言。与别人讲话时知道眼睛要看着对方 2. 能大方、清晰地回答他人的问题，对他人的话语做出回应 3. 在成人的提示下会使用礼貌用语 4. 知道发言的时候要示意 5. 基本会说本民族或本地区的语言 6. 愿意表达自己的需要和想法，必要时能以手势动作 7. 说话自然，声音大小适中	1. 在谈话中会通过举手、请求等方式进行示意 2. 在教师的提示下会遵守轮流发言的规则 3. 会主动与熟悉的人发起谈话 4. 能主动参与他人的谈话中去 5. 能根据谈话的对象和需要调整自己声音的大小、语气 6. 会说本民族或本地区的语言，基本会说普通话。少数民族聚居地区幼儿会用普通话进行日常会话 7. 能基本完整地讲述自己的所见所闻和经历的事情 8. 讲述比较连贯	1. 在交谈过程中能主动使用礼貌用语 2. 能初步根据谈话场合、对象的不同，运用不同的语气、语速甚至词汇帮助对方理解 3. 愿意与他人讨论问题，敢在众人面前说话 4. 会说本民族或本地区的语言和普通话，发音正确清晰。少数民族聚居地区幼儿基本会说普通话 5. 能有序、连贯、清楚地讲述一件事情 6. 讲述时能使用常见的形容词、同义词等，语言比较生动 7. 别人讲话时能积极主动地回应 8. 能根据谈话对象和需要，调整说话的语气 9. 懂得按次序轮流讲话，不随意打断别人 10. 能依据所处情境使用恰当的语言。如在别人难过时会用恰当的语言表示安慰

资料来源：依据《3～6岁儿童学习与发展指南》及周兢教授团队梳理的学前儿童谈话核心经验，进行筛选、整合所得。

（三）谈话策略

谈话是一个多向交流和沟通的过程，谈话双方能否主动发起谈话关系到谈话能否开展，谈话双方能否通过解释、补充、提问、追问等方式修补和维持谈话是谈话能否持续并深入的关键，谈话双方能否通过多种辅助手段帮助自己进行表达是谈话得以顺利进行的基础。谈话中围绕主题发起谈话、修补和维持谈话，以及运用辅助手段帮助表达等策略，就是幼儿需要初步发展并运用的谈话策略。幼儿在这一核心经验上的发展具体表现内容见表4-4。

表4-4　学前儿童谈话策略核心经验的发展阶段及典型表现

核心经验	初始阶段	稳定阶段	拓展阶段
初步运用谈话策略	1.随机或偶然参与他人的谈话 2.会借助动作、表情、图画等方式辅助自己的表达 3.谈话过程中，主题不稳定，谈话中常常更换主题	1.主动通过观察、表达自己意见等方式参与他人的谈话 2.通过提问、提议等方式主动发起谈话。别人对自己讲话时能回应 3.有意识地运用动作、姿势、表情等方式辅助自己的表达 4.谈话过程中具有多个稳定的谈话主题 5.谈话内容主要是幼儿自身态度、经验的表达	1.会与陌生人主动发起谈话 2.谈话过程中，初步采用解释、补充等方式对自己的表达方式进行修补 3.会通过观察对方的理解程度，采用追问、重复、回忆以往经验的方式帮助他人理解 4.能根据指定主题谈话

资料来源：依据《3～6岁儿童学习与发展指南》及周兢教授团队梳理的学前儿童谈话核心经验，进行筛选、整合所得。

步骤3 设计幼儿园谈话活动的过程

案例解析：幼儿园谈话活动的过程如何设计？

1. 再次观看步骤2中的教学活动视频（《中班语言活动：夏天辩论赛》），完成以下记录表。

幼儿园谈话活动过程记录表

活动过程的展开脉络	幼儿怎么学习谈话	教师怎么引导谈话	我的困惑与思考
环节1：			
环节2：			
环节3：			
环节4：			
反思研讨	该活动过程是否达成了活动目标？是否突出重点，突破难点？教师分别采用何种方法突出重点，突破难点？		

2. 链接项目任务：根据以上思考分析，学习小组尝试梳理幼儿园谈话活动过程设计的一般思路，并依据步骤1、步骤2已确定的教学内容、活动目标及活动重难点，继续构思出"我要上小学了"主题谈话活动的过程设计。

_____

_____

_____

_____

_____

幼儿园集体谈话活动设计的一般思路

（一）创设情境，引出话题

谈话活动的开启需要创设一定的情境，引出谈话话题。具体生动的情境能激发幼儿的谈话兴趣，并调动已有经验对话题展开丰富联想，具体可通过以下方式创设情境。

1. 利用实物、直观教具

利用实物、直观教具创设情境与直观教学中的实物直观、模像直观有异曲同工之妙。教师可以利用实物、图片、教具、模型、多媒体、活动区域的布置等，向幼儿提供与谈话对象相关的直观形象或场景，让幼儿通过直接感知获取直观感受和感性认识。例如，在幼儿园谈话活动"鞋子"中，教师通过展示大小、颜色、形状、用途不同的鞋子，引导幼儿开启话题。

2. 利用生动形象的语言

教师生动形象的教学语言也是创设情境的法宝之一，用该方式创设情境能吸引幼儿的注意力，激发幼儿的兴趣。教师可以通过生动的语言描述情境或提出问题唤起幼儿的经验。例如，幼儿园谈话活动"好吃的早餐"，教师可以用具体、形象的语言描述自己的美味早餐，然后让幼儿也回忆描述自己的早餐。教师还可以通过朗朗上口的儿歌、谜语描述事物或情境，引起幼儿对话题的讨论。例如，利用"麻屋子，红帐子，里面住着白胖子"的谜语引出对"花生"的讨论。

3. 利用有趣的游戏或表演

教师可以带领幼儿开展游戏活动、表演或歌舞活动，从而营造谈话情境，激发幼儿表达的欲望。但是，这些活动的开展需控制时间，以免本末倒置。例如，幼儿园谈话活动"我爱我家"，教师可以通过播放歌曲《我爱我的家》，带领幼儿开展简单的歌舞活动引出主题；又如，幼儿园谈话活动"请遵守交通规则"，请幼儿表演违反交通规则的情形，从而思考"过马路需注意什么""遇到这种情况怎么办"等问题，引出谈话主题。

创设情境是为了引出谈话主题，激发幼儿谈话的欲望。因此，应特别注意以下几点。首先，无论采用何种方式创设情境，都应以有利于幼儿的谈话为前提，紧扣话题中心，达到引导幼儿谈话的目的。其次，应简单、明了、快速导入话题。避免与谈话内容无关的修饰和铺垫，避免过于复杂，以致喧宾夺主、花费过多的时间。一般导入时长控制在3～5分钟为宜。

（二）围绕话题，自由交谈

在引出谈话主题后，教师需引导幼儿围绕话题自由交谈。由于每位幼儿的成长背景、知识储备、语言经验都有所不同，幼儿之间的充分交流不仅能丰富对话题的认识，还能在交流中碰撞出火花。因此，教师应给予幼儿充分交流、表达的机会，给予幼儿多种感官参与的机会，鼓励幼儿积极参与并关注个别差异；教师也要积极参与谈话活动，关注幼儿的谈话情况。

1. 给予幼儿充分交流、表达的机会

在幼儿自由交谈的环节，教师要保障幼儿谈论的"自由"，给予幼儿充分交流、表达的机会。具体表现为"一个中心"和"两个自由"。"一个中心"，即鼓励幼儿必须围绕中心话题展开交流，而不是漫无目的地闲聊。"两个自由"，即交谈内容自由和交流对象自由。一方面，教师应放手允许幼儿围绕话题大胆表达自己的想法，不做示范、不做限制、不做提示、不纠正幼儿的语法错误等，让幼儿敢说、想说。另一方面，教师应尊重幼儿的双向或多向交流，允许他们自由选择交谈的对象。既可以两两交谈，也可以小组交流，还可以选择在集体面前谈论或交流心得。

2. 增加幼儿动手、动脑的机会

幼儿的思维具有具体、形象的特点，因此他们在动手、动脑中更利于谈话活动的深入展开。如果谈话活动仅局限在交谈对象的一问一答中，就会使幼儿感到枯燥无味。因此，在谈话活动中可以根据主题适当增加动手操作的机会，调动幼儿参与谈话的积极性。例如，"有用的绳子"谈话活动中，可以让幼儿动手操作、创意玩绳，在创造性地玩绳子中更利于后续谈话活动的深入展开。又如，"我喜欢的水果"谈话活动中，可以让幼儿看一看、摸一摸、闻一闻、尝一尝，方便幼儿更加具体、形象、全面地描述水果及表达对各种水果的情感态度。

3. 教师要密切关注自由谈话

在幼儿自由交谈中，教师也应参与谈话活动，具体的参与体现在以下几个方面。①教师必须在场。当幼儿看到教师在现场时，即使教师没有参与，也能让幼儿感受到自己说话的价值与意义，增加交谈的兴趣。②教师以巡视的方式参与幼儿的谈话。教师要巡视幼儿的自由交流，并以非言语的形式给予回应与反馈。教师可以用微笑、点头、轻抚幼儿等方式表示肯定和鼓励，还可以用皱眉、凝视、摇头等方式对未参与谈话的幼儿给予提示。必要时，教师也可以发表见解，用简单的语言进行反馈。③教师应观察幼儿，进行适当的语言引导。对于语言能力较弱的幼儿，教师应给予更多关注。一方面可以鼓励他们大胆发言，适当提示谈话的维度；另一方面可以将不善言谈的幼儿与言语表达能力强的幼儿安排在一起，让言语表达能力强的幼儿起到一定的示范与带动作用。

（三）拓展范围，深入挖掘

在幼儿围绕话题自由交谈后，教师应该帮助幼儿逐步扩展谈话经验，拓展不同层次的语言经验，向幼儿展示并帮助幼儿学习新的谈话经验，帮助幼儿在最近发展区内提升，提高谈话水平。

1. 逐步深入谈话

由于幼儿的谈话经验不同，教师应在幼儿原有经验的基础上逐步挖掘话题的深层次

内容，拓展经验范畴，包括谈话思路、谈话技能及倾听的意识等规则、态度的学习。一般来说，谈话的逐步深入可以遵循以下步骤：首先是对话题对象的一般描述，呈现基本态度；其次是对该态度或观点的解释说明；最后是谈独特感受。例如，幼儿园谈话活动"有趣的传统节日"中，教师可以首先引导幼儿描述传统节日有哪些及自己对该节日的态度，其次引导幼儿说出为什么有这样的态度，最后谈论自己对这些传统节日的独特感受。这样的话题拓展能帮助幼儿梳理思路，逐渐形成良好的表达习惯。

2. 拓展不同层次

每个谈话活动都应帮助幼儿拓展不同层次的经验，既要关注不同年龄段幼儿的谈话水平，也要在谈话活动设计时有所侧重地提升幼儿的语言经验。

（1）关注每个年龄段幼儿的谈话水平。不同年龄段的幼儿谈话经验不同，能力水平不同，目标要求也应有所不同。例如，由小班幼儿的要求"乐意听他人说话"，逐渐过渡到大班幼儿的要求"能认真、有礼貌地听他人说话"。

（2）各谈话活动设计的新语言经验应有所侧重。拓展谈话的内容层次可以从以下几个方面展开。第一，围绕中心话题展开。例如，幼儿园谈话活动"我的妈妈"，可以从"妈妈长得什么样—妈妈做什么工作—你喜欢妈妈吗—你为什么喜欢妈妈—你想对妈妈说什么、做什么"等谈话线索展开。第二，围绕中心话题拓展小话题。例如，幼儿园谈话活动"我要毕业了"，可以围绕该主题拓展小话题，如"幼儿园里最难忘的事情""我想跟弟弟妹妹说""参观小学"等。第三，鼓励幼儿自己提出讨论的话题。在围绕话题组织讨论时，要始终关注幼儿的想法，善于捕捉有价值的问题引导幼儿交流、讨论。

3. 隐性示范新的谈话经验

教师一般通过平行谈话和提问帮助幼儿学习新的谈话经验，这种方式就是隐性示范新的谈话经验，因此教师要特别注意自己的说话内容与方式。这种平行谈话，是指教师不以直接示范、指示的方式告诉幼儿，而是通过结合自己的经验、感受将谈话经验引入，让幼儿不自觉地按照新思路谈话，从而真正获得新的谈话经验。

任务2 组织、实施幼儿园谈话活动

探索路径提示

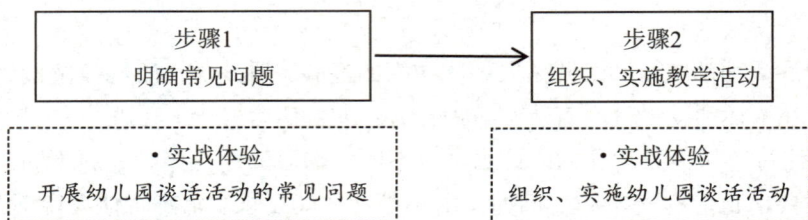

```
┌─────────────────┐        ┌─────────────────┐
│      步骤1       │   →    │      步骤2       │
│   明确常见问题    │        │ 组织、实施教学活动 │
└─────────────────┘        └─────────────────┘
  ┌ ─ ─ ─ ─ ─ ─ ─ ─ ─ ┐     ┌ ─ ─ ─ ─ ─ ─ ─ ─ ─ ┐
    ·实战体验              ·实战体验
   开展幼儿园谈话活动的常见问题   组织、实施幼儿园谈话活动
  └ ─ ─ ─ ─ ─ ─ ─ ─ ─ ┘     └ ─ ─ ─ ─ ─ ─ ─ ─ ─ ┘
```

步骤1 明确常见问题

实战体验：开展幼儿园谈话活动的常见问题

回顾任务1步骤3"链接项目任务"中你已设计的活动过程，学习小组分工合作，进行该活动的组织、实施，并关注在此过程中你们遇到的困难、问题，完成以下记录表。

模拟教学过程记录表

活动名称				
执教者			记录者	
	环节及用时	教师引导	幼儿表现	实施困难及对策
活动过程				
活动反思				

开展幼儿园谈话活动的常见问题

幼儿园谈话活动是幼儿交流能力发展的重要途径，对幼儿的语言发展具有十分重要的意义，但在幼儿园谈话活动的教学实践中往往存在一些误区，会妨碍谈话活动的有效开展，以致谈话活动本身的价值及其对幼儿语言发展的价值被掩盖。当前，幼儿园谈话活动主要存在如下问题。

（一）类型比重失衡：重专门谈话，轻日常谈话

专门谈话是指由教师根据幼儿兴趣和教学目标而精心设计组织的，有目的、有计划的谈话活动。日常谈话发生在幼儿的一日生活中，具有较强的情境性、随机性、生成性。现今的幼儿园谈话活动中，明显地存在着忽视一日生活中的日常谈话活动的问题。许多幼儿园只看中"上课"，把关注点集中在集体谈话活动上。这样做的结果是只关注了一学期的几次集体谈话活动，而忽视了每时每刻都存在的日常谈话机会。

（二）目标定位偏移：重表达能力，轻倾听能力

在谈话活动中，谈的前提是"听"。但实际情况是，相比于表达，幼儿在谈话活动中倾听能力的培养往往被忽视。

研究表明，中班幼儿在集体语言教学活动中的不良倾听行为明显多于良好倾听行为，862次倾听行为有效事件中，良好倾听行为表现发生频次为 243 次，不良倾听行为表现为 619 次，不良倾听行为主要表现在眼神涣散、自控力差、不恰当回应较多三个方面。[①]

在教育实践层面上，我们常常在幼儿园观察到如下不良倾听行为表现：教师提问还未结束，幼儿就按捺不住："我！我！我！""我知道"……而当有同伴在回答问题时，也不时有其他幼儿打断："不对！不对！我来说"……这些不良倾听习惯、行为的出现，一方面是由于学龄前儿童在注意力、记忆力、词汇量储备等方面的能力不足，另一方面是由于教养者（教师、家长等）对幼儿倾听能力培养的重视度不够。[②]比如，在谈话活动的组织、实施过程中，教师往往更关注幼儿的表达能力——"请把话说完整""你的声音可以再响亮一些"，同时对于幼儿回答的评价反馈也主要针对其表达能力——"你说得真好""你说得很清楚"，但相比之下，教师对于倾听习惯与能力的评价反馈数量偏少。

（三）内容选择不当：谈话活动话题脱离幼儿

好的话题是谈话活动成功开展的关键。谈话活动话题的选择，应当以幼儿的生活经验和兴趣为出发点。部分幼儿园教师在选择谈话活动话题时，往往会忽略幼儿的年龄特点或脱离已有生活经验，导致话题脱离幼儿的已有认知能力，新鲜感、时代性不足，造

① 李文娟.在集体语言教学活动中对中班幼儿倾听行为的研究[D].上海：上海师范大学，2018.
② 王尹.语言能力发展的基础：发展幼儿倾听能力的实践研究[D].上海：上海师范大学，2017.

成幼儿面对话题"无话可说""无话能说"。例如，某教师以"珍爱生命"为话题，和小班幼儿进行谈话，就容易产生话题立意抽象，造成幼儿对话题理解不清，导致谈话难以顺畅有效进行的问题。

（四）师幼互动消极：自由谈话未能真正放手

在幼儿园谈话活动组织、实施过程中，幼儿利用原有经验、围绕话题自由交谈是一个重要环节。其目的在于使幼儿能就谈话主题充分表达自身的已有见解，同时，也在自由交谈中，积极倾听、理解他人的看法。

但在实际组织、实施时，部分教师会出现这样的处理，一种是直接忽略该环节，教师的高度控制示范掩盖了幼儿的自由谈论；另一种则为"挂羊头卖狗肉"，标榜幼儿自由实则教师高度控制，自由谈论的内核并不自由，谈话内容与话题走向仍由教师高度控制，且对幼儿的谈论内容过多干涉与妄加评论，如过于关注语法规则是否规范、口齿是否清晰等问题，反而挫伤幼儿自由谈论的积极性。

该问题背后隐藏的实质问题，是谈话活动组织、实施过程中师幼关系的定位与处理。有研究发现，幼儿园晨间谈话活动中，师幼互动存在如下问题：幼儿发起互动少、命令性主题较多，且幼儿与新手教师互动积极性更低。[①]一线教育教学中也可以发现，部分教师在活动中处于高频输出状态，反之，幼儿的角色状态是被动接收的，且当幼儿的谈话内容不被教师认可或超乎教师预设时，有的教师甚至会直接打断其谈话。除此之外，还有一个现象值得关注：幼儿进入自由谈话环节，容易出现两极分化，性格外向、语言表达能力强的幼儿往往参与度高、交谈得较为深入，但个别性格内向、语言表达能力弱的幼儿则缺失话语权，常常处于自由谈话的边缘地带，部分教师也容易忽略对这些有特殊教育需要幼儿的个性化互动支持。

（五）话题线索不清：谈话深度未能有效拓展

由于幼儿已有的语言经验与水平是有限的，在幼儿自由交谈后，教师应该通过提问或平行示范，引导幼儿拓展话题内容，纵深话题线索，给幼儿提供学习运用新的谈话经验的机会。部分教师在拓展话题深度时，往往没有经过深思熟虑，导致话题走向出现偏差，没有层次递进性，直接影响谈话活动的有效开展；当幼儿谈话跑偏题时，教师又未能及时引导，直接影响谈话效果。

步骤2 组织、实施教学活动

实战体验：组织、实施幼儿园谈话活动

1. 基于步骤1中的实战体验，学习小组对遇到的困难、问题进行再次讨论，继续对

---

① 唐罗敏.幼儿园晨间谈话活动中的师幼互动研究[D].喀什：喀什大学，2021.

项目任务的活动方案进行补充、修改，形成一份较完善的教案。

2.根据修改后的教案，学习小组再次尝试进行模拟教学，并完成以下记录表。

幼儿园谈话活动模拟教学记录表

活动名称			
活动目标			
活动重难点			
活动准备			
活动过程	环节及用时	教师引导	幼儿表现
研讨反思与调整意见			

学习支持

幼儿园谈话活动组织、实施的关注要点

（一）关注日常谈话的价值

日常生活为学前儿童提供了大量的语言交往机会，使幼儿通过实践练习、巩固、理

解和运用语言。在日常教育中，教师有必要加大语言教育力度，使之和专门的语言教育内容彼此配合，相互补充，将幼儿的语言学习落到实处。[①]《3～6岁儿童学习与发展指南》也明确指出："幼儿的语言能力是在交流和运用的过程中发展起来的。"谈话能力属于幼儿口头语言能力，和其日常生活息息相关，因此日常生活是幼儿谈话能力发展的重要阵地。作为教师，应积极为幼儿创设交往与交流的教育环境，支持幼儿在日常生活中进行谈话活动。

（二）关注幼儿倾听经验的发展

婴幼儿学习语言就是从听开始的，要经过先听后说、先理解后表达的过程。幼儿在学习与他人交谈时，倾听是一种不可缺少的能力。发展幼儿的口语理解和表达能力，首要的是养成倾听的习惯和能力，这是幼儿语言交流的第一步。[②]因此，倾听能力是幼儿谈话学习的重要核心经验，是幼儿与他人交谈过程中必不可少的行为能力。

幼儿园谈话活动的实践中，教师在发展幼儿表达能力的同时，也要关注幼儿倾听能力的培养。第一，谈话前，要明确要求。教师要提出倾听要求，如"别人在说话的时候，请你认真听"。第二，谈话中，要及时强化。对于倾听习惯良好的幼儿要进行及时、具体的鼓励，给其他幼儿提供榜样；对于出现插话、抢话等行为的幼儿，教师要及时指出不足，敦促其养成良好的倾听习惯。第三，谈话后，要持续跟进。倾听能力与习惯的养成应久久为功，特别是对于发展较弱的幼儿，应当给予持续性关注，运用多种场合、多样的手段使其形成并保持良好的倾听习惯。

（三）关注良性师幼互动的构建

幼儿教师的角色总是多种多样的。在幼儿园谈话活动的各环节，根据活动开展的程度和阶段需要，教师要学会灵活地转变自己的角色。

在准备活动和环境创设时，教师应该扮演的是决策者或主导者的角色；当活动开始了，教师便是组织者，引出谈话的主题；当幼儿在自由谈话时，教师就是倾听者和观察者；当幼儿的谈话难以深入时，教师应是引导者，通过提问、隐性示范，给幼儿适当的点拨和引导，保持活动继续开展。例如，在大班"我喜爱的水果"谈话活动中，幼儿能围绕自己喜爱的水果，从它的外形、味道、口感等方面表达自己喜爱的原因。但幼儿除了谈这些外，已无法进一步深入谈论。教师见此情形，立刻站出来给幼儿以正确的引导："你喜爱的水果对我们的身体有什么好处呢？""你喜爱的水果价格怎么样？方便买到吗？"教师通过提问的方式，引导幼儿沿着"我喜爱的水果"这个主题，逐层深入，推动着谈话活动的深入进行。在谈话活动结束时，教师还是总结者、评价者和反馈者，教师要总结、评价幼儿的谈话内容，以及谈话中的行为表现。

教师不同角色的灵活转换需要一定的教学经验和教学机智，同时，需要具备关于幼

---

① 张明红.多元理论视野下的学前儿童语言教育[M].上海：华东师范大学出版社，2018：151.

② 郭咏梅.幼儿倾听习惯和倾听能力的养成策略[J].教育导刊（幼儿教育），2007（6）：20-22.

儿语言能力发展的知识，密切关注每个幼儿。

（四）关注谈话主题的合理选择

谈话主题的选择既可以是教师预设的，也可以是幼儿自发提出的，不管是哪种来源，都应该密切关注幼儿已有的认知经验和兴趣。只有话题与幼儿认知经验有一定交叉，还有一定的新鲜感，幼儿才会认真倾听同伴的谈话，主动进行思考，积极表达自己的观点。如果谈话的主题脱离幼儿的认知经验和兴趣，在活动过程中，幼儿的参与度自然就会降低。

例如，在大班"大中国"主题学习中，当幼儿了解了祖国的地大物博、灿烂文化后，教师还可以带领幼儿了解伟大的中国人民，组织谈话活动"我崇拜的中国人"，请幼儿谈谈自己崇拜的中国人，聊聊他们是什么样的、有什么本领、为什么崇拜他们等。又如，"怎样保护我们的地球""未来的汽车""男孩好还是女孩好"，这些话题给了幼儿想象、思考的空间，使他们可以发表自己有创意的想法，也是很适合大班幼儿的谈话主题。

（五）关注教师提问的精心铺设

在幼儿园谈话活动中，教师的重要角色是引导者。如何进行引导？提问是重要的方式。教师在组织谈话活动的过程中，主要是通过提问的方式确保谈话主题的不断深入。因此，教师应该善用提问激发和推进幼儿的谈话。

教师的理想语言行为分为两种：一是较低水平的间接有意义言语，适合于技能类的指导；二是较高水平的间接有意义言语，适合抽象、创造类的学习与指导。[1]

首先，提问应该具体、明确，适合幼儿的经验和思维发展水平，避免抽象、笼统。其次，提问要具有开放性，即在谈话活动中，重点采用开放式的问题引导幼儿回忆自己独特的经验，产生新的想法，表达不同的观点，让每个幼儿对谈话主题有话可说。最后，提问要具有一定的启发性。由于幼儿经验和认知能力有限，需要教师通过提问为幼儿的谈话搭建支架，这时，教师就要进行具有启发性的提问。

总之，在幼儿园谈话活动中，教师在观察、了解幼儿谈话情况的基础上，合理设计问题，使谈话内容拓展，为幼儿的语言学习和运用提供更多新的谈话经验，让幼儿在谈话活动中畅所欲言，从而实现思维的碰撞、认知的提升。

【知识窗口】

杨田、韩春红、周兢：《专家型幼儿园教师课堂言语反馈的特征分析》，《学前教育研究》2020年第10期。

---

[1] 高巍.课堂教学师生言语行为互动分析[D].武汉：华中师范大学，2007.

项目验收 模拟教学——幼儿园谈话活动的设计、组织、实施与评价

请梳理本项目所有学习内容，完成项目情境中的任务。

验收流程

（1）小组商议，确定教学内容。
（2）设计教案，修改教案。
（3）组内磨课，螺旋改进。
（4）课堂展示，小组互评。

验收标准

序号	验收项目	分值	评分细则	评定结果		
				自评	组间	教师
1	教学目标	20	1. 目标具体 2. 目标完整（三维） 3. 符合幼儿年龄水平			
				平均：		
2	教学内容	20	1. 内容价值导向端正 2. 内容容量适宜 3. 内容层次清楚 4. 教材处理得当			
				平均：		
3	教学过程	20	1. 导入自然，善于激发兴趣 2. 过程完整、清晰，有层次 3. 重点突出 4. 教学法得当、教具合适			
				平均：		
4	教学技能	20	1. 课堂管理能力较强 2. 语言表现力强，逻辑严密 3. 体态自然、神态亲和，师幼互动质量高			
				平均：		
5	教学效果	20	1. 幼儿情绪高涨，参与度高 2. 幼儿能掌握大部分活动内容			
				平均：		
项目验收总评分/等第						

注：评分70分以下为不合格，70～79分为合格，80～89分为良好，90分及以上为优秀。

项目 5 开展幼儿园讲述活动

💡 项目情境

　　党的二十大报告指出，要"推动绿色发展，促进人与自然和谐共生""推进美丽中国建设"。环保之风也吹进了幼儿园，近期，各班正在如火如荼地开展环保主题系列活动。假如你是一位大班的班主任，现已邀请幼儿和家长在家中开展环保行动，有的家庭改造废旧物品，有的家庭体验绿色出行，有的家庭参与植树护树活动……孩子们亲身体验后收获满满。你计划让幼儿讲述自己近期的环保故事，你和你的教学团队将如何设计并实施这次讲述活动，发展幼儿的讲述经验呢？

🔳 学习目标

知识目标
（1）了解幼儿园讲述活动的内涵、价值、特点及主要类型。
（2）理解并掌握幼儿园讲述活动的核心经验。
（3）熟悉幼儿园讲述活动的基本组织过程。

技能目标
掌握幼儿园讲述活动设计与组织的要点，能设计和组织、实施幼儿园讲述活动。

素质目标
乐意设计与组织、实施幼儿园讲述活动。

📝 学习任务单

任务单编号	5	项目任务	开展幼儿园讲述活动
学习资源准备	图书《学前儿童语言学习与发展核心经验》、文件《3～6岁儿童学习与发展指南》		
实训任务拆解	任务1　设计幼儿园讲述活动 　　步骤1：选择幼儿园讲述活动凭借物 　　步骤2：设计幼儿园讲述活动的目标 　　步骤3：设计幼儿园讲述活动的过程 任务2　组织、实施幼儿园讲述活动 　　步骤1：明确常见问题 　　步骤2：组织、实施教学活动		
项目验收评价	模拟教学——大班语言活动：我的环保故事		

任务1　设计幼儿园讲述活动

探索路径提示

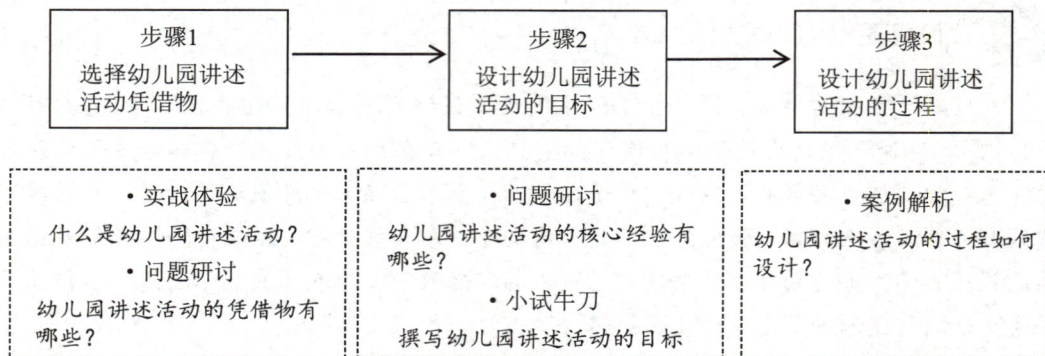

| 步骤1 选择幼儿园讲述活动凭借物 | 步骤2 设计幼儿园讲述活动的目标 | 步骤3 设计幼儿园讲述活动的过程 |

・实战体验
什么是幼儿园讲述活动？
・问题研讨
幼儿园讲述活动的凭借物有哪些？

・问题研讨
幼儿园讲述活动的核心经验有哪些？
・小试牛刀
撰写幼儿园讲述活动的目标

・案例解析
幼儿园讲述活动的过程如何设计？

步骤1　选择幼儿园讲述活动凭借物

实战体验：什么是幼儿园讲述活动？

　　请设想自己是一位幼儿园大班的小朋友，以"我的环保故事"为主题，构思一份讲述稿，并向学习小组成员进行讲述。请思考，什么是幼儿园讲述活动？它有什么特点和价值？回忆上一项目的幼儿园谈话活动，讲述活动和谈话活动有什么异同点？

_____

_____

_____

_____

_____

问题研讨：幼儿园讲述活动的凭借物有哪些？

　　请学习小组成员共同思考，什么是幼儿园讲述活动的凭借物？哪些内容适合作为幼儿园讲述活动的凭借物？如果给它们分类，可以分为哪些类型？

_____

_____

_____

_____

_____

_____

📖 **学习支持**

在教育实践中，部分幼儿园教师会混淆讲述活动和谈话活动的概念，往往会把讲述活动设计成谈话活动。究竟什么是幼儿园讲述活动？幼儿园讲述活动有什么特点？幼儿园讲述活动与谈话活动有什么区别？

一、幼儿园讲述活动的内涵

讲述是培养幼儿口语表达能力的重要形式之一。在讲述的过程中，通常使用独白言语，即需要幼儿独自构思，用完整、连贯的语言将内心的感受和体验准确无误地表达出来，并得到他人的理解。[①]幼儿园讲述活动是教师有目的、有计划地培养幼儿独白言语能力的教育活动，即教师借助一定的凭借物，让幼儿在相对正式的语言情境中独立构思和完整、连贯表达对某一内容的认识的语言活动。

二、幼儿园讲述活动的价值

（一）提高幼儿对事物的感知和理解能力

幼儿园讲述活动需要幼儿围绕讲述对象，独立构思内容，按照一定的顺序，不断调整讲述语言。幼儿能独立讲述的前提是对讲述对象具备充分的感知和理解。例如，教师围绕"我最喜欢的季节"这一主题开展讲述活动，这里幼儿讲述的凭借物即季节。幼儿要做到完整讲述，首先必须对一年四季不同季节的特点有足够了解。在开展讲述活动前，教师需要通过多种方式丰富幼儿关于讲述凭借物的经验，引导幼儿充分认识有关讲述对象，进而帮助幼儿积累讲述的具体内容。因此，幼儿园讲述活动能促进幼儿对于事物的认知，从而提高幼儿的感知和理解能力。

（二）锻炼幼儿的独白言语能力

3岁以前，幼儿基本以对话形式参与语言活动，且他们往往只是回答他人提出的问题，或向对方提出问题和要求。3～6岁的幼儿由于独立性不断发展，常常离开成人进行各种活动，从而获得自己的经验、体会等，独白言语逐步发展。幼儿在讲述过程中，

_____

① 张明红.幼儿语言教育与活动指导[M].2版.上海：华东师范大学出版社，2020：79.

需要对关键的人、物及其关系特点进行描述，表述清楚事情发生的前因后果，这些都需要幼儿具备丰富的词汇、适当的句型、合理的讲述顺序进行串联。幼儿园讲述活动既能帮助幼儿积累丰富的词汇，如名词、动词、副词、形容词等，也能帮助幼儿掌握多种句式句型，如陈述句、反问句、感叹句等。此外，幼儿还能通过幼儿园讲述活动学习如何有条理地组织讲述的内容，按照一定顺序、逻辑完整、连贯地表达出来。由此，幼儿的独白言语能力也能得到一定提升。

（三）发展幼儿的逻辑思维能力

逻辑思维能力是指采用科学的逻辑方法，对事物进行观察、比较、分析、判断、推理，并准确表达自己思维过程的能力，是人类的一种高级思维形式。讲述之前，幼儿要按照一定的顺序，如从上到下、从外到里、从整体到局部等全面、细致地观察讲述对象。讲述过程中，幼儿需要独立构思讲述内容，确定先讲什么、后讲什么，什么内容重点讲、什么内容略讲，有利于促进幼儿观察、比较、分析、判断、推理等逻辑思维能力的发展。例如，有些讲述内容需要幼儿去观察和分析人物的特点，对事件发生的因果关系或先后顺序，对人物心理状态、情绪情感进行推测和判断。在看图讲述《小兔折纸》中，幼儿仔细观察画面后，教师引导提问，"小兔遇到了谁？它为什么要给小鸟折飞机？小鸟会是什么心情，它会对小兔说什么？"，以此引导幼儿通过画面寻找事物关联，揣摩人物角色心理，锻炼幼儿逻辑推理能力。

（四）促进幼儿的想象力

幼儿园讲述活动中需要幼儿对讲述对象展开联想和想象。例如，在看图讲述中，幼儿不仅需要讲述图片中出现的内容，有些讲述活动还需要对故事内容进行续编或改编，需要对图片中未出现的内容展开大胆联想。例如，在看图讲述活动"彩色牛奶"中，"有一头神奇的奶牛，喂它吃什么颜色的蔬菜，它就会挤出什么颜色的牛奶"，教师可充分利用这一内容的特点，在活动后段引导幼儿根据图片故事的情节线索进行大胆续编，让幼儿亲身感受故事中神奇的想象带来的乐趣，促进幼儿的想象力。

三、幼儿园讲述活动的特点

（一）幼儿园讲述活动具有一定的凭借物

学前阶段的幼儿思维依赖具体的实物、动作或情境，其思维活动离不开具体事物。因此，开展幼儿园讲述活动需要利用凭借物。凭借物即讲述对象，它决定了幼儿讲述的范围和指向，为讲述提供直观参考，避免幼儿因为对讲述对象的记忆不全而影响讲述效果。幼儿园讲述活动的凭借物可以是实物、图片、情境等。

不同年龄段学前儿童的讲述凭借物有所不同。小班幼儿认知水平、语言能力有限，凭借物一般是日常生活中常见的、熟悉的实物，或是角色较少、情节简单的图片，幼儿

只要能清楚、完整地描述其主要特征即可。中大班的幼儿要求相对高些，凭借物可以更加复杂，幼儿不仅要针对实物、图片或情境进行充分描述，还要学习在此基础上进行创造性讲述。

（二）幼儿园讲述活动使用独白语言

独白语言是口头语言的重要形式之一。与对话式的口头语言不同，独白语言把他人作为自己的听众，没有交谈者的支持。运用独白语言进行讲述，缺乏一问一答时听众的反馈，因此在逻辑和方式上需要更加完善、严谨，才能向听众清楚传达讲述者的观点和思想。运用独白语言讲述，要求幼儿必须经过独立思考，有一定的计划性，围绕中心主题，运用语句、词汇均需严谨、恰当，表述完整、连贯、清晰，对幼儿言语能力要求较高。

（三）幼儿园讲述活动具有相对正式的语言环境

与幼儿园谈话活动宽松的语言环境不同，幼儿园讲述活动需要在比较正式规范的语言环境中进行。这种正式规范的语言环境主要表现为以下两点。一是语言规范。它要求幼儿依据讲述对象，经过慎重思考和相对完善的构思，使用较为规范、完整、连贯、清楚的语言表达自己对人、事或物的认识，要求幼儿能说出一段比较完整的话。二是环境规范。一般在专门的教育活动中和正式的语言学习环境中开展活动。

（四）幼儿园讲述活动能调动幼儿的多种能力

在幼儿园讲述活动中，幼儿需要在已有生活经验范围内，围绕一个主题，通过信息分析、比较、判断、整合、推理等一系列活动后，用比较完整、连贯的语言表达思想或描述事物，这一过程不仅能促进幼儿语言表达能力的提升，还能促进幼儿观察力、想象力和记忆力等多种能力的发展。

四、幼儿园讲述活动的类型

幼儿园常见的讲述活动，按照不同的分类标准，可分为以下类型。

（一）按照编码特点划分

1. 叙事性讲述

从语言形式上来看，叙事可分为口语叙事和书面叙事。学前儿童更侧重口语叙事能力的学习发展。叙事性讲述活动，即教师有目的、有计划地引导幼儿运用口头语言把人物的经历、行为或事情的发生、发展、变化讲述出来。叙事讲述要求幼儿说清楚人物、事件、时间、地点和原因，并且要求说明事情发生、发展的先后顺序。在幼儿园开展的叙事性讲述活动中，幼儿既可以用第一人称，即以"我"为主体，把个人见闻和事情经历讲述给他人听，也可以用第三人称，即"他"、"她"或"他们"，讲述他人的故事经历。

2. 说明性讲述

说明性讲述即用简单明了、明确规范的语言，把事物的形状、特征、用途等解说清楚。与叙事性讲述活动不同，说明性讲述活动对幼儿的语言能力要求更高，因为幼儿经常听故事、讲故事，叙事性讲述与其日常生活所用口语较为接近；而说明性讲述不仅要求幼儿对讲述对象有清晰的认识，还需要用准确、概括、简洁明了的语言去进行讲述。例如，在大班幼小衔接主题下，班级开展了讲述活动"我的文具盒"，此为典型的说明性讲述活动。幼儿在介绍自己的文具盒时，偏重展示事物的特点、功用、操作方法等，从外观、形状、图案、内部结构等多个方面进行说明。例如：

我有一个漂亮的文具盒，我非常喜欢它。我的文具盒是长方形的，上面有一个白雪公主，她穿着漂亮的长裙子，还在跳舞。文具盒里面有两层，第一层放着两支铅笔。把第一层轻轻一推，就来到了第二层。第二层放着一块橡皮，一把尺子。文具盒是我的好朋友，我希望它陪着我，开开心心去上小学。

3. 描述性讲述

描述性讲述即用生动形象的语言，把人物的状态、动作或物体及景物的性质、特征具体描述出来。因此，描述性讲述的突出特点在于描述的材料必须基于幼儿对人、物的具体观察和切身感受。叙事性讲述强调线索清晰，描述性讲述则强调观察准确。

4. 议论性讲述

议论性讲述通过亮观点、摆事实来表明自己对待事物的态度、立场，并讲述相应理由。由于逻辑思维水平所限，幼儿议论能力还不强，他们只能进行初步的议论性讲述，且一般在大班开展相关活动更适宜。如讲述"男孩好还是女孩好"，幼儿可以结合自己的生活经验及个人观点进行讲述，教师应鼓励幼儿大胆表达自己的真实想法，此类讲述活动对于幼儿自主意识、逻辑思维能力的发展都有积极意义。

（二）按照凭借物特点划分

1. 看图讲述

看图讲述是幼儿园最常见、最重要的讲述活动形式。看图讲述时，幼儿需要认真观察一张或多张图片的画面内容，并对画面中的形象、动作、过程、情境等有条理地进行描述。讲述过程中，幼儿需要运用恰当的语言突出描述对象的主要特征，讲清具体细节之间的联系等。看图讲述除了描述图片的内容外，还可以结合图片提供的线索及幼儿自身的生活经验，发挥想象，使用连贯的语言讲出画面上没有明显展示出来的内容，如画面内容之前或之后的情节、角色的性格特点或心理活动等。看图讲述可分为单图讲述、多图讲述、排图讲述、拼图讲述和绘图讲述。

（1）单图讲述。单图讲述是看图讲述活动中最简单的形式。因其涉及的图片唯一、人物角色较少、内容较为简单，适合在小班年龄段开展。幼儿在讲述时，主要说清楚图片中有谁、在什么地方、在干什么即可。

（2）多图讲述。多图讲述的图片数量有所增加，并按一定的顺序呈现，人物角色、故事内容会更加丰富，对于幼儿讲述能力要求更高。幼儿不仅要讲述出人物、地点等，还要用完整、连贯的语言说清楚内容细节，以及前后的关系。

（3）排图讲述。与多图讲述不同，排图讲述提供给幼儿的图片没有固定的顺序，需要幼儿首先仔细观察画面，其次将多张图片按一定顺序排列，最后讲述图片内容，即"看—想—排—讲"[①]。幼儿排序时需要通过对图片画面的细节进行观察，并结合想象进行适当推理，对幼儿的逻辑思维能力要求更高，适合中大班的幼儿。教师在开展排图讲述活动时，提供排序的图片数量不宜过多，通常在2～6幅。

（4）拼图讲述。拼图讲述是指教师通过提供立体图片、积塑材料、磁铁图片或背景图等，让幼儿拼搭、组合或粘贴，结合自身的想象，对拼图的内容进行讲述。拼图讲述提供的不是现成的图片，而是需要进行重组的构图材料，需要幼儿自己构图，从而实现在讲述活动中动手、动口、动脑的目的。在开展拼图讲述活动时，教师要鼓励幼儿根据事先确定的主题展开想象，自由构思，将已有材料拼成各种各样的画面，形成一个个完整的情节，并将这些情节连贯、清楚地表述出来。

（5）绘图讲述。从广义上来讲，绘图讲述是指将绘画、泥工、折纸、撕纸等手工活动与讲述结合起来的活动。其他讲述活动的凭借物通常是由教师提供的，而绘图讲述的凭借物由幼儿自主创作。幼儿需要先将这些材料组合成一个有情节的内容，然后用准确、连贯的语言进行讲述。绘图讲述通常与美工活动或游戏活动整合开展，如美术活动中幼儿学习吹墨的技巧并创作了吹墨画，教师可以引导幼儿结合吹墨画进行讲述。

各年龄段讲述活动中使用的图片要求如表5-1所示。

表5-1　不同年龄段讲述活动中的图片要求

年龄段	讲述活动中的图片要求
小班	主题鲜明，线索单一，角色不宜太多；画面大，背景简单，色彩鲜艳，画面中角色特征明显；图片的篇幅少，一般为1～2幅等
中班	主题鲜明，线索较为复杂，角色较小班略为增多；画面中的角色形象突出，有一定的动作和表情，并能从图片中了解角色的心理活动；可选用多幅图，但不宜超过4幅，前后图片之间有一定联系等
大班	主题鲜明、生动，线索更复杂；画面内容能为儿童提供想象的空间，能反映角色的心理活动，且能激发儿童根据图片联想画面以外的线索；可选用多幅图，但不宜超过6幅，图片与图片之间有一定的衔接；既可使用拼图讲述，还可进行排图讲述等

2. 实物讲述

实物讲述是指借助实物，如日常生活用品、玩具、食品、自然景物等，引导幼儿进行讲述的活动。实物讲述往往是伴随着观察进行的。讲述前，幼儿需要对实物进行充分的观察，对实物有深入的了解。讲述过程中，教师应着重引导幼儿用简单明了的独白语言，按照一定的逻辑顺序，讲述出实物的基本特征（如颜色、形状、味道、质地、气味、类别）、用途、使用方法等。

---

① 胡秋梦，罗腊梅.幼儿语言教育与活动指导[M].天津：南开大学出版社，2019：109.

3. 生活经验讲述

生活经验讲述是指幼儿将生活中经历的或听到的事情中最清楚、最有趣、印象最深刻的部分，以完整、连贯的语句讲述出来。[1]它不仅能锻炼幼儿按照主题要求完整、连贯讲述的能力，还能激发幼儿观察生活、热爱生活的态度。生活经验讲述可分成两种情况：一是幼儿共同生活经验讲述，二是幼儿个人经验和感受的讲述。

4. 情境表演讲述

情境表演讲述是指幼儿借助一段情境，如童话剧、木偶戏或真人表演等，将表演的情节、对话和内容完整、连贯进行讲述的活动。情境讲述之前，幼儿需要集中注意力观看情境表演，关注关键人物和情节及角色的情绪体验与对话。情境表演讲述活动由于生动、直观，能激发幼儿的观察兴趣，调动幼儿讲述的积极性，适合在各年龄段开展，深受幼儿喜爱。

五、幼儿园讲述活动与幼儿园谈话活动的区别

（一）活动目标不同

讲述活动和谈话活动同属于语言领域的活动，都是以发展幼儿口头语言为主的，但在培养幼儿语言能力上各有侧重。讲述活动的核心目标是培养幼儿独立构思、独立表述的独白语言能力，而谈话活动的核心目标是提高幼儿与人对话交谈的语言能力。

（二）活动方式不同

讲述活动是幼儿围绕一个讲述对象进行独立构思和表达的活动，运用的是独白语言。讲述活动不需要与听者进行互动对话，但要求幼儿必须做到表达清楚、连贯，重点突出，主题鲜明，让听者能理解自己讲述的内容。谈话活动运用的是"一问一答"式的交谈语言，交流的对象可以是教师也可以是同伴。谈话活动要求交谈双方要轮流表达，及时反馈。

（三）语言表达要求不同

与讲述活动相比，谈话活动不强求幼儿的语言表达要规范、严谨。在谈话过程中，当幼儿出现发音不标准、用词不恰当、语法不规范等现象时，教师不必刻意纠正，以免打击其说话的积极性。讲述活动不能像谈话活动那样随意，而是需要讲述者经过较完善的构思，有头、有尾、有重点地说出一段完整的话。讲述活动中，幼儿在用词造句方面更注重准确性，要求合乎规则。

（四）指导要点不同

讲述活动与谈话活动的目标定位不同，因而在开展活动时，教师指导的侧重点也是

---

① 胡秋梦，罗腊梅.幼儿语言教育与活动指导[M].天津：南开大学出版社，2019：109.

不同的。教师在开展讲述活动时，应把主要精力放在"讲"上，借助图片、实物、情境等多种方式，重点引导幼儿运用已有经验自由讲述，学习并运用新经验进行讲述。而在开展谈话活动时，教师应为幼儿创设轻松自由的交谈氛围，通过提问等方式，鼓励幼儿与教师、同伴自由交谈。

步骤2　设计幼儿园讲述活动的目标

💬 **问题研讨：幼儿园讲述活动的核心经验有哪些？**

认真观看视频《大班语言活动：了不起的中国人》。请重点关注该讲述活动中教师的教学引导及幼儿相应的行为表现。你认为在此类活动中，幼儿将会发展哪些核心经验？

链接岗位：
《大班语言活动：了不起的中国人》

幼儿园讲述活动核心经验记录表

编号	核心经验	我观察到的幼儿具体表现
1		
2		
3		
4		

📤 **小试牛刀：撰写幼儿园讲述活动的目标**

1. 根据以上教学活动视频，请尝试反推该活动的活动目标，并列出活动重难点。

_____

_____

_____

_____

2. 链接项目任务：回顾本项目情境中的任务要求，学习小组尝试合作确定"我的环保故事"的活动目标及活动重难点。

_____

_____

_____

_____

📖 **学习支持**

幼儿园讲述活动的核心经验

（一）叙事性讲述经验

叙事性讲述活动培养的是幼儿的口语叙事能力，即用口头语言把人物的经历、行为或事情发生、发展的变化讲述出来，讲述者要讲清楚人物角色、时间、地点、事件和前后的关系与顺序等。叙事性讲述的核心经验即发展幼儿口语叙事能力所需学习的最核心、最关键的经验，主要可概括为三个方面：使用丰富多样的词句讲述，有条理地组织讲述内容，感知独白语言的语境。[①]

1. 使用丰富多样的词句讲述

幼儿的讲述起初是要说出事件中相关人、事、物的名称并使用常见动词厘清简单关系，逐渐发展到在讲述中会运用一些形象词句、使用不同的句式，最后进一步发展到能运用丰富的语句和不同的句式描述细节。幼儿在叙事讲述中需要积累并使用丰富的词汇和多样的句型，词汇如名词、动词、形容词、副词、连词等，句型如陈述句、疑问句、祈使句、感叹句等。

2. 有条理地组织讲述内容

讲述的顺序性、条理性是讲述能力的重要方面。讲述者按照一定的顺序有条理地进行讲述，一方面，对于讲述者来说更有利于其记忆，不容易遗忘讲述内容，从而有条不紊地进行讲述；另一方面，对于听者也能更加明确了解讲述的内容。因此，幼儿需要学习如何有条理地组织叙事性讲述的内容。叙事性讲述的内容通常以幼儿的生活经验或想象为主，一般会采取时间、因果关系的顺序组织讲述内容。

3. 感知独白语言的语境

独白语言的语境不同于日常交流对话的语言语境，需要幼儿独立构思讲述内容，并在集体面前完整地讲述。首先，幼儿需要了解集体前讲述与日常谈话的不同之处并愿意公开讲话；其次，幼儿能逐渐围绕主题进行简单构思并借助表情、动作在集体前进行形

① 周兢.学前儿童语言学习与发展核心经验 [M].南京：南京师范大学出版社，2014：72.

象表述；最后，幼儿能围绕主题进行完整构思，会表达自己的观点和评价。

叙事性讲述核心经验的发展阶段及各阶段典型表现如表5-2所示。

表5-2 学前儿童叙事性讲述核心经验的发展阶段及典型表现

核心经验	初始阶段	稳定阶段	拓展阶段
使用丰富多样的词句讲述	1. 在讲述过程中，能说出相关的人、事、物名称 2. 能使用常见的动作讲述人、事、物之间简单的关系	1. 注意运用生活中习得的形容词，能较为生动地讲述 2. 能使用几种不同的句式进行讲述，且句式较为完整	1. 能运用更丰富的词句进行讲述，用词用句较为准确 2. 能描述人物、事件的细节，讲述更加生动
有条理地组织讲述内容	1. 能围绕主题进行讲述，不跑题 2. 能正确说出讲述内容的主要特征或一个到两个事件	1. 能围绕主题讲述两个以上的事件 2. 能使用常见的连词，学习按照一定的顺序进行讲述	1. 能围绕主题，讲述多个事件及其中的内在联系 2. 能有重点地进行讲述，突出讲述的中心内容，能做到讲述流畅、不停顿
感知独白语言的语境	1. 知道日常交谈与集体面前讲述有所不同 2. 愿意在集体面前讲述	1. 能借助凭借物，围绕叙事主体进行简单的构思并能主动在集体面前讲述 2. 讲述时能借助简单的表情、动作进行形象表现	1. 能借助凭借物，围绕叙事主体进行较为完整的构思并在集体面前讲述 2. 在集体面前讲述的态度自然大方，能根据场合的需要调节音量和语速 3. 讲述时能表达自己的一些观点和评价以增强叙事的情感色彩

资料来源：依据《3～6岁儿童学习与发展指南》及周兢教授团队梳理的学前儿童叙事性讲述核心经验，进行筛选、整合所得。

（二）说明性讲述经验

不同于叙事性讲述，说明性讲述较少使用生动形象的词汇，也不需要复杂丰富的句式，而是使用规范、简洁明了的独白语言，客观地描述事物的状态。幼儿能独立、完整地进行说明性讲述，需要基于对事物充分、完整的了解。发展说明性讲述能力，幼儿需要具备说明性讲述的核心经验，具体可概括为以下几点。[①]

1. 以独白语言的形式进行说明性讲述

说明性讲述使用的是独白语言，幼儿需要学习在脱离情境场合的情况下，独立构思讲述内容，并有条理地讲述出来。

2. 使用规范准确、简洁明了的说明性词句

说明性讲述最突出的特点就是使用的词句规范准确、简洁明了，要求讲述者做到客观，不需要使用过多的形容词或语气词。

3. 理解说明性讲述的内容组织方式

说明性讲述运用的是口语表达，需要幼儿提前构思讲述内容，并按照一定的逻辑顺序进行组织。随着幼儿认知水平的提高与逻辑思维能力的发展，他们可以逐渐从有内容

---

① 周兢.学前儿童语言学习与发展核心经验[M].南京：南京师范大学出版社，2014：104.

的讲述发展到有顺序的讲述，最后发展到有重点的讲述。

说明性讲述核心经验的发展阶段及各阶段典型表现如表5-3所示。

表5-3　学前儿童说明性讲述核心经验的发展阶段及典型表现

核心经验	初始阶段	稳定阶段	拓展阶段
以独白语言的形式进行说明性讲述	愿意在熟悉的人面前独立讲述自己熟悉或喜欢的事物	在成人的帮助和引导下，尝试构思讲述内容，并能借助凭借物在集体面前进行独立讲述	在有凭借物的情况下，能独立构思讲述内容，并能在集体面前大胆地进行讲述
使用规范准确、简洁明了的说明性词句	能理解事物简单、鲜明的特征，并使用规范的名称、词汇讲述	1. 能使用准确、恰当的词汇讲述直观的事物特征和现象 2. 能使用简短的句子，较为精准地描述事物的主要特征	1. 能准确地运用丰富的词汇讲述事物多种特征 2. 感知说明性语言简洁明了的特点
理解说明性讲述的内容组织方式	能讲述事物的直观特征	1. 能按一定的顺序进行讲述，如从外到里，从上到下、从整体到局部等 2. 能结合不同的讲述对象，选择不同的顺序	能分清讲述内容的主次，详略得当，有重点地进行讲述

资料来源：依据《3～6岁儿童学习与发展指南》及周兢教授团队梳理的学前儿童说明性讲述核心经验，进行筛选、整合所得。

步骤3　设计幼儿园讲述活动的过程

✴ 案例解析：幼儿园讲述活动的过程如何设计？

大班语言活动：小兔折纸（节选）

······

五、活动过程

（一）引出主角小兔子，初步感知凭借物

教师出示PPT1（小兔子图片），引入小兔子。

师：小朋友们，你们看，今天有一位新朋友来我们教室，你们看看她是谁呀？（小兔子）

师：小兔子今天来我们教室是想让小朋友们帮她一个忙。她前几天出去玩，拍了几张照片，但是她不记得照片里的自己做了些什么了，想让小朋友们帮她回忆回忆。

1. 引导幼儿观察图片，初步感知凭借物

引导幼儿观察小兔子在什么地方，从什么地方出来，可能会去干什么。

师：小朋友们看看，小兔子在什么地方呀？（刚从家里走出来，在森林里）

师：你们说她可能会去哪里呢？

2. 引导幼儿关注小兔子手上4张彩色纸

师：让我们仔细观察一下，小兔子手里有哪几种颜色的纸（蓝、绿、红、黄，一共4张），这是用来做什么的呢？

（二）利用原有经验，充分自由讲述

出示PPT3（图2），请小朋友们讲述自己眼中图2的故事。

师：小兔子出门后遇见了谁？（小鸟）这张照片讲了小兔子和小鸟一个怎样的故事？

（三）引入讲述新经验，丰富角色对话

师：小朋友们仔细看看，你们觉得小鸟做的纸飞机有可能从哪里来呢？

（小兔子给小鸟折的，因为小兔子手里的纸少了一张）

1. 教师请幼儿尝试想象并回答，当时的情境，他们可能会有哪些对话

师：小鸟让小兔子给它折了一架纸飞机，他们肯定会说话，你们觉得，他们见面之后可能说了哪些内容呢？（打招呼、请你给我折一架纸飞机好吗、想要纸飞机的原因）

2. 根据幼儿的回答，对应幼儿已有的要素，在黑板上贴上相对应的提示贴图

3. 在原有经验的基础上，引入新经验

提问：可是你们想过吗，小鸟只是这么说，小兔子就会把自己这么心爱的折纸送出去吗？还应该注意什么？

教师引导启发幼儿对之前的回答进行其他要素的补充，并在黑板上按照顺序补充贴上相应的提示贴图（礼貌打招呼—对小兔子提出请求—说明需要帮助的理由—道谢、道别）。

4. 尝试新学讲述经验

教师运用留白等待的方式，师幼合作进行PPT3故事的讲述。一边讲述，一边在之前提示贴图的基础上补充（下面括号处为教师留白等待的地方，请幼儿站起来回答，并贴上提示贴图）。

师：小兔子走呀走，走到了一片草地上，她看到了一只不怎么开心的小鸟。小兔子走过去对小鸟打招呼说：（你好呀，小鸟。）

小鸟看到了小兔子手上的彩色纸，想到可以请小兔子折一架纸飞机，就说：（你可以给我折一架纸飞机吗？）

小兔子很奇怪，问：（我为什么要给你折纸飞机呀？）

小鸟就回答小兔子说：因为（我受伤了，但是我还要回家。）

小兔子想了想便同意了，点点头，就给小鸟折了一架纸飞机。

小鸟坐上纸飞机，开心地对小兔子说：（谢谢你小兔子，小兔子你真好。）

然后他们互相道别，说了（再见）。小鸟就走了。

（四）巩固新学经验，尝试自主迁移

1. 同时出示PPT4（图3）、PPT5（图4），引导幼儿观察、思考

师：小兔子接下来给我们的照片里，她又遇到了哪些新朋友呀？

2. 幼儿自主讲述，教师巡回指导

师：请你挑选一幅想讲的图片，跟自己身边的小伙伴说一说照片里的故事。

请个别幼儿展示，教师可以示意幼儿讲到哪一部分就用手指黑板上的提示贴图。

师：哪位小朋友愿意站起来跟大家讲一讲这幅图的故事呢？

3. 运用新经验，尝试完整、连贯讲述

老师出示PPT6（图1、图2、图3、图4），引导全班幼儿一起从头讲述小兔折纸的故事。

师：哇，小兔子折的纸真的很神奇，让我们大家一起，从头再讲一讲小兔子今天发生的故事吧。

（五）联系自身，共话"乐于助人"

师：故事讲完了，你们觉得小兔子的心情是怎样的？为什么？这是一只怎样的兔子？

师：你在现实生活中帮助过别人吗？帮助别人是一种什么感觉？

总结：在生活中，希望你和这只善良的小兔子一样，用自己的智慧去帮助他人，那你一定会拥有更多的好朋友，收获更多的快乐。

六、活动延伸

师：我们注意到小兔子出门的时候带了4张纸，老师想请小朋友们回家想一想，小兔子的第4张纸上又会有谁需要帮助呢？你能用上今天学习的新本领，继续把小兔子的故事讲下去吗？

（宁波幼儿师范高等专科学校2020级学前教育专业　姜可青等）

1. 仔细阅读以上幼儿园讲述活动案例，思考、回答下列问题。

（1）请根据已有内容判断，该活动属于幼儿园讲述活动的哪一类型？该类型的突出特点有哪些？

_____

_____

_____

_____

_____

（2）请梳理、呈现该活动过程的展开脉络，完成以下记录表。

活动过程记录表

活动过程的展开脉络	幼儿怎么学习讲述？	教师怎么引导讲述？	我的困惑与思考
环节1：			
环节2：			

活动过程的展开脉络	幼儿怎么学习讲述？	教师怎么引导讲述？	我的困惑与思考
环节3：			
环节4：			

2. 链接项目任务：根据以上思考分析，学习小组尝试梳理幼儿园讲述活动过程设计的一般思路，并依据步骤1、步骤2"链接项目任务"已确定的教学内容、活动目标及活动重难点，合作构思项目任务"我的环保故事"的活动过程设计。

_____

_____

_____

_____

_____

📖 **学习支持**

幼儿园讲述活动过程设计的一般思路

（一）感知、理解讲述对象

讲述活动要基于幼儿对讲述对象的已有经验，因而在幼儿正式讲述前，教师应引导幼儿仔细观察讲述对象，充分感知讲述对象的特征。

例如，在"中班讲述活动：可爱的小蜗牛"中，教师可以引导幼儿观察蜗牛的眼睛、嘴巴、触角等身体特征，并借助图片、视频，引导幼儿观察蜗牛生存的环境及生活习性等。除了用眼睛去观察外，教师还可引导幼儿配合听觉、触觉、嗅觉、味觉等多种感官来加深对讲述对象的认识。例如，在讲述活动"秋天的果实"中，教师不仅可以让幼儿用眼睛观察秋天水果的颜色、外形等特征，还可以请幼儿闻一闻、摸一摸、剥一剥、尝一尝各种各样的秋天的果实，调动幼儿的多种感官，引发其全面感知讲述对象。

（二）运用已有经验自由讲述

感知、理解讲述对象之后，教师不宜直接引入新的讲述经验，而应引导幼儿运用自身的讲述经验，先进行自由的、开放式的讲述。这一阶段，教师应践行"儿童中心"思想，尽量放手，不应对幼儿的讲述进行过多干预，否则会影响到幼儿的积极性。与此同时，通过倾听幼儿的讲述，教师也能更清楚准确地把握幼儿现有的讲述经验水平，并结合实际需要及时调整活动的进程，在后续的活动过程中提供更有针对性的支持与指导。

组织幼儿运用已有经验自由讲述的方式是多样的，主要有集体讲述、分组讲述、个别交流等。在此过程中，教师需要注意三点。一是在自由讲述之前，要交代清楚讲述的要求，提醒幼儿围绕感知、理解的对象进行讲述。二是在幼儿自由讲述的过程中，要注意倾听幼儿的讲述内容，及时发现幼儿讲述过程中的闪光点及存在的问题，但要切忌过度指点，而是要注意倾听，或以提问、同伴互助等方式引发幼儿思考，以免干扰幼儿的正常讲述，打乱幼儿的思维，降低幼儿讲述的积极性，最终也会影响讲述活动的效果。三是及时关注语言发展的"弱势群体"。语言能力较弱的幼儿容易在自由讲述环节被边缘化，或导致其没有胆量参与、没有机会展示、缺乏能力述说，教师应敏锐及时地发现他们，并给予言语鼓励与支持。

（三）引进新的讲述经验

开放的自由讲述环节能较大地调动幼儿参与讲述活动的兴趣，但幼儿讲述的经验仍较为零散，讲述的用词、逻辑与方式也不够规范和严谨。教育应着眼于幼儿的最近发展区，引进新的讲述经验，推动幼儿的讲述能力从已有水平向更高水平发展。新的讲述经验即讲述活动的核心经验，可概括为语言内容的新经验、讲述思路的新经验和讲述方式的新经验。

1. 语言内容的新经验

语言内容的新经验是指幼儿讲述语言的新信息，包括新词汇和新句型，词汇如名词、动词、形容词、副词，句型如陈述句、疑问句、反问句、祈使句等。教师通过引进新的语言内容，可以引导幼儿积累丰富的词汇、多样的句型，并学会在讲述时选择恰当、准确的语言形式，从而为听者提供清晰的有关讲述对象的信息与生动形象的描绘，激发听者的兴趣，帮助其理解讲述的内容。如在"大班讲述活动：在动物园里"中，教师可引导幼儿学习用"有的……有的……还有的"这一新句式，并学习使用"卷、摇、荡"等新动词进行看图讲述。

2. 讲述思路的新经验

讲述思路是指讲述的顺序性和条理性。教师引出新的讲述经验，即教师预设幼儿需要学习按照某种顺序或思路进行讲述。这一环节的重点就是帮助幼儿厘清讲述思路，使整个讲述具有较强的顺序性和条理性。例如，在看图讲述"谁的游泳圈"中，教师可以按照故事发生的先后顺序引导幼儿进行讲述："小猫去干什么了？它发现了什么？小猫看见了谁？它会对青蛙说什么？青蛙又会怎么回答？小猫又看见了谁？它会怎么说？

它们又会怎么回答?"这一讲述思路可以帮助幼儿理解故事的基本内容，把握故事的重要人物、重大事件及事件顺序。一般而言，叙事性讲述往往会采取时间、因果关系的顺序，而说明性讲述可以按照从上到下、从左到右、从大到小、由近及远、从表面到本质等顺序进行讲述。总之，按照一定的顺序有条理地进行讲述，一方面，对于讲述者来说，更有利于其记忆，不容易遗漏、颠倒讲述内容，从而有条不紊地进行讲述；另一方面，对于倾听者而言，能更快速、清楚、准确地接收所传递的信息。

3. 讲述方式的新经验

讲述方式是指围绕主题进行讲述时，讲述内容有所侧重。对于重点内容，需要多加描述，次要部分则应略讲或少讲，即详略得当。这样的讲述方式对幼儿分析、概括等思维能力的要求相对较高。以什么内容为重点，可以结合讲述的内容、讲述的目的、听者的水平和需要进行调整。例如，以长颈鹿为讲述对象，对于中班的幼儿来说，可以以长颈鹿的外形特征为讲述的重点；而大班幼儿生活经验丰富，讲述时可尝试以生活习性为讲述重点。

教师引进新的讲述经验有以下三种方式。首先，教师示范。教师可以直接示范，就同一个讲述对象运用某些词汇、某种句式或某种思路进行讲述，发表教师个人的看法。通过教师的示范，幼儿可以直接学习到本次活动的重点讲述经验。但教师的示范不等同于让幼儿机械模仿，否则将会降低幼儿讲述的主动性、积极性和创造性。要注意教师直接示范不能太早，否则会限制幼儿的想象力和创造力，教师示范往往在幼儿完整讲述一遍之后再进行。其次，幼儿示范。除了教师直接示范引出新经验外，还可以请班级内个别语言能力发展较好、想象力和创造力较强的幼儿先行讲述。通过个别幼儿的示范，教师进行适当评价或发起同伴互评，引导其他幼儿在倾听的过程中模仿和学习新的讲述经验。最后，提示引导。无论是教师示范还是幼儿示范，都是直接呈现新的讲述经验，让幼儿模仿学习。提示引导是教师运用提问、插话等方法启发幼儿讲述的思路，从而引进新的讲述经验。教师可以用提问的方式引导幼儿一起讨论新的讲述内容，也可以从某一幼儿的讲述内容入手，与幼儿一起分析其讲述是否全面、完整。在讨论达成一致意见时，幼儿也学到了新的讲述经验。具体采用哪一种引导方式，教师需要考量分析班级幼儿的语言发展水平与性格特点，注意因材施教，激发幼儿的创造性，鼓励幼儿用独创性和个性化的语言进行讲述，切勿让幼儿的讲述千篇一律，否则不仅会限制幼儿语言能力、创造性的发展，也会打消幼儿讲述的积极性。

（四）巩固和迁移新的讲述经验

在幼儿学习了新的讲述经验之后，教师需要给幼儿提供练习的机会，帮助其进一步巩固。教师可以引导幼儿根据学到的新的讲述经验，直接尝试讲述和表达；也可以根据讲述的内容进行大胆创编，在创编的过程中不断地练习，引导幼儿举一反三，在原讲述内容的基础上，提供一个扩展或延伸原内容的讲述机会等。

任务2　组织、实施幼儿园讲述活动

探索路径提示

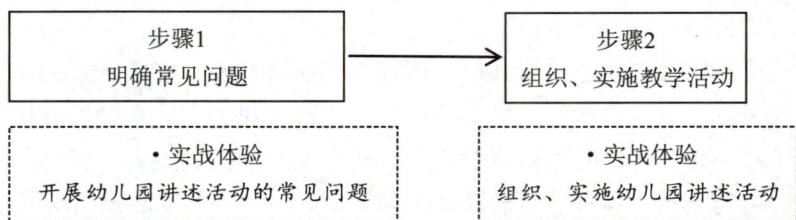

步骤1 明确常见问题	→	步骤2 组织、实施教学活动
·实战体验 开展幼儿园讲述活动的常见问题		·实战体验 组织、实施幼儿园讲述活动

步骤1　明确常见问题

实战体验：开展幼儿园讲述活动的常见问题

回顾任务1步骤3中设计的"我的环保故事"活动过程，学习小组分工合作，进行该活动的组织、实施，并关注在此过程中你们遇到的困难、问题，完成以下记录表。

模拟教学过程记录表

活动名称				
执教者			记录者	
活动过程	环节及用时	教师引导	幼儿表现	实施困难及对策
活动反思				

步骤2　组织、实施教学活动

实战体验：组织、实施幼儿园讲述活动

（1）基于步骤1中的实战体验，学习小组对遇到的困难、问题进行再次讨论，继续对项目任务的活动方案进行补充、修改，形成一份较完善的教案。

（2）根据修改后的教案，学习小组再次尝试进行模拟教学，并完成以下记录表。

幼儿园讲述活动模拟教学记录表

活动名称			
活动目标			
活动重难点			
活动准备			
活动过程	环节及用时	教师引导	幼儿表现
研讨反思与调整意见			

学习支持

幼儿园讲述活动组织、实施的要点

当前，幼儿园讲述活动在实践过程中存在着一些问题。首先，部分教师选择的讲述内容与幼儿的学习特点不契合。讲述活动相较于其他类型的语言教育活动，存在一定难度且更需要兴趣支持，不适宜的讲述内容往往让幼儿无话可讲，容易挫败幼儿的学习积极性，最终降低讲述活动的有效性。其次，部分教师容易忽视讲述活动核心经验的有序挖掘与科学确立。幼儿讲述核心经验的形成、发展需要遵循最近发展区的规律，若对讲述活动核心经验识别不清，忽视幼儿现有水平随意制定活动目标，就将难以推动幼儿讲述能力向更高水平发展。最后，部分教师在开展讲述活动过程中，缺乏切实有效的引导支持策略，往往存在"该放手时不放手""该介入时缺抓手"等现象。

为避免这些问题的发生，我们需要关注以下几个方面。

（一）如何增强幼儿园讲述活动的趣味性

1. 选择有趣、适宜的讲述内容

在选择幼儿园讲述活动内容时，教师要结合本班幼儿的年龄特点和实际需要，选择有趣、适宜的讲述内容与凭借物。首先，讲述活动的内容尽量丰富多样，既可以是幼儿熟悉的、日常生活中喜闻乐见的物品或经历，如春游、喜欢的小动物、过新年等，也可以是幼儿自主创作的作品或教师绘制的图片。其次，选择的内容要有一定的针对性。不同年龄段的幼儿其认知发展水平、语言能力存在一定差异，所选的讲述内容也要体现差异性、梯度性。最后，教师选择的内容要适合讲述。讲述活动有相对正式的语境，使用的是独白语言，对幼儿的语言能力要求较高。教师选择的内容难度要适中，篇幅不宜过长。

讲述活动的凭借物是幼儿讲述的中心内容。幼儿通过各种感官接触、了解凭借物，并据此独立表达自己的感受。要想幼儿对开展的讲述活动感兴趣，就要借助适宜的凭借物。教师在选择凭借物时，一定要考虑幼儿喜好。幼儿通常喜欢自己熟悉的、特征较为鲜明的凭借物。例如，图片类的凭借物，幼儿倾向于喜欢主题鲜明、色彩鲜艳，人物角色造型可爱、故事性、趣味性强的图片。实物类的凭借物如玩具、幼儿的生活用品等，幼儿很熟悉很感兴趣，也能在一定程度上调动幼儿参与讲述的积极性。在实际运用中，多种类型的实物可以一起使用，以提高讲述活动的趣味性。例如，在"大班讲述活动：小鲤鱼跳龙门"中，教师第一次只使用了单一的图片，让幼儿进行讲述，发现活动效果较差，活动后期幼儿无法集中注意力。当第二次开展时，教师将故事的角色小鲤鱼变成剪纸，让幼儿利用鲤鱼剪纸进行讲述，大大提高了幼儿的兴趣与参与度。[①]

2. 丰富活动的讲述形式

讲述活动如果只是让幼儿纯粹讲述、重复多次，那么幼儿必然会感到枯燥乏味。为提高讲述活动的趣味性，教师可以综合运用丰富多样的组织形式。在讲述活动中，教师可以创设生动有趣的情境，借助游戏、表演等多种方式，让幼儿得以练习和巩固。例如，教师引导幼儿进行个别讲述，可融入类似"击鼓传花"的游戏，让幼儿在游戏的紧张感和愉悦感中进行轮流讲述，能有效提高活动的参与性。如果是叙事类的讲述活动，故事

---

① 陈贤武. 民间故事融入幼儿园大班语言教学活动的行动研究[D]. 长春：吉林外国语大学，2021.

人物角色鲜明、故事情节较为丰富，那么可以邀请幼儿进行角色扮演。在扮演角色的过程中，幼儿可以借助具体情境进行讲述练习。此外，教师也可以设置不同的讲述组织形式，避免千篇一律。讲述的组织形式有集体讲述、小组讲述、个别讲述。在讲述活动的不同环节根据不同需要切换不同的组织形式，也能激发幼儿的讲述兴趣。

（二）如何有效支持幼儿进行讲述

1. 讲述机会和时间要充分

切忌将讲述活动变成教师的"一言堂"。在实际教育教学中，部分新手教师认为，讲述活动对学前阶段幼儿语言能力要求较高，存在幼儿"学不会""做不好"的潜意识，因此往往代替幼儿，自己讲得多而留给幼儿讲述的时间较少。教师应合理安排讲述活动的环节，给予幼儿充分的讲述时间，并认真倾听、反馈。除此之外，教师还应面向全体幼儿，关注每个幼儿，保障他们的发言权。不同的学习个体，其讲述能力的发展水平也是不一致的。教师应关注个体的差异，不能只邀请个别讲述能力强的幼儿讲述，也要关注讲述能力较弱的幼儿，鼓励其一同加入讲述活动，并给予其适时的引导及鼓励和肯定，帮助其增强讲述的自信心。

2. 教师提问要层层递进、富有启发

讲述活动中，教师在呈现凭借物后一般都会提出一些问题，引导幼儿厘清思路，更完整地表达。提问的方式至关重要。首先，教师应尽量避免提封闭式问题，即"是不是""好不好"这类问题，这类问题的答案是固定的、机械的，不能引发幼儿深度思考。教师应多提一些开放性的问题，促使幼儿从不同角度思考，并帮助幼儿有效地组织讲述思路。其次，教师的提问要紧扣主题，简单清晰。幼儿在观察和理解凭借物时，教师应提出关键的、清晰的提问，帮助幼儿去关注和把握讲述对象的重要特点，从而在讲述时能紧扣主题，有所侧重。最后，教师的提问要层层递进、环环相扣。由于幼儿对讲述对象的认识和理解具有一定的顺序性与逻辑性，具有从外到内、从直观到抽象等特点，因而教师的提问也需要遵循幼儿认知发展的特点，按照一定的顺序提出问题，由易到难、层层递进。如开展大班情境讲述活动"不跟陌生人走"时，教师首先针对幼儿内容记忆进行系统提问："这件事发生在什么时间？发生在哪里？有谁？"其次根据事情发展的顺序从主要情节到次要情节循序渐进地提问："视频里亚亚和峰峰在哪里？他们在干什么？陌生人做了什么动作？"最后针对理解水平进行提问："他们会说些什么呢？最后的结果是怎样的？"

3. 指导反馈要正向、恰当

在幼儿讲述时，教师要及时鼓励和表扬幼儿，给予其积极正面的反馈。当发现幼儿在独立讲述中遇到困难或出现错误时，教师也应给予及时、适当的反馈和引导，帮助其搭建讲述支架，从而引导其独立、完整地进行讲述。教师可以通过提问等形式引导幼儿发现讲述中存在的问题，并帮助其纠正问题。当幼儿讲述中出现遗忘的情况时，教师可以通过语言、表情、肢体动作、活动教具进行适当提醒，帮助其讲述能顺利进行。针对

幼儿讲述活动中存在的错误，教师也应给予纠正，但需要注意纠正的时机，应尽量在幼儿完整讲述之后，以免打断幼儿的讲述思路、打击其讲述兴致与自信心。

教师的指导反馈也要把握因人而异、因材施教的原则，需要根据幼儿不同的性格、能力等选择不同的方式。例如，讲述活动组织、实施过程中，新经验的引入方式应特别考究。对于语言能力发展较好的幼儿群体，要重视其潜能的发挥，可以采用"平等探讨"的方式进行引入，如教师可以说："我们一起想个办法，怎样才能把这个故事讲得更清楚、更好听呢？"但面对语言能力发展一般或较弱的幼儿，教师应及时降低难度、调整指导方式，把原先的"发散式"思考转变为"对比式""选择式"，如教师可以说："这两位小朋友谁讲得更好？好在哪里？我们把他讲故事的法宝找出来吧！"总之，活动的开展过程中，要随时审时度势，眼中有儿童，心中有策略。恰当的指导反馈不仅可以提高幼儿的讲述水平，还可以培养幼儿对讲述活动的浓厚兴趣。

项目验收　模拟教学——大班语言活动：我的环保故事

请自主梳理本项目所有学习内容，完成项目情境中的任务。

验收流程

（1）小组商议，确定内容。
（2）设计教案，修改教案。
（3）组内磨课，螺旋改进。
（4）课堂展示，小组互评。

验收标准

序号	验收项目	分值	评分细则	评定结果		
				自评	组间	教师
1	教学目标	20	1. 目标具体 2. 目标完整（三维） 3. 符合幼儿年龄水平	平均：		
2	教学内容	20	1. 内容价值导向端正 2. 内容容量适宜 3. 内容层次清楚 4. 教材处理得当	平均：		
3	教学过程	20	1. 导入自然，善于激发兴趣 2. 过程完整、清晰，有层次 3. 重难点突出 4. 教学法得当、教具合适	平均：		
4	教学技能	20	1. 课堂管理能力较强 2. 语言表现力强，逻辑严密 3. 体态自然、神态亲和，师幼互动质量高	平均：		
5	教学效果	20	1. 幼儿情绪高涨，参与度高 2. 幼儿能掌握大部分活动内容	平均：		
项目验收总评分/等第						

注：评分70分以下为不合格，70~79分为合格，80~89分为良好，90分及以上为优秀。

项目6 开展幼儿园文学教育活动

项目情境

　　2018年上半年，幼儿园教师资格考试保教知识与能力测试中有一道活动设计题："请围绕'春天'，为大班幼儿设计主题活动。"其中一个子要求为：根据此主题，设计该主题下一个具体的语言活动方案，包括活动的名称、目标、准备和主要环节等。请你和学习小组成员共同商议，根据以上要求，选定有教育价值的文学教育活动内容，设计一个大班文学教育集体教学活动方案，并制作教具，组织团队磨课。你们最终的任务是呈现一次现场模拟教学活动。

学习目标

知识目标
（1）感知、理解幼儿园文学教育活动的内涵、特征。
（2）理解并掌握幼儿园文学教育活动的核心经验。
（3）熟悉幼儿园文学教育活动的基本组织过程。

技能目标
尝试规范、科学地设计幼儿园文学教育活动方案，并组织、实施模拟教学。

素质目标
喜欢儿童文学作品，善于将文学作品中的审美价值与情感体验传递给幼儿。

学习任务单

任务单编号	6	项目任务	开展幼儿园文学教育活动
学习资源准备	图书《教师资料手册·语言》、文件《3～6岁儿童学习与发展指南》		
实训任务拆解	任务1　设计幼儿园文学教育活动 　　步骤1：选择幼儿文学作品 　　步骤2：设计幼儿园文学教育活动的目标 　　步骤3：设计幼儿园文学教育活动的过程 任务2　组织、实施幼儿园文学教育活动 　　步骤1：明确常见问题 　　步骤2：组织、实施教学活动		
项目验收评价	模拟教学——幼儿园文学教育活动的设计、组织、实施与评价		

任务1 设计幼儿园文学教育活动

探索路径提示

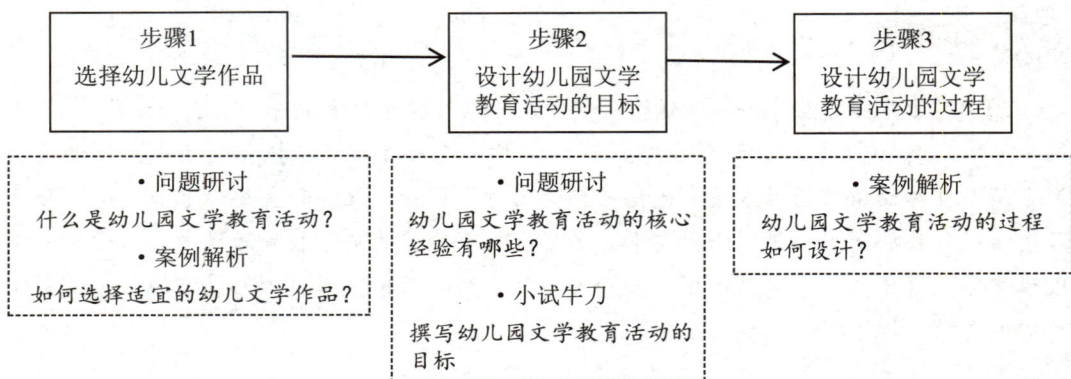

步骤1 选择幼儿文学作品	→	步骤2 设计幼儿园文学 教育活动的目标	→	步骤3 设计幼儿园文学 教育活动的过程

- 问题研讨
  什么是幼儿园文学教育活动？
- 案例解析
  如何选择适宜的幼儿文学作品？

- 问题研讨
  幼儿园文学教育活动的核心经验有哪些？
- 小试牛刀
  撰写幼儿园文学教育活动的目标

- 案例解析
  幼儿园文学教育活动的过程如何设计？

步骤1 选择幼儿文学作品

问题研讨：什么是幼儿园文学教育活动？

请翻阅《教师资料手册·语言》或阅读、赏析其他幼儿文学作品，选取你最感兴趣的、不同类型的作品若干，尝试在学习小组内部进行朗诵或演绎。体验过后，请思考、回答下列问题。

（1）你感兴趣的幼儿文学作品有哪些？它们为何能打动你？

_____

_____

_____

_____

（2）这些幼儿文学作品的体裁可划分为哪些类型？它们分别具有哪些特点？

_____

_____

_____

_____

_____

（3）什么是幼儿园文学教育活动？它有什么特点？

_____

_____

_____

_____

_____

_____

案例解析：如何选择适宜的幼儿文学作品？

　　链接项目任务：你们收集的作品中是否有涉及项目情境任务中"春天"的主题？请共同商议、选择一个适宜的幼儿文学作品，确定活动名称，并阐明选择理由。

_____

_____

_____

_____

_____

学习支持

一、幼儿文学作品

　　幼儿文学作品是指与0～6岁儿童心理发展水平及接受能力和阅读能力相适应的各类文学作品的总称。

（一）对幼儿文学作品的基本认识

1. 幼儿文学作品的价值

　　文学作品对幼儿发展究竟有何教育意义，其教育价值体现在哪里？我们首先要了解幼儿文学作品自身的价值。

　　（1）独特的审美价值。幼儿文学作品的审美价值主要体现在语言美、形象美、心灵美、意境美。文学是用语言塑造文学形象的艺术，语言具有间接性和模糊性的特点，文学的真、善、美的形式不像美术那样直接以视觉形象显现，而是隐含在语言中。读者必须通过对语言文字信息进行理解和想象，才能在头脑中产生画面，因此文学的形象不是在时空中，而是在人的头脑中。这一特点，留给读者比美术更广阔的艺术想象空间。接受美学认为，文学的艺术想象是由作品和读者共同创造的，读者是否被作品所感动，要看读者的想象力在多大程度上填补作品留给读者的艺术空间。读者大脑中的形象越细腻、越丰满、越鲜活，也就越激动人心。

（2）丰富的认知价值。幼儿文学作品包含了作家对描写的对象以至整个人类社会和宇宙的认识与评价。与其他艺术相比，在文学的感性认识中沉淀着很丰富的理性成分，幼儿文学的内容应有尽有，包括需要给幼儿传递的各种文化知识、观念、态度和情感。幼儿初生于世界，对自然和人类社会充满好奇，凡事都要问个"为什么"。幼儿文学作品涵盖了大千世界中的种种知识，恰好能满足他们的求知欲望。例如，在幼儿接触最早又最多的儿歌中，包括很多知识性儿歌。幼儿文学在增长幼儿知识、扩大幼儿眼界的同时，还培养了幼儿的求知兴趣。幼儿文学作品带给幼儿大量新鲜的感性知识，幼儿又以这些为起点，循序渐进，不断扩大知识范围。

（3）浸润的社会性价值。幼儿文学作品还能促进幼儿社会性发展。幼儿文学涉及的社会性发展内容广泛而细致，帮助幼儿处理与自我、与社会、与自然的关系，从自我走向家庭，走向幼儿园、社区、社会。幼儿文学作品常用替代的手法传达道德规范，即让动物或另外的物体代替人的言语和行动。这种"替代"，能对幼儿产生"暗示"效应，正如儿童文学作家陈伯吹所说："在幼童文学的宝库里，几乎全部是童话的作品，写的固然是小猫、小狗，指的却是小读者自己，既然不是直言面斥，也就欣然领教了。"例如，故事《龟兔赛跑》里，兔子与乌龟赛跑，却由于骄傲自负输给了乌龟，启示幼儿虚心使人进步，骄傲使人落后。

（4）愉悦的娱乐价值。优质的幼儿文学作品能引起幼儿的情感共鸣，促进其身心愉悦。幼儿文学有助于疏导幼儿的情绪，能激发幼儿快乐的情绪，有助于他们形成活泼开朗的性格。当他们在童话中读到各种奇情异趣，"经历"各种冒险与探险时，他们实际上是身临其境般地体验着作品中角色的自由与快乐。例如，瑞典童话作家林格伦创造的"长袜子皮皮"和"小飞人卡尔松"两个童话形象，虽调皮顽劣，但受到了全世界儿童的喜爱，因为幼儿从他们身上看到了自己日夜想干而又根本干不成的事。另外，在儿歌和幼儿戏剧中，幼儿也能在吟唱和扮演时，感受到身体律动的快乐。

2. 幼儿文学作品的体裁

（1）故事。故事是一种以叙述事件为主，比较适宜于口头讲述的文学体裁，其最鲜明的特征是具有鲜明的角色形象与引人入胜的故事情节。广义的幼儿故事泛指神话、传说、童话、儿童故事等体裁的作品。

（2）诗歌。幼儿诗歌可分为儿歌、儿童诗两大类。儿歌是指适合幼儿吟唱、欣赏的歌谣，又称为"童谣"。儿歌是幼儿文学中最重要、最成熟的一种文体。儿歌篇幅短小、通俗易懂，音韵和谐，节奏鲜明，富有童趣，有利于陶冶幼儿的性情，开启幼儿的心智，丰富幼儿的语言，愉悦幼儿的心情。儿歌类别众多，艺术形式丰富多样，有摇篮曲、游戏歌、数数歌、问答歌、连锁调、绕口令、颠倒歌、字头歌、谜语歌等。

（3）散文。幼儿散文是传达幼儿生活情趣及心灵感受，适合幼儿审美需求和欣赏水平的散文。幼儿散文在文学上最突出的特性是内容美与意境美。幼儿散文的语言整体呈生活化、口语化，但其中又有不少生动形象、规范优美的书面语。因此，幼儿散文的欣赏对象更适合于语言能力已有一定发展的中大班幼儿。幼儿能在散文中获得更多的语言熏陶，并在学习口语的同时，初步感受书面语的丰富多彩和神奇魅力，由此可帮助幼儿从口语学习逐步过渡到书面语学习。

二、幼儿园文学教育活动的内涵和特征

（一）幼儿园文学教育活动的内涵

幼儿园文学教育活动是以幼儿文学作品为基本教育内容而设计组织的语言教育活动。幼儿园文学教育活动旨在帮助幼儿理解、体验作品生动有趣的主题，学习丰富形象的文学语言，感受艺术性结构语言的美，明辨作品中人物的真善美、假恶丑，并通过开展与作品主题相一致的迁移经验活动和创造性语言运用活动，引导幼儿走出作品，与现实生活相结合，为幼儿提供全面的语言学习机会，帮助幼儿发展完整语言。[①]

（二）幼儿园文学教育活动的特征

1. 多领域，整合开展活动

幼儿文学作品在主题与内容上往往均涉及多个领域。例如《小猫钓鱼》，通过故事的形式发展幼儿的语言能力，同时又能借助作品传递"做事不能三心二意"的道理，语言领域、社会领域互相交融。因此，教师在教育过程中，应具有整体思维，有意识地整合多个领域进行文学教育活动。

2. 多层次，系列开展活动

幼儿园文学教育活动是一种包含发现美、欣赏美、理解美、表达美的多层次活动。因此，单一的教育活动无法对一个文学作品进行深入学习。

首先，欣赏作品、初步感知是第一层次的学习；其次，透过作品迁移关联至幼儿的实际生活是第二层次的学习；最后，尝试对作品内容进行改编、续编等创造性活动，是深层次的作品学习。

3. 多途径，交互开展活动

皮亚杰的认知发展理论告诉我们，儿童的发展是他们自己与外界环境交互作用而建构起来的，需要通过自身的操作活动与外界环境进行交互作用。儿童语言的发展也同样

① 张佳蓉，卢伟.学前儿童语言教育活动指导[M].2版.上海：复旦大学出版社，2009：40.

如此，幼儿文学作品本身就蕴藏着可贵的教育价值，因此幼儿文学教育活动应当着重引导幼儿积极地与文学作品产生交互作用。

在幼儿园文学教育活动过程中，幼儿感知文学作品的形式主要是调动听觉，进行"听赏"。对于尚未识字的幼儿而言，文学作品不是用来读的，而是需要靠成人朗读，从而获得信息输入。此外，其他感官的协同感知也很重要，要引导幼儿动耳、动眼、动口、动脑、动手，多感官、多途径获得亲身体验，从而对文学作品产生更深刻、更全面的理解与感受。

例如，儿歌《小老鼠上灯台》的学习，不仅可以说一说、看一看，还可以听着音乐节奏吟诵，也可以调动全身，一边念儿歌，一边扮演小老鼠进行动作演绎。

三、幼儿园文学教育活动内容的选择

幼儿文学作品既是幼儿园文学教育活动目标实现的载体，也是开展幼儿园文学教育活动的依据。只有作品选用适宜，活动目标的实施效果才有保障。无论选取哪种文学作品题材，都要以幼儿为中心，从儿童视角出发，根据幼儿的兴趣爱好、身心发展特点，寻找优质的幼儿文学作品，具体应考虑以下三个方面的要求。

（一）作品题材要多样、经典，贴近生活

首先，题材选择要丰富多样。诗歌、故事、散文等各种文学作品，特色各异，只要合适，都可供幼儿学习。其中，诗歌想象丰富、情感丰沛，文学语言形式美的特征体现得淋漓尽致，如节奏感强，韵律明显，具有画面感，整体结构均衡规整或错落有致；故事语言浅显易懂，想象丰富奇特，可以刻画出个性鲜明的人物形象，还有引人入胜、跌宕起伏的情节，并包含着拟人、夸张、象征等表现手法，它传递的思想情感又能引起幼儿的情感共鸣，激发其深入思考；散文则以优美抒情为特色，胜在意境美的营造，常采用比喻、象征、拟人等手法，用精美的语言、动态的描述，展现一幅幅富有色彩和流动感的画面，使幼儿感受到生命的魅力，能使幼儿在感受意境美、语言美、情感美的同时，提高对自然美、社会美的敏感性。

其次，可选择传统、经典作品。这类作品一般都是美的形式与真、善、美的内容高度统一的典范，无论经过多少年，仍然历久弥新、璀璨耀眼，更能促进幼儿语言发展、智慧启蒙与情感渲染。可以选择符合幼儿身心发展规律的中国古诗、古代寓言及神话故事等，例如，幼儿可以在古诗《静夜思》中体会思乡之情，在《游子吟》中感受深沉无私的母爱，在《守株待兔》的故事里知晓坐享其成不可取的道理，在《精卫填海》的故事里萌生对坚持不懈精神的崇敬。国外也不乏名篇，如丹麦作家安徒生的《卖火柴的小女孩》《海的女儿》《丑小鸭》等，法国作家贝洛的《小红帽》，俄国作家普希金的《渔夫和金鱼的故事》等，都流传已久，被一代代的儿童所喜爱。

最后，题材选择要贴近生活。幼儿文学作品的主题和主要情节应取材于幼儿熟悉的

事物，便于幼儿的原有经验和文学作品的内容产生联通与交互，如小朋友（小动物）之间的交往和游戏，发生在日常生活中的逸闻趣事，四季景色的变化，周围环境的特点等。

（二）作品形象要积极、具体、鲜活

幼儿文学作品塑造的形象要活灵活现，不论主人公是人物还是动物，都要抓住其外部特征，同时，凸显其内在的个性形象。比如，儿歌《小兔子》："小兔子白又白，两只耳朵竖起来。爱吃萝卜爱吃菜，蹦蹦跳跳真可爱！"又如，优秀传统故事《西游记》，孙悟空、猪八戒等形象被历代孩子所喜爱，其原因就是作品形象的刻画深入人心，抓耳挠腮的孙悟空神通广大、有勇有谋，肥头大耳的猪八戒好吃懒做却心地善良，这些生动的形象增加了作品的艺术感染力和表现力，更深受儿童的喜爱，提升其学习兴趣。

（三）作品结构要简单、有序、有趣

幼儿受具体形象思维的影响，对事物相互关系及事件发展线索的理解往往比较浅显，只停留于表面，因此，提供给幼儿的文学作品，尤其是故事，情节不宜太复杂。通常，一部作品主要讲一件事，而且这件事涉及的人物不宜太多，人物之间的关系也不宜太复杂。

在结构方面，幼儿文学作品导入多采用"开门见山"的方式，一下子就能把幼儿吸引到故事的情节中去。例如，《狼和小羊》一开头就写双方的冲突，一只小羊在河边喝水，一只狼走过来说："这河里的水是我的，你为什么喝我的水？"另外，情节的展开部分，低幼段的文学作品常常采用"反复"的结构，如故事《萝卜回来了》，故事的线索就在萝卜的一次次传递中展开，对于小班幼儿来说，这样的结构简单易理解，也符合其反复理解的年龄特点。

（四）作品语言要通俗、浅显、生动

教师在为幼儿选择文学作品时，一定要对作品词汇、语句、语法进行分析。幼儿的语言能力有限，他们不能准确地理解高级、抽象的词汇，也不能理解句式、语法复杂的语言。

因此，如果发现作品中有对幼儿来说显得过深过难的词语，那么教师可以在不影响作品原意的前提下稍加改动，换用幼儿能理解的词汇讲给幼儿听。

另外，句子要尽量口语化，多用简单句、主动句、短句，少用复杂句、被动句、长句。如"这一切被躲在树上的小猴尽收眼底"就不如"猴子躲在树上，把什么都看见了"更容易被小班幼儿所理解。当然，前者可能更易被中大班幼儿所接受。有时语言的多样性表述方式也是幼儿喜爱的。他们往往为了学习不同的表述方式而自觉模仿作品中的文学语言和人物对话中的成熟语言，从而获得不同样式和不同风格的语言。

步骤2　设计幼儿园文学教育活动的目标

💬 **问题研讨：幼儿园文学教育活动的核心经验有哪些？**

　　扫码观看《中班语言活动：村居》，请重点关注教师的提问及幼儿的行为表现。根据你的观察与思考，你认为在幼儿园文学教育活动中，幼儿将会发展哪些语言领域的核心经验？

链接岗位：
《中班语言活动：村居》

幼儿园文学教育活动核心经验记录表

编号	核心经验	教师的关键提问	我观察到的幼儿具体表现
1			
2			
3			

↩ **小试牛刀：撰写幼儿园文学教育活动的目标**

　　1. 根据以上教学活动视频与你的记录分析，请尝试还原该活动的活动目标，并列出活动重难点。

_____

_____

_____

_____

_____

_____

2. 链接项目任务：回顾本项目情境中的任务要求，依据步骤1中学习小组已选定的幼儿园文学教育活动内容，确定该活动的活动名称、活动目标与活动重难点。

_____

_____

_____

_____

_____

学习支持

幼儿文学教育活动的核心经验

（一）文学语汇经验

语汇又叫"词汇"，是词语的总汇，即语言符号的聚合体。文学语汇是指文学作品中所运用的全部语词的总和。[①]语汇也是幼儿文学作品的基本构成部分。幼儿文学作品中包含的所有的词汇、语句、修辞手法都属于文学语汇。幼儿借助文学语汇能了解文学作品的内容、风格、情感，同时，文学语汇也是幼儿表达内心世界的重要材料。

1. 词汇

词汇是语言大厦的建筑材料，理解和运用文学作品中的词汇是文学语言学习的第一步。随着学习和目标的变化，文学词汇经验的发展阶段也在随之变化。幼儿的词汇经验主要表现在对词汇构造出的不同声韵效果的感知，猜测并理解作品中出现的新词汇或关键词汇的含义，并且能逐步学习运用这些词汇。词汇经验的获得最终就是要使幼儿能初步理解表现人物特征和情节发展的关键性词汇的含义，愿意尝试运用不同词汇进行仿编，体会创造新的语言音韵效果的快乐。

2. 语句

文学语句的学习是幼儿理解复杂的语言句法结构和熟练使用这些句法结构的重要途径，接触不同的语言句式，也能使幼儿感受不同风格作品语句中蕴含的情感，理解其内容，并尝试运用。幼儿的语句经验集中体现在对汉语词序的排列、简单句子的构成、词序变化的效果的感知及逐渐学习使用汉语正确的语句形式进行表达。文学语句的学习最终能让幼儿感知不同风格、不同体裁的作品中词序变化所带来的语境效果，并依据作品中简单的语句形式进行仿编和创意的表达。

3. 修辞手法

幼儿文学作品会使用不同的修辞手法，常见的有比喻、拟人、排比、反复、顶针等。

---

① 周兢.学前儿童语言学习与发展核心经验[M].南京：南京师范大学出版社，2014：121.

在修辞手法经验的构建过程中，幼儿能感知、体验不同修辞手法带来的语言风格的差异，同时，启发幼儿的想象能力，并尝试运用习得的修辞手法来描述人、物或景，从而提升幼儿运用文学语言的能力。

学前儿童语汇核心经验的发展阶段及典型表现如表6-1所示。

表6-1　学前儿童文学语汇核心经验的发展阶段及典型表现

核心经验	初始阶段	稳定阶段	拓展阶段
语汇	1. 喜欢聆听儿歌，感知不同字词组合构造出的不同语音效果 2. 借助原有生活经验，理解文学作品中简单词汇的意思	1. 尝试根据上下文理解不明确意义的新词 2. 尝试运用文学作品中习得的修饰词进行表达	1. 理解作品中表现人物特性或情节发展的关键性语汇 2. 尝试词汇仿编，体会创造新语汇的音韵效果的快乐
语句	能口齿清楚地说儿歌、童谣或复述简短故事	在讲故事或基本日常表达中，运用基本正确的语句进行表达	1. 感知不同风格、不同题材的作品中不同语句组合变化带来的不同语境效果 2. 能对作品中的句式进行模仿造句与创意表达
修辞手法	喜欢倾听、诵读运用不同修辞手法的文学作品	1. 理解文学作品中运用比喻、拟人、夸张等修辞手法表达的意思 2. 借助经验与想象，仿编简单的修辞手法语句	1. 运用作品中的修辞手法进行多个句子的仿编 2. 尝试用作品中习得的修辞手法描述人、物、景

资料来源：依据《3～6岁儿童学习与发展指南》及周兢教授团队梳理的学前儿童文学语汇核心经验，进行筛选、整合所得。

（二）文学形式经验

"文学形式"其实是一个非常笼统的概念，文学形式具体是指文学作品内容赖以显现的文学的体裁、结构和表现手段等。文学作品是作家根据一定的立场、观点、社会理想和审美观念，从社会生活中选取一定的材料，经过提炼加工后创作出来的。文学作品的内容是反映在作品中的、包含着作家主观评价的客观现实生活，相同或相似的内容可以表现在不同的形式当中，完美的、适合于内容的形式，可以增强作品的艺术感染力。因而，在考虑文学形式究竟是什么之前，我们需要充分地去考虑每类具体的文学作品中包含着怎样的形式经验。

一般而言，幼儿经常接触的文学作品包括以下几类：诗歌、故事、散文。

1. 诗歌的形式特征

在诗歌活动的学习中，幼儿的诗歌形式经验主要集中在节奏及韵律和句式结构两个方面。幼儿能感知诗歌的节奏、韵律、类型和诗歌的多种句式特征，并能结合自己的生活经验，尝试运用文学语言，根据诗歌的句式进行仿编。

2. 故事的形式特征

在故事活动的学习中，幼儿的故事形式经验主要表现在通过理解人物的语言和行动来实现。幼儿能对故事中的人物对话和动作理解与模仿，对故事主要情节有较为深刻的认识并能概括出来，能根据故事的部分情节预测故事情节的发展，或续编、创编故事。

3. 散文的形式特征

在散文活动的学习中，幼儿的散文形式经验主要体现在对散文语言美和意境美的欣赏，以及理解散文内在的结构和画面内容。幼儿知道散文中所要表达的主要事物、人物。学前儿童文学形式核心经验的发展阶段及典型表现如表6-2所示。

表6-2　学前儿童文学形式核心经验的发展阶段及典型表现

核心经验	初始阶段	稳定阶段	拓展阶段
诗歌	1. 喜欢跟读韵律感强的儿歌、童谣 2. 初步感受儿歌朗朗上口、有韵律感的特征	1. 感知诗歌语言的节奏美、音韵美 2. 感知诗歌句式结构相对整齐、篇幅短小精悍的特点	1. 感知数字歌、连锁调、绕口令、谜语等不同诗歌类型的特征 2. 借助口头语言或动作表现诗歌的内容、节奏、韵律 3. 调动生活经验，发挥想象，尝试用文学性语言对诗歌的重点句式进行仿编
故事	1. 主动要求成人讲故事 2. 知道故事中的主要人物 3. 理解故事的开头与结尾	1. 初步理解故事中人物的对话、动作，并学说、学做 2. 感知故事情节发展的主要脉络，理解故事发展的开端、发展、高潮、结局 3. 喜欢把听过的故事讲给别人听，能大体讲出所听故事的主要内容 4. 能随着作品的展开产生喜悦、担忧等相应的情绪反应，体会作品表达的情绪、情感	1. 喜欢与他人一起谈论故事相关内容，运用书面语言描述故事中的人物特征与关键情节 2. 感知童话、神话等故事形式拟人、夸张、幻想的表现特点 3. 能初步概括故事的主要内容 4. 能根据故事部分情节猜想后续情节发展，能续编或创编故事 5. 能对故事提出自己的看法、感悟
散文	了解散文中主要的人、事、物、景	1. 知道散文描绘的画面的内容 2. 感受画面内容传递的意境美 3. 尝试用语言、动作或绘画等形式表达对散文内容的理解	1. 理解不同情景画面之间的联系与线索结构 2. 能按照散文的某一线索结构，尝试仿编散文中的重点语句或段落

资料来源：依据《3～6岁儿童学习与发展指南》及周兢教授团队梳理的学前儿童文学形式核心经验，进行筛选、整合所得。

（三）文学想象经验

人们在阅读文学作品时，会自然地跟随作者的描写、抒情、叙述形成相应的画面印象。在欣赏诗歌和散文时，会在头脑中形成优美的景色、动人的情形；在理解故事时，会在心中塑造出作品描写的人物形象，在大脑中生动再现有趣的故事情节。由于每个人生活经验的不同，所想象的内容必然会存在差异，但是一个有着良好作品理解和欣赏能力的人，必须具备良好的文学想象能力。因此，文学想象既是儿童文学作品学习中的重要手段，也是儿童文学作品学习中要获得和发展的核心经验之一。

幼儿在文学作品学习和理解过程中文学想象的核心经验主要是指幼儿在学习和欣赏文学作品的过程中，能通过想象理解文学作品中的词汇概念，想象出文学作品传达的情节画面、人物特征和主题意境等内容，体会作品的情感和意境，初步根据文学作品创造性地想象出新的内容或情节。根据想象的创造性程度不同，幼儿文学想象的核心经验又可以划分为两个范畴：再造想象和创造想象，即再造文学作品的想象和创造文学作品的想象。

1. 再造文学作品的想象

这个范畴的核心经验主要是指幼儿调动个人生活经验和已有文学作品学习经验，通过对文学作品内容的理解，在大脑中再现文学作品作者欲表现出来的情节、人物特征、人物关系、事件背景、蕴含情感、主题意境等文学要素，从而更加准确地理解文学作品内涵。同时，在想象的过程中，获得美的感受，得到文学的熏陶。这个范畴的核心经验主要包括三个方面，一是对文学作品中地点、环境等背景性要素和主要人物动作、表情的想象，二是对作品中主要情节和表达主题的初步想象，三是对作品整体情节、深刻主题及意境等的想象。通过对文学作品的再造想象，幼儿理解和掌握作者所要表达的内容，从而为创造想象奠定基础。

2. 创造文学作品的想象

这个范畴的核心经验是指幼儿在理解文学作品内容、结构和主题的基础上，进行想象，从而创造出一个新的结构片段、情节或结尾的经验。这个范畴的核心经验有三种表现形式：一是仿编，即利用已有文学作品的结构，填充自己想象的内容；二是续编，根据文学作品已有的情节，创造一个与前面情节相联系的情节或结尾；三是局部创编，即根据主题，想象一个有初步完整文学要素的文学作品。

学前儿童文学想象核心经验的发展阶段及典型表现如表6-3所示。

表6-3 学前儿童文学想象核心经验的发展阶段及典型表现

核心内容	初始阶段	稳定阶段	拓展阶段
再造文学作品的想象	1. 跟随成人的诵读、讲述，产生对作品中具体事物的想象 2. 在教师的引导下，能用动作、表情等表达、表现对作品中具体事物的想象	1. 倾听作品后，对作品中典型人物的基本形象（外貌、语言、动作、心理状态等）展开想象 2. 结合生活经验和文学作品学习经验，用清楚、完整的语言表达自己的想象与初步感受	1. 通过想象感受，能初步理解文学作品的主题含义或意境，较深刻地理解作者的基本态度 2. 能结合生活经验，表明自己对作品中心问题的态度与做法
创造文学作品的想象	根据自己的经验与想象，能对作品中的单个要素（角色、动作、表情等）进行改编替换	1. 通过替换作品中多个要素，完整仿编一个片段 2. 尝试续编一个情节，基本符合逻辑与常理，与原作品有关联性	1. 依据给定主题，初步编构一个新的文学作品，内容、结构合理，有逻辑，呈现初步的创造性 2. 基本能使用文学性语言来表述编构内容 3. 尝试用表演等形式展现创编的内容

资料来源：依据《3～6岁儿童学习与发展指南》及周兢教授团队梳理的学前儿童文学想象核心经验，进行筛选、整合所得。

步骤3　设计幼儿园文学教育活动的过程

案例解析：幼儿园文学教育活动的过程如何设计？

大班语言活动：漏（节选）

……

活动过程

一、创设情境，设疑激趣

师：今天老师带来了一个很有意思的故事，因为这个故事啊，需要我们变成一个个小侦探去破案，越会动脑筋的小侦探，越能在故事里发现玄机。

二、分段解析，猜想情节

（一）讲述故事开头，设置悬念

1. 引出不速之客

师：画面中出现了几个角色？他们分别是谁？猜一猜老虎和这个人在干吗？他们为什么要在这里？

2. 猜测事件起因

师：屋外发出了"窸窸窣窣"的声音，王老汉会有什么反应？

3. 推测情节发展

哪句话引起了老虎和小偷的误会？老虎和小偷听后，觉得"漏"是怎么样的？他们会有什么反应？后面会发生什么事呢？

（二）继续讲述故事，深入理解

教师继续讲述故事中间部分，并做如下引导与探讨。

1. 引发误会

师：刚刚发生了什么事？他们为什么要逃跑？

2. 理解误会

师："漏"是小偷（老虎）吗？"漏"究竟是什么？他们想象中的"漏"分别是怎么样的，你能用故事里的话说一说吗？为什么他们这么怕"漏"？

小结：原来他们没见过真正的"漏"，也根本不知道什么是"漏"，而是自己想象出来的，并且把对方误认为了是"漏"。

3. 加深误会

师：发生了什么事？他们见到对方后有什么反应？现在他们知道谁是"漏"了吗？

小结：老虎和小偷从山上滚下来浑身都是泥巴，变成了"泥巴怪"，看起来更可怕了，他们心里深深地相信对方就是"漏"。

师：这下他们还会再去王老汉家吃（偷）驴吗？为什么不敢再去了？"漏"真的是小偷和老虎吗？到底什么是"漏"呢？

民间故事：《漏》

三、深入推理，揭晓谜底

（一）插图线索

师：故事的插图里往往有重要的信息，看看在这张插图里，你发现了什么？"碗"是用来干吗的？那么，"碗"和"漏"有什么关系？

（二）结尾释疑

师：让我们带着对结尾的猜想，再完整地听一听、讲一讲这个有趣的故事吧！

跟随PPT图片，教师连带结尾，与幼儿一同完整讲述故事。

师：现在，你们知道什么是"漏"了吗？这个"碗"的作用是什么？

小结：原来，"漏"不是怪物，而是漏雨的意思，王老汉最怕的就是外面下雨导致屋顶"漏"雨，无法好好睡觉。而这个"碗"正是用来接漏下来的雨的。

四、分享感受，总结归纳

师：听了这个故事你有什么感觉？哪些情节让你觉得很有意思？老虎和小偷为什么最后落得落荒而逃的下场？

总结：今天这个故事，名字就叫《漏》，它幽默风趣，经过一代又一代的人们口口相传，流传到今天，被我们所听到，故事里，我们看到了老虎和小偷的愚蠢与贪婪，让我们明白，做贼心虚没有好下场，最后会自作自受。

（宁波市市级机关第二幼儿园　王子晴）

1.认真阅读以上教学案例，思考、回答下列问题。

（1）该文学教育活动选取的文学作品属于哪一类型？该类型的突出特点有哪些？

_____

_____

_____

（2）请梳理、呈现该活动过程的展开脉络，完成以下记录表。

活动过程记录表

活动过程的展开脉络	幼儿怎么学习？	教师如何引导？	我的困惑与思考
环节1：			
环节2：			

活动过程的展开脉络	幼儿怎么学习?	教师如何引导?	我的困惑与思考
环节3:			
环节4:			

2.链接项目任务:根据以上思考分析,学习小组尝试梳理幼儿园文学教育活动过程设计的一般思路,并依据步骤1、步骤2"链接项目任务"已确定的教学内容、活动目标及活动重难点,继续构思该活动的具体过程设计。

_____

_____

_____

_____

_____

_____

学习支持

幼儿园文学教育活动过程设计的一般思路

(一)创设情境,引出作品

创设情境的目的就是要激发幼儿学习的兴趣,而创设一个吸引幼儿的情境,可发挥幼儿文学想象的语境和空间,为幼儿准确地理解作品做铺垫。一般而言,有下面几种常见的创设情境的方式。

1.交谈提问,激发幼儿兴趣

如学习儿童诗《吹泡泡》时,教师可以提问:"孩子们,你们以前吹过泡泡吗?吹泡泡好玩吗?为什么你们都这么喜欢吹泡泡?"通过针对性提问,调动幼儿的参与积极性,并回忆、梳理原有生活经验,从而更有兴趣进入作品学习。

2.教具辅助,营造情境氛围

教师也可通过实物、图片、音乐、视频等教学资源,创设生动有趣的作品情境。如学习诗歌《小雨点》，在活动导入环节，就可以通过呈现春雨的声音，调动幼儿听觉系统，猜想这是什么声音，并在稍后配合视频的方式直观展现，营造春天春雨沙沙的柔美意境氛围。

（二）初步感知，欣赏作品

当幼儿逐渐进入作品情境后，教师要将作品内容呈现给幼儿，呈现形式因文学作品类型、篇幅、难易程度而异，按照不同的分类标准，可以分为不同的类型。

1. 按照作品呈现的主体划分

按照作品呈现的主体划分，可分为教师演绎呈现和教具辅助呈现。

教师演绎呈现，即教师有感情地讲述或朗诵文学作品，这是一种与幼儿真实的情感互动方式。在讲述时，教师可以根据幼儿的反馈，调节自己的语速、音量、表情、神态、动作等。运用这种方式，幼儿在倾听作品时，还会在头脑中联想作品中的画面，会把听到的语言信息转化为头脑中图画的信息，有利于再造想象力的培养。但该方式对教师的语言表达能力要求较高，为了使幼儿如闻其声、如见其人、如临其境，教师应使用标准普通话讲述或朗诵，灵活使用语调、语气、表情、动作等方式生动表现。

教具辅助呈现，即使用直观形象的教学资源，如图片、PPT、音频、动画等来呈现作品。这种方式更直观、形象，能帮助幼儿更快速地进入作品情境、感知相关内容。

当然，也可以将这两种呈现方式进行合理融合、各取所长，例如，教师借助自身演绎的同时，可以添加适合的辅助材料，如在诗歌朗诵时配以合适的音乐、在故事讲述时配以相关的图片。

2. 按照作品呈现的连续性划分

按照作品呈现的连续性划分，可分为完整连续呈现、依次分段呈现及中断式呈现。

完整连续呈现适合篇幅较短、内容紧凑的文学作品，一般来说，篇幅较短的诗歌、散文诗就可以全篇直接呈现。

依次分段呈现适合篇幅较长的故事，一方面，能适时调配幼儿注意力，避免长时间聆听下注意力涣散；另一方面，人为地分段切割，也有利于清楚体现故事情节的发展变化。

中断式呈现是根据活动重难点，在文学作品的关键处或发展的高潮部分进行中断，此时幼儿会自发地对后续作品内容充满好奇，教师则可及时引导幼儿根据疑问对作品的后续内容展开联想与猜测。

（三）理解体验，深入作品

在倾听完文学作品后，教师应引导幼儿理解作品中的角色形象、内容情节和作品主旨。因此，应开启多通道、多途径，引导幼儿加深体验，增进对作品的理解，简而言之，要"想""说""做"结合。

1. 有效提问，促进"想"和"说"

引导幼儿思考、述说作品内容，就有赖于教师的有效提问。活动中，教师提问将直接影响幼儿参与活动的积极性及学习文学作品的效果。因此，教师应把握作品内容的主线，有侧重地、有层次地提问，主要有以下几类。

（1）回忆作品内容的提问。回忆作品内容的提问旨在引导幼儿回顾作品内容，检验上一环节倾听作品的学习效果，教师可以就作品的名称、主要角色提问；也可以对具体内容提问，如某个角色说了什么、做了什么，作品里用了什么词句，是什么意思；还可以引导幼儿回忆作品情节线索，如开始怎么样、后来怎么样、结果怎么样；等等。

（2）链接已有经验的提问。教师根据幼儿已有的生活经验进行提问，幼儿经过理解、记忆、归纳、分析，最后进行回答，从而提高幼儿的思维能力和语言的运用能力。如故事活动"果酱小房子"中的提问："果酱是什么？有人吃过吗？"可以引导幼儿感知，同时，唤起经验，与作品相互作用。

（3）针对作品主旨的提问。针对作品主旨的提问目的是指导幼儿理解作品的内容，领悟作品的主题思想。对于不同的年龄段应有不同的侧重，如"是怎么回事呢？""为什么这样呢？""你是怎么知道的？"也可以顺带引导幼儿表达对作品的个人看法，便于幼儿从整体上把握作品的思想内容，如"你喜欢故事里的谁，不喜欢谁？为什么？""如果是你，你会怎么做？"

2. 动作体验，注重幼儿的"做"

为了加深对作品内容的体验，既要"说"，也要"做"。尝试加入游戏、操作等动态体验活动，可以帮助幼儿对作品内容的关键词句感同身受。

例如，散文诗《云彩与风儿》，其中有一句："吹啊吹，云彩变成大狮子，躬起身子，张开大口，狮子吼呀吼，吓得羊群都逃散。"对于关键词汇"躬起身子""张开大口""吼"等，可以请幼儿通过语言、动作表现自己的理解："'躬起身子'是什么样子的？这到底是一只怎样的大狮子，你能来学一学吗？"

（四）迁移创造，升华作品

文学作品展示的是建立在幼儿生活经验基础上的间接经验，这种间接经验既使幼儿感到熟悉，又让他们觉得新奇有趣，但仅仅理解是不够的，还要充分地将间接经验与直接经验联系起来。迁移作品经验的环节主要有两类，一类依靠再造性文学想象，另一类则依靠创造性文学想象。前者更多是对作品内容换形式"转述"表达，如绘画、角色扮演等形式，后者则需要幼儿发挥更多个性创造力，对作品内容进行仿编、续编。

1. 角色扮演

幼儿文学作品中鲜活的角色、有趣的语言是幼儿模仿的对象，因此，表演是幼儿园文学作品活动中频率最高、幼儿最喜欢的一种活动方式。如故事《三只蝴蝶》，幼儿在理解故事的基础上，扮演三只蝴蝶和三朵花，既可以小组进行，也可以单人进行；既可以自身表演，也可以利用手偶、指偶等材料进行表演。需要注意的是，并不是所有的文学作品都适合表演，一般情况下，供幼儿表演的作品要有一定的情境、一定的场面，还应具有明显的动作性；情节要有起伏，情节的发展要重点突出，脉络清晰，且易于表演。

2. 仿编、续编

仿编、续编活动是幼儿在欣赏、理解文学作品内容及结构基础上的一种创造性学习活动。教师需要注意的是，不同年龄段诗歌、散文仿编的重点有所不同。小班仿编活动的重点是要求幼儿在原有画面的基础上更换某个词语，通过换词体现文学作品画面的变化；中班仿编活动的重点是要求幼儿对某个重点句式进行仿编；大班仿编活动的重点是要求幼儿对原来文学作品的结构进行部分变动。

任务2　组织、实施幼儿园文学教育活动

◦ 探索路径提示

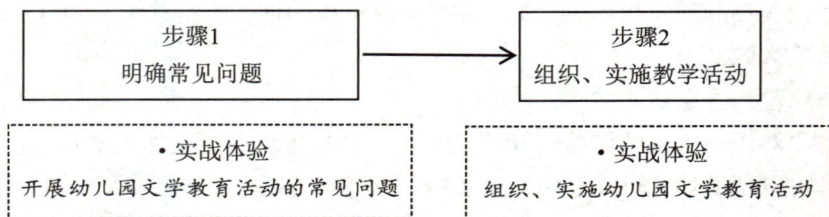

```
┌─────────────────┐        ┌─────────────────┐
│     步骤1         │ ─────▶ │     步骤2         │
│   明确常见问题     │        │  组织、实施教学活动  │
└─────────────────┘        └─────────────────┘
┌─────────────────────┐    ┌─────────────────────┐
│ •实战体验            │    │ •实战体验            │
│ 开展幼儿园文学教育活动 │    │ 组织、实施幼儿园文学教育活动│
│ 的常见问题           │    │                     │
└─────────────────────┘    └─────────────────────┘
```

步骤1　明确常见问题

✂ 实战体验：开展幼儿园文学教育活动的常见问题

回顾任务1步骤3"链接项目任务"中已设计的幼儿园文学教育活动的过程，学习小组分工合作，进行该活动的组织、实施，关注在此过程中你们遇到的困难、问题，完成以下记录表。

模拟教学过程记录表

活动名称				
执教者			记录者	
活动过程	环节及用时	教师引导	幼儿表现	实施困难及对策

续表

	环节及用时	教师引导	幼儿表现	实施困难及对策
活动过程				
活动反思				

学习支持

开展幼儿园文学教育活动的常见问题

（一）未能凸显文学作品的核心价值

分析、熟悉幼儿文学作品是开展文学作品学习活动的前提。文学具有开放性，不同的读者对同一部作品具有不同的理解和感受，教师作为读者之一，对作品的理解是建立在自己的知识经验基础上的，对同一个作品可能有不同的认识。但同一个故事，其基本要素是稳定的，故事的创作是遵循一定规律展开的，因此，阅读幼儿文学作品要具备一定的分析能力，在分析作品时，可以从以下几个方面着手。

第一，反复阅读，分析作者意图，把握作品主题。作品的内容或情节是为体现作品的主要内容服务的，要把握结构，明确作品主题和核心内容。

第二，分析作品特点，如人物特点、结构特点、语言特点等，清楚各部分之间的关系，再找出重难点，突出作品的中心思想，以及其中蕴含的具有发展价值的核心经验。

（二）未能连接幼儿的日常生活经验

部分教师在文学教育活动组织、实施的过程中，会用一些回顾式提问使幼儿简单了解作品内容后，就让幼儿迁移经验，开展文学创编、续编活动等，但浅表的理解并不能支持幼儿启用更高阶思维对文学作品进行创造，这种想象、创造缺乏认知根基。

例如古诗《村居》的学习，古诗的文学语汇尤其凝练，相较于口头语言，幼儿理解有一定难度。教师在教学过程中既要结合具体形象的画面帮助幼儿理解古诗内容，还要积极调动幼儿已有的生活经验，加深对古诗内容的理解与体验，比如，你见过春天的杨柳吗，它们是什么样的？你在春天放过"纸鸢"吗，请说说你和风筝的故事。

步骤2 组织、实施教学活动

实战体验：组织、实施幼儿园文学教育活动

1. 基于步骤1中的实战体验，学习小组对遇到的困难、问题进行再次讨论，继续对项目任务的活动方案进行补充、修改，形成一份较完善的教案。

2. 根据修改后的教案，学习小组再次尝试进行模拟教学，并完成以下记录表。

幼儿园文学教育活动模拟教学记录表

活动名称			
活动目标			
活动重难点			
活动准备			
活动过程	环节及用时	教师引导	幼儿表现
研讨反思与调整意见			

📖 **学习支持**

幼儿园文学教育活动组织、实施的要点

（一）关注核心经验，凸显年龄特点

在幼儿园文学教育活动设计中，教师不仅要选择优秀的文学作品作为教学内容，还要通过有计划、有目的的教学设计，帮助幼儿感知作品，感受和欣赏文学作品的内涵与情感意境。

在设计教学活动前，教师需要深入思考本次教学活动能给幼儿带来什么样的发展，这就需要教师在文学作品学习中，关注幼儿核心经验的发展，只有以核心经验的获得为活动目标，才能在活动的环节设置与组织安排上有目的性和导向性。同时，还要关注目标的年龄适切性，凸显本年龄段幼儿的学习特点、能力水平。例如，同样是诗歌学习，小班可更注重内容的感受、理解；但大班要走向创造性能力的培养，更注重对诗歌的多样化表达、创编。

在进行教学活动的组织、实施时，依然要有"回头看"意识，时刻关注核心经验与活动目标，力求活动过程紧扣活动目标的达成。

（二）把握作品特点，针对选用方法

在文学作品的教学活动中，教师应根据不同文学作品的特点选择适宜的教学方法。如儿歌具有节奏性强、音韵和谐的特点，在学习的过程中，就可选择动作或有节律的音乐帮助幼儿感受和掌握作品的节奏；在故事的教学过程中，可以配合表演引导幼儿理解人物形象和情节；对于抒情性强的散文，教师则可选择优美的背景音乐营造意境，帮助幼儿更好地理解作品内涵。

另外，教师在文学作品活动的各教学环节中，也可根据文学作品的特点运用不同方法。如对于一些篇幅较长、情节较为复杂的故事，教师可分段讲述，或者只提供给幼儿故事的部分情节，启发、鼓励幼儿积极猜想故事下面的情节。

（三）关注审美体验，重视心灵涵养

审美是人类的高级情感，在早期对幼儿进行审美教育有益于幼儿高尚道德情操的养成和感受美、鉴赏美、创造美能力的培养。幼儿文学作品中包含着大量健康的审美内容，可以让幼儿获得纯正的美学观念的熏陶，进而丰富情感，陶冶情操，培养健康的审美观念。而幼儿文学语言艺术的外在美，实现形式与内容的完美结合，提升了文学作品的艺术感染力。节奏明快的儿歌、情节有趣的故事、意境优美的散文，都给幼儿以美的熏陶，使他们从中获得审美体验，逐渐提高对文学语言的鉴赏能力和运用文学语言创造艺术美的能力。

项目验收 模拟教学——幼儿园文学教育活动的设计、组织、实施与评价

请梳理本项目所有学习内容，完成项目情境中的任务。

验收流程

（1）小组商议，确定教学内容。
（2）设计教案，修改教案。
（3）组内磨课，螺旋改进。
（4）课堂展示，小组互评。

验收标准

序号	验收项目	分值	评分细则	评定结果		
				自评	组间	教师
1	教学目标	20	1. 目标具体 2. 目标完整（三维） 3. 符合幼儿年龄水平			
				平均：		
2	教学内容	20	1. 内容价值导向端正 2. 内容容量适宜 3. 内容层次清楚 4. 教材处理得当			
				平均：		
3	教学过程	20	1. 导入自然，善于激发兴趣 2. 过程完整、清晰，有层次 3. 重难点突出 4. 教学法得当、教具合适			
				平均：		
4	教学技能	20	1. 课堂管理能力较强 2. 语言表现力强，逻辑严密 3. 体态自然、神态亲和，师幼互动质量高			
				平均：		
5	教学效果	20	1. 幼儿情绪高涨，参与度高 2. 幼儿能掌握大部分活动内容			
				平均：		
	项目验收总评分/等第					

注：评分70分以下为不合格，70~79分为合格，80~89分为良好，90分及以上为优秀。

项目 7　开展幼儿园早期阅读活动

💡 项目情境

　　假设你是幼儿园中班的一名教师，你所在的幼儿园近期将开展早期阅读活动公开课展示、评比。请你和团队成员根据中班幼儿语言领域发展的特点及目标，选择优质的早期阅读内容，设计一个中班早期阅读活动教学方案并进行组织、实施，参与全园公开课展示、评比。

🔲 学习目标

知识目标

（1）了解幼儿园早期阅读活动的内涵、价值、类型、特点。

（2）理解并掌握幼儿园早期阅读活动的核心经验。

技能目标

　　掌握早期阅读材料的分析选择能力，能根据学前儿童早期阅读的理论知识科学设计、组织、实施、评价早期阅读活动。

素质目标

　　喜欢阅读优质的早期阅读材料，善于将优秀作品中的思想情感融入教学活动设计，传递给幼儿。

📝 学习任务单

任务单编号	7	项目任务	开展幼儿园早期阅读活动
学习资源准备	图书《好绘本如何好》《如何给孩子读绘本》《早期阅读发展与教育研究》，组织早期阅读活动所需的教具等			
实训任务拆解	任务1　设计幼儿园早期阅读活动 　　　步骤1：选择幼儿园早期阅读活动的内容 　　　步骤2：设计幼儿园早期阅读活动的目标 　　　步骤3：设计幼儿园早期阅读活动的过程 任务2　组织、实施幼儿园早期阅读活动 　　　步骤1：明确常见问题 　　　步骤2：组织、实施教学活动			
项目验收评价	模拟教学——中班早期阅读活动的设计、组织、实施与评价			

任务1 设计幼儿园早期阅读活动

探索路径提示

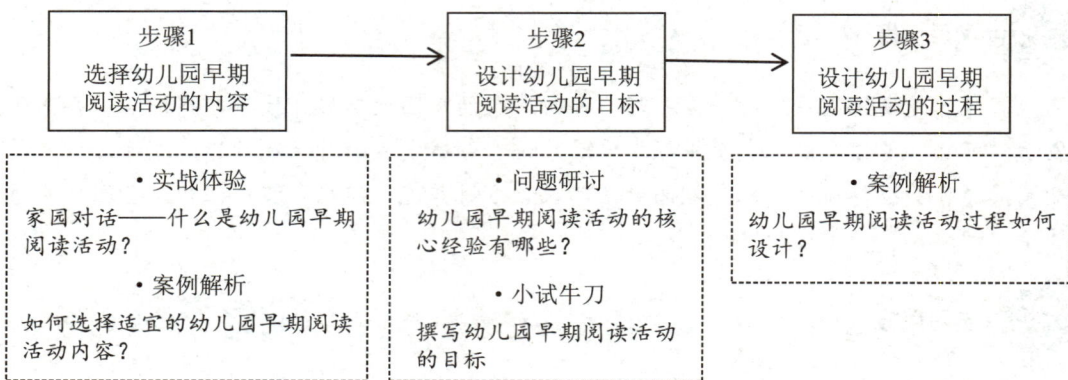

步骤1 选择幼儿园早期阅读活动的内容	→	步骤2 设计幼儿园早期阅读活动的目标	→	步骤3 设计幼儿园早期阅读活动的过程

· 实战体验
家园对话——什么是幼儿园早期阅读活动?

· 案例解析
如何选择适宜的幼儿园早期阅读活动内容?

· 问题研讨
幼儿园早期阅读活动的核心经验有哪些?

· 小试牛刀
撰写幼儿园早期阅读活动的目标

· 案例解析
幼儿园早期阅读活动过程如何设计?

步骤1 选择幼儿园早期阅读活动的内容

实战体验：家园对话——什么是幼儿园早期阅读活动?

有幼儿家长说："让孩子看书就是让他多认字，积累一定数量的识字量，他们就可以自己看书了。"

在现实生活中，认为早期阅读等于认字，持有这样观念的家长并不在少数，甚至有家长专门购买认字卡片让幼儿先认字，再看阅读材料。为幼儿选择早期阅读材料时，很多家长也存在困惑：究竟什么是早期阅读？早期阅读有怎样的价值、特点？

面对这一现象，身为儿童教育工作者，我们又能做些什么？请结合家长对早期阅读的认识误区，在学习小组内通过角色扮演，模拟开展一次家园沟通，帮助家长树立正确的早期阅读意识。请先列出本次家园联系的谈话提纲。

家园联系谈话提纲——树立正确的早期阅读观念

1.家长，请问您在家里是如何和宝贝一起阅读的？ 家长回答预设：   我的引导支持：

2.您家里目前有哪些阅读材料？您认为哪些是优质的阅读内容？

家长回答预设：

我的引导支持：

……

✳ **案例解析：如何选择适宜的幼儿园早期阅读活动内容？**

1. 为完成项目情境中的任务，你的搭班教师为中班幼儿挑选了如下几本阅读材料，打算从中选择一本作为本次早期阅读公开课展示、评比活动的内容。

《搬过来，搬过去》　　　《猜猜我有多爱你》　　　《母鸡萝丝去散步》

《好饿的小蛇》　　　　　《逃家小兔》　　　　　　《月亮的味道》

请学习小组成员认真阅读以上绘本，讨论、评析该教师选择的阅读材料是否适宜。建议围绕以下问题进行讨论记录。

（1）这些阅读材料本身能否激发幼儿兴趣？

（2）阅读材料是否符合该年龄段幼儿的特点？

（3）阅读材料是否符合幼儿的身心发展需要？

（4）阅读材料是否适合作为早期阅读集体教学活动的阅读材料？

2. 链接项目任务：回顾项目情境中的任务要求，请学习小组讨论协商，确定早期阅读公开课展示、评比活动的阅读材料，并说明选择理由。

早期阅读是幼儿园语言领域教育的重要组成部分。早在2001年颁布的《幼儿园教育指导纲要（试行）》中就指出："利用图书、绘画和其他多种方式，引发幼儿对书籍、阅读和书写的兴趣，培养前阅读和前书写技能。"可见，早期阅读活动对幼儿语言发展具有重要意义。

一、早期阅读活动的内涵

当前，人们对早期阅读活动仍存在诸多误解。有人认为，早期阅读等于识字；有人认为，早期阅读即成人给幼儿讲故事；还有人认为学前阶段主要培养的是口头语言，"阅读"是小学阶段的学习内容，幼儿园接触为时尚早。

早期阅读活动是指0～6岁儿童凭借变化着的色彩、图像、文字和成人形象的读讲，来理解以图为主的低幼儿童读物内容的活动过程，它是一个集观察、记忆、思维、表达等多种认知于一体的综合过程。[①]早期阅读活动包含以下内涵。第一，早期阅读的主体是0～6岁的低龄儿童，这意味着学前儿童的阅读必然不同于成人。早期阅读不仅仅是通过视觉来接收信息，也包括听觉、触觉等多感官通道的参与。比如，有些绘本是可以触摸的，结合故事内容在相应的页面粘贴实体材料，让幼儿更直观地感知事物的特征。如《小兔比利》的书页中就粘贴了动物的仿真皮毛，幼儿在阅读的过程中，通过触摸能更加真实地感受动物皮毛的特征，帮助其直观地理解故事内容。艾瑞·卡尔的《好安静的蟋蟀》翻读到故事的最后，会听到田野里的蟋蟀发出的悦耳的鸣叫。第二，早期阅读不完全等同于幼儿自主阅读。早期阅读是幼儿以图画书及成人语音为介质的感知和学习的过程。学前儿童由于年龄特点限制，其经验水平、认知水平有限，对画面细节的关注、故事情节的理解能力较弱，越是儿童早期，就越需要成人引领着阅读，如此，幼儿能更深入感受到图画书蕴藏的语言之美、图画之美、细节之美、创造之美，从而才能真正涵养幼儿对阅读的喜爱，切实提高幼儿的早期阅读能力。

二、早期阅读活动的价值

诸多研究表明，早期阅读活动对幼儿的发展具有重要价值。早期阅读活动有利于幼儿积累知识经验，养成良好的阅读习惯，促进幼儿语言能力、想象力、社会情感等多方面能力的发展。

（一）促进幼儿语言能力的发展

有效的早期阅读能促进幼儿语言能力的发展。幼儿的语言表达能力可分为口语表达和书面表达两大部分。早期阅读活动能帮助幼儿加深对词汇的理解，感知、学习不同的

---

① 周兢.零岁起步：0～3岁儿童早期阅读与指导[M].深圳：海天出版社，2016：6.

句式表达结构。幼儿在阅读过程中，会根据自身对故事内容的理解，尝试完整讲述故事，这也为幼儿创造了更丰富的口语表达机会。例如，绘本《逃家小兔》讲述了一只小兔子和兔妈妈用语言玩捉迷藏的故事。人物对话重复使用了"如果……就……"的表达句式。借助该绘本，幼儿可以反复感知和运用这一句式表达，从而提升其语言表达能力。

相较于口语表达，书面表达的规范性要求更高。尽管学前阶段幼儿的识字量及书写能力有限，但幼儿可以通过自己的方式，如画画或涂鸦进行书写。阅读完一本图画书后，幼儿可以通过绘画的方式画出故事内容，也有幼儿根据图画书的故事情节进行续编并绘制。这是幼儿早期的书面表达，为今后的书写能力发展打下基础。

（二）培养幼儿良好的阅读兴趣和阅读习惯

早期阅读活动有利于幼儿阅读兴趣的生发，促进幼儿良好阅读习惯的养成。纯文字类的书籍较为抽象、枯燥，需要阅读者具备一定识字量及生活经验积累，阅读的门槛相对较高。而图画书最大的特点是图文并茂，字少图多。市面上的图画书种类丰富，对幼儿充满着吸引力，能调动幼儿的阅读积极性，激发幼儿的阅读兴趣，丰富幼儿的阅读体验。此外，阅读的过程也是习惯养成的过程。在成人的正确引导下，幼儿可逐步养成正确翻书、爱护书籍、整理书籍、自主阅读及积极思考等良好的阅读习惯。

（三）丰富幼儿的想象力

每个孩子都是天生的幻想家，喜欢想象。图画书集图像、色彩等元素于一体，生动形象的角色、童趣的故事情节，都给幼儿的想象留下广阔的空间。例如，绘本《跑跑镇》，在这座神奇的小镇里，所有的居民都喜欢快快跑，当他们撞到一起时，就会变成一个新的事物。仙人球和小鱼撞到一起变成河豚，公主和海豚撞到一起变成美人鱼，女巫和扫把撞到一起就变成了女巫婆。在阅读的过程中，画面情景的不断切换、衔接，能给幼儿带来思维碰撞的双重奏，潜移默化地突破幼儿思维的固有模式，从而达到丰富幼儿想象力的目的。

（四）促进幼儿的心理健康

早期阅读活动还有利于幼儿的心理健康发展。幼儿情绪情感不稳定，容易冲动，自我调节能力较弱。通过阅读丰富多样的阅读材料，感受生动幽默的故事情节，能给幼儿带来愉悦的情绪体验。例如，绘本《我的幸运一天》中，一只小猪找错了门来到了狐狸家。狐狸想把它当成午餐，小猪急中生智，巧妙设计，最终让自己安全地回家。整个故事富有童趣、情节跌宕，让幼儿捧腹大笑。也有一些图画书能帮助幼儿更了解、接纳自身情绪，学习情绪管理的办法。例如，《大脚丫跳芭蕾》《小丑鱼》《可爱的小雀斑》这些绘本，能启发幼儿明白每个人都有自身的优缺点，要学会接纳自己；《我的情绪小怪兽》《我变成一只喷火龙》以图画的形式将抽象的情绪转化成生动直观的故事，不仅能让幼儿感知各种各样的情绪，还能让幼儿学习情绪管理的方法，学做情绪的小主人。

三、早期阅读活动的类型

根据阅读场所的不同，学前阶段的早期阅读活动可划分为家庭中的早期阅读和幼儿园中的早期阅读两种类型。

（一）家庭中的早期阅读

家庭中的早期阅读是指幼儿在家长的陪伴下开展的阅读活动，通常也叫作"亲子阅读"。亲子阅读是幼儿学习沟通交流的重要方式。幼儿的阅读过程伴随着和家长的亲密交流，能更深入地去感受、体验、理解阅读材料。同时，在亲子共读的过程中，家长也在学习倾听幼儿，并给予幼儿理解、支持和陪伴。

（二）幼儿园中的早期阅读

在幼儿园中，早期阅读的形式主要有集体阅读活动、区角阅读活动和专门的阅览室阅读活动。

1.集体阅读活动

集体阅读活动是指教师根据班级幼儿的年龄特点，有目的、有计划地组织全班幼儿按照统一要求共同参与阅读活动，是旨在培养幼儿早期阅读的核心经验，提升幼儿语言能力的教学活动。集体阅读活动中，教师通常会运用提问、谈话、游戏、角色扮演等多种方式，引导幼儿就阅读材料进行深入的讨论和交流。与此同时，教师有计划、有针对性地教育引导，能减少幼儿自主阅读的盲目性，最大限度提高幼儿早期阅读的成效。

2.区角阅读活动

一般来说，幼儿园班级内都会设置阅读区。在一日活动中的区角活动环节或是过渡环节，幼儿可以进入阅读区进行阅读。教师会定期向阅读区投放阅读材料，并及时进行更新。班级阅读区中不仅有绘本、画报等阅读材料，还常常配有桌椅、地毯、手偶、故事机等辅助材料，为幼儿创造一种温馨舒适的阅读氛围。区角内，幼儿以图书阅读为主，但还可以结合阅读的内容，配以操作一些语言游戏类的材料，方便幼儿体验更开放的阅读方式，如拼贴讲述、续编绘本、同伴共读等。

3.专门的阅览室阅读活动

除了班级内设置的阅读区外，有条件的幼儿园往往会专门开辟一个大型的、面向全园幼儿的阅览室，或者称"童书馆"。阅览室拥有的图画书种类更加丰富、齐全，并提供图画书借阅服务。相对于班级的阅读区，阅览室的阅读环境更安静、舒适，幼儿在阅览室中阅读，可以学习公共场所阅读所需注意的规则，例如，有序拿取图书、走路轻声不打扰别人等。通过图书借阅服务，幼儿也能学习到借书、还书的规则。

四、早期阅读活动的特点

当前，不少幼儿教育工作者在开展早期阅读活动中存在一些误区。例如，将阅读等同于识字；幼儿在一日活动中经常阅读，但教育者缺乏相应的阅读指导，导致幼儿的阅读停留在浅层的理解；忽略阅读环境的创设，缺乏良好的阅读氛围；等等。这在一定程度上也归因于教育者对早期阅读活动的特点认知不足。早期阅读活动主要有以下几个特点。

（一）早期阅读活动的环境是丰富适宜的

早期阅读活动的重点在于发展幼儿的阅读经验，培养幼儿的阅读兴趣。蕴含丰富阅读信息的教育环境的创设尤为重要。早期阅读活动的环境主要包括精神环境和物质环境。

1. 精神环境的丰富适宜

《3～6岁儿童学习与发展指南》中指出："为幼儿提供良好的阅读环境和条件。提供相对安静的地方，尽量减少干扰，保证幼儿自主阅读。"因此，在早期阅读活动中，教师或家长要为幼儿创设宽松、自由的阅读氛围，支持其能全身心地投入阅读活动中，并且获得无穷的乐趣。在良好的阅读氛围下，阅读的热情会互相感染，日本绘本之父松居直说过："念书给孩子听，就好像和孩子手牵手到故事国去旅行，共同分享一个充满温暖语言的快乐时光；而亲子之间交换的丰富语言，是一个家庭最大的财富。"当家长、教师"好读书、读好书"，并常常同孩子一起阅读图书中的动人故事时，天性爱好模仿的孩子也会自觉地爱上阅读。这就使儿童在浓厚的阅读氛围中耳濡目染、潜移默化地养成良好的阅读习惯和阅读能力。

2. 物质环境的丰富适宜

除了精神环境外，创设丰富适宜的阅读物质环境也必不可少。这种物质环境主要包括时间与空间两个方面。

（1）阅读的时间。早期阅读经验需要日积月累，在大量的日常阅读中习得并巩固发展。因此，教师应该在一日生活中保证幼儿有充足的阅读时间。阅读时间可以是随机的、不固定的，可有效利用日常生活的各过渡环节进行阅读活动。例如，晨间来园时、盥洗或饮水的空余时间、午餐或点心过后、离园晚接时等，教师应减少这些环节的消极等待时间，鼓励幼儿在座位上或图书角阅读图书。

（2）阅读的空间。丰富的物质环境还包括阅读的空间，即教师为幼儿提供适宜的阅读场所并配以丰富的阅读材料，确保阅读空间尽可能传递丰富的阅读信息。无论是班级的阅读区还是幼儿园专门的阅览室，里面都会有大量优秀读物供幼儿选择。在幼儿生活的环境中，教师也会有意识地设置文字或符号标志，为幼儿创造更多隐性的阅读机会，让幼儿潜移默化地保持对文字符号的敏感性。例如，在中大班，教师会有意识地将书包柜、杯柜上的照片替换成幼儿的姓名，区角中的具象图片提示转换成文字符号提示，帮助幼儿在一日生活中不断感知建立文字符号与生活实际的对应关系。此外，早期阅读活动的空间应该是安静、舒适、快乐的。阅读空间通常选择在相对安静、光线较好的位置，并配备沙发、儿童椅、毛绒玩具、软垫等辅助材料。陈列阅读材料书柜的高度也是适合幼儿身高、方便幼儿自由取放的。

（二）早期阅读活动与讲述活动紧密关联

早期阅读活动的材料生动直观，为幼儿提供了具体形象的阅读内容，幼儿在阅读的过程中既要理解图书呈现的书面语言内容，也要将主要内容结合自身的理解用口头语言表达出来，这是早期阅读活动的一个重要目标。因此，早期阅读活动通常是与讲述活动相结合进行的。

需要注意的是，早期阅读活动不等同于讲述活动。早期阅读活动侧重幼儿的理解，包括对图画、文字、符号、内容等多个方面的理解，阅读中的讲述运用的语言是多样性和综合化的。而讲述活动侧重独白语言的表达，要求幼儿能运用正式、规范的语言，将讲述对象完整、连贯地表述出来，旨在培养幼儿独立、完整、连贯的语言表达能力。因此，早期阅读活动一定是先理解后讲述，过程中涉及的讲述的规范性要求没有纯粹的讲述活动高。

（三）早期阅读活动的过程是动态整合的

全阅读教育理念认为，早期阅读活动必须注意阅读的全面性和完整性，倡导阅读对象全面化，阅读方式多样化，阅读环境全息化。[①]幼儿的阅读是利用多种感官、方式相互协调，"整个儿"去感受和理解的。因此，早期阅读活动是一种整合性教育。这种整合体现在以下三个方面。一是书面语言与口头语言的整合。早期阅读活动在促进幼儿口头表达能力发展的同时，也能使幼儿获得对文字符号的初步认识，了解书面语言的特点。二是语言和其他学习内容的整合。早期阅读可贯穿于各领域教育活动的学习，比如，早期阅读与美术活动相结合，幼儿在阅读过后可尝试手工制作一本图书；又如，早期阅读可以和数学活动相结合，一些"数学绘本"画面生动、情节有趣，可以作为幼儿数学学习的有效材料。三是静态学习和动态学习方式的整合。除了安静地"看"外，早期阅读也可以结合声音、动作等多种动态元素调动幼儿阅读积极性，帮助其充分感知和理解阅读内容。绘本《猜猜我有多爱你》中，大兔子和小兔子用身体的部位与动作，如张开手臂、跳高等形式来表达对彼此的爱。教师在引导幼儿阅读时，除了让幼儿看绘本内容外，也可以邀请幼儿模仿书里的动作进行比画体验，在亲身感受下能更清晰地明白兔妈妈的爱永远比小兔子多，将伟大深刻的母爱具象化。绘本《一根羽毛也不许动》讲述了鸭子和鹅为了争夺冠军，不顾危险仍然坚持比赛。教师可以引导幼儿进行角色扮演，在游戏中感受故事比赛的紧张刺激，同时，也能感受到生命的宝贵和朋友的重要。总之，早期阅读活动不是静态的、单调的，而是动态的、整合的阅读。

微课学习：早期阅读动态整合的特点

五、幼儿园早期阅读活动内容选择需要注意的问题

好的阅读材料不但能得到幼儿的喜爱，也能激发教师的教育热情，真正有益于幼儿

---

① 李莉.全阅读教育理念与儿童早期阅读［J］.学前教育研究，2011（2）：67-69.

阅读兴趣和能力的培养。当下，幼儿早期阅读的材料琳琅满目，教师在开展幼儿园早期阅读教学活动时，如何选择适宜的阅读材料？需要关注以下几点。

（一）早期阅读活动的材料须是生活化、童趣的

早期阅读活动的重要目标之一就是要培养幼儿对阅读的兴趣。因此，教师在选择早期阅读活动材料时，应考虑阅读材料是否有趣、是否贴近幼儿生活。图画书能极大吸引幼儿兴趣，激发幼儿深入阅读的愿望。3～6岁年龄段的幼儿在选择图画书时，更倾向于图画颜色缤纷多彩，主人公形象生动可爱，背景细节丰富，夸张变形，有趣而适当，故事情节引人入胜的图书。例如，绘本《鼠小弟的小背心》中，故事的主角是幼儿熟悉的小老鼠，它穿着一件红色的小背心。这件红色小背心是鼠小弟的妈妈给鼠小弟织的，许多小动物都想穿一穿鼠小弟的小背心，因此这件背心被鸭子、猴子、海豹、狮子、马，甚至被大象穿过。故事情节简单而有趣，过程滑稽，很容易吸引幼儿阅读，想要一探究竟。同时，图画中丰富的细节，也为培养幼儿的阅读兴趣、观察能力、推理能力等提供了很好的机会。

（二）早期阅读活动的材料须是符合幼儿年龄特点的

教师在选择阅读材料时，还要考虑班级幼儿的年龄特点和能力发展的特点，有针对性地进行选择。在内容的选择上，小班幼儿喜欢故事情节单一，有一定重复内容的图书。图书中的文字和句型短小，语意清晰，故事的内容更加贴近生活。中班幼儿要以情感、认知教育为主，故事中的角色、故事的情境较小班更加丰富。大班幼儿的图画书故事情节上可以更复杂，能引发幼儿思考，并根据细节做出推测，提出疑问等。大班图画书中出现的句型可以适当加长，出现一些复杂高级的词汇、语法，如在一个句子中可以出现转折、递进等不同的语法表现形式，从而丰富幼儿对书面语言的阅读经验，培养其对语法的敏感性。

（三）早期阅读活动的材料应对幼儿具有正向教育价值

无论小班、中班，还是大班，教师在开展早期阅读教学活动时，选择的阅读材料都需要具有一定的教育价值，具有一定的针对性。图画书不仅能促进幼儿语言的发展，其中还包含着积极、丰富的教育价值，例如，绘本《鳄鱼怕怕牙医怕怕》《我绝对绝对不吃番茄》等可以帮助幼儿养成良好的生活习惯，《蚂蚁和西瓜》《我的友情要出租》《爱心树》可以促进幼儿社会性方面的发展。教师开展早期阅读教学活动，在选择阅读材料时，可以结合本班开展的课程、班级幼儿普遍存在的问题或现阶段成长的需要等，有针对性地选择教育价值较为丰富的阅读材料，从而促进幼儿全面的发展。

（四）早期阅读活动材料种类要丰富、形式要适宜

教师应为幼儿提供丰富多样的早期阅读活动材料。以下这些都可以作为幼儿阅读的材料。

（1）动用多种感官的视听材料：磁带、幻灯片等。

（2）来源于周围生活的社会性资料：广告、符号、标志灯等。

（3）便于操作的活动性材料：文字拼图、图文接龙卡等。

（4）展示自我的幼儿自制资料：各类图书、自制录音带、标识、工具书、幼儿自编故事绘本等。

（5）生动有趣的象形资料（异形图书）：体现长颈鹿特征的"长形书"、描述蚕生长过程的"桑叶形书"等。

（6）起参考作用的工具资料：各类图文并茂的动植物知识宝典、交通工具知识宝典等。

（7）亲子活动资料等。①

在形式方面，要重点关注材料是否安全、科学、美观、方便。例如，阅读材料的画面、字体不宜过小，否则容易导致视觉疲劳；作品篇幅不宜过长，否则会导致阅读时间拉长，活动后期幼儿往往难以集中注意力进行阅读，也会影响整个活动的有效性。

【知识窗口】

［日］松居直著，刘涤昭译：《幸福的种子》，二十一世纪出版社2013年版。

［日］松居直著，郭雯霞、徐小洁译：《我的图画书论》，新疆青少年出版社2017年版。

［日］松居直著，林静译：《如何给孩子读绘本》，北京联合出版公司2017年版。

步骤2　设计幼儿园早期阅读活动的目标

💬 **问题研讨：幼儿园早期阅读活动的核心经验有哪些？**

扫码观看幼儿园早期阅读教育活动视频《大班语言活动：长大做个好爷爷》，重点关注教师的提问及幼儿的行为表现。根据观察与思考，你认为，在此类活动中，幼儿将会发展哪些语言领域的核心经验？

链接岗位：
《大班语言活动：
长大做个好爷爷》

幼儿园早期阅读活动核心经验记录表

编号	核心经验	教师的关键提问	我观察到的幼儿具体表现
1			
2			
3			

---

① 卢伟.学前儿童语言教育活动指导[M].3版.上海：复旦大学出版社，2013：107-109.

⬚ 小试牛刀：撰写幼儿园早期阅读活动的目标

1. 根据以上教学活动视频与你的记录分析，请尝试还原该活动的活动目标，并列出活动重难点。

2. 链接项目任务：回顾本项目情境中的任务要求，依据步骤1中学习小组已选定的中班早期阅读活动内容，制定该活动的活动目标与活动重难点。

📖 学习支持

幼儿园早期阅读活动的核心经验

《幼儿园教育指导纲要（试行）》中指出："利用图书、绘画和其他多种方式，引发幼儿对书籍、阅读和书写的兴趣，培养前阅读和前书写技能。"通过早期阅读活动，幼儿能逐渐实现口头语言向书面语言过渡，并逐步把握口头语言与书面语言之间的对应关系。教育者身为幼儿阅读的"领路人"，应重点关注并引导幼儿前阅读、前识字核心经验的获得。从"前"字可见，学前阶段的早期阅读核心经验与进入小学所需具备的阅读经验是不同的。幼儿学前阶段早期阅读经验的获得是为今后进入小学奠定良好基础。

（一）前阅读核心经验

前阅读核心经验是指幼儿在阅读过程中所需具备的与阅读行为及阅读内容有关的核心经验，如表7-1所示，主要包括以下三个方面：良好的阅读习惯和行为的养成、阅读内容的理解和阅读策略的形成、阅读内容的表达与评判。这也是成为一名良好阅读者必须具备的态度、行为和能力。[①]

---

① 周兢.学前儿童语言学习与发展核心经验[M].南京：南京师范大学出版社，2014：216.

表7-1 学前儿童早期阅读前阅读核心经验的发展阶段及典型表现

核心经验	初始阶段	稳定阶段	拓展阶段
良好的阅读习惯和行为的养成	1. 知道如何拿书、翻书 2. 爱护图画书，不乱撕、乱扔书，会轻拿轻放 3. 喜欢和家人、同伴一起阅读，喜欢聆听他人讲述图画书的内容，能专注地读图画书	1. 知道图画书的名称和结构，了解书是由封面、内页、封底构成的 2. 能熟练地按照阅读的顺序翻书，能迅速找到成人提到的页面，阅读时能指认图画书中的物体 3. 经常翻阅自己喜欢或与成人共读的图画书，并能专注地阅读 4. 懂得如何正确取书和放书，初步学习整理图画书	1. 熟悉图画书的结构，了解环衬、扉页在图画书中的作用 2. 能按书的结构仔细阅读，认真观察图画书的画面和文字信息 3. 喜欢阅读不同类型、题材的图画书，养成每天阅读的习惯，并能较长时间专注地阅读 4. 具有初步独立阅读的能力，愿意跟别人分享图画书
阅读内容的理解和阅读策略的形成	1. 通过封面的阅读，初步了解图画书中的主角，初步感知主角的动作和表情，并能猜想故事的情节 2. 能初步看懂单幅图画书的主要内容	1. 主动观察图画书中主角或主要人物的动作及行动路径和方向，了解主角在干什么 2. 能描述单幅画面中较为丰富的情节，并能将前后画面的故事情节串联起来 3. 能有顺序和比较性地观察画面，看懂单页多幅画的内容 4. 能准确理解图画书中的关键词，能大胆地猜测和预期图画书的内容，并在成人的帮助下验证自己的猜想	1. 能仔细、全面地观察画面，包括人物角色的表情、动作、姿态等，了解人物角色的心理状态，联系画面中呈现的细节，进一步理解图画书的内容 2. 能合理预期图画书中的内容，并伴随着阅读的过程进行调整
阅读内容的表达与评判	1. 在成人的引导下，能做出与图画书主角相应的表情、动作 2. 能用口头语言讲述图画书主要内容，但讲述的情节性、逻辑性不强 3. 在成人的提示下，能在生活中想起并简单叙述图画书主角的行为，但还不能根据主角的行为调节自身行为 4. 阅读完一本图画书，能表达自己是否喜欢该图画书	1. 能理解主角的情绪，并能产生共情 2. 能较为连贯地叙述所阅读图画书的主要情节，在叙述过程中会使用图画书中的语句 3. 会结合自己的生活经验和兴趣，对故事的情节进行续编或仿编 4. 对已读完的图画书，能表达自己的喜好，并能说明原因。还会表达对人物角色特征的理解和喜好	1. 能完整连贯地讲述阅读的内容 2. 在阅读完图画书后，会对人物角色的特征进行评价，对主要人物的人格特质、道德品质进行判断，并说出自己的理由 3. 会对图画书传递的主旨和含义进行初步的思考，表现出对作者意图的认同和质疑，并说明理由

资料来源：依据《3～6岁儿童学习与发展指南》及周兢教授团队梳理的学前儿童早期阅读前阅读核心经验，进行筛选、整合所得。

1. 良好的阅读习惯和行为的养成

良好的阅读习惯和行为是幼儿终身阅读、终身学习的基础，包括对阅读有持久的兴趣、对图画书有一定概念，以及形成正确翻阅图书、保护图书等良好的阅读行为。

2. 阅读内容的理解和阅读策略的形成

幼儿能理解阅读内容，并学习运用一定的策略进行阅读也是幼儿前阅读的核心经验之一。理解内容即幼儿通过阅读，感知图画书故事中的人物角色形象，理解人物角色的行为、情绪、心理状态等，对故事的情节发展等内容有一定的认知。早期阅读的策略即幼儿在阅读时使用的阅读技巧，如预测、假设、比较、验证等，这些策略能帮助幼儿更好地理解阅读内容，提高阅读的有效性。

3. 阅读内容的表达与评判

一名阅读能力良好的幼儿还应能对阅读内容进行表达和评判。幼儿通过阅读，回忆并叙述故事的主要内容，并迁移联系到自身生活，结合个人经验及阅读理解对阅读材料中出现的人物形象的特征、故事的主旨等形成自己的判断。该核心经验主要包括三个方面：一是对图画书的叙述，二是阅读内容的表达和迁移，三是评判性思维的形成。

（二）前识字经验

《幼儿园教育指导纲要（试行）》中明确提出，要"培养幼儿对生活中常见的简单标记和文字符号的兴趣"，《3～6岁儿童学习与发展指南》中也指出，幼儿"能理解图书上的文字是和画面对应的，是用来表达画面意义的""对生活中常见的标识、符号感兴趣，知道它们表示一定的意义"。前识字经验是指幼儿在接受学校教育之前获得的对文字、符号、功能、形式和规则的认知，并在有意义、有目的的情境中初步获得符号性文字的体验。前识字不是机械地让幼儿识字和认字，而是重在激发幼儿对符号和文字的兴趣，培养幼儿的文字意识和敏感性，让幼儿在活动中自然习得。如表7-2所示，幼儿前识字的核心经验包括三个范畴：一是获得符号和文字功能的意识，二是发展符号和文字形式的意识，三是形成符号和文字规则的意识。前识字经验为幼儿成为终身阅读者和书写者搭建了重要桥梁，有助于提高幼儿对书面语言的敏感性，促进相关行为习惯的养成，为进入学龄期的正式阅读学习打下坚实基础。

表7-2 学前儿童早期阅读前识字核心经验的发展阶段及典型表现

内容	初始阶段	稳定阶段	拓展阶段
获得符号和文字功能的意识	1. 喜欢关注生活中常见的符号和标志 2. 了解图像与文字的对应关系，意识到特定符号具有意义 3. 阅读图画书时，关注封面标题	1. 喜欢指认符号、标识和文字 2. 知道成人读图画书读的是文字 3. 知道图画书中的文字能表达图画的意思 4. 知道不同地方的标识表达的意义是不同的	1. 喜欢指着文字阅读，对图画书中的简单文字感兴趣 2. 在生活中看到特定的符号或文字时，会问成人该符号或文字表示什么意义 3. 在阅读图画书时，会假装阅读文字朗读图画书的内容 4. 知道图画书中的画面与文字的对应关系 5. 在游戏、绘画中，会有意识地用符号或文字进行标记 6. 能认读常见的简单汉字，理解其含义

内容	初始阶段	稳定阶段	拓展阶段
发展符号和文字形式的意识	1. 能区分文字与其他符号的不同 2. 往往根据文字的大小来判断文字表征的事物	1. 知道符合汉字形式的字才是成人可以阅读的字 2. 开始能找到不同汉字中的一些相同部件 3. 初步了解汉字的由来，发现象形字的象形特征	1. 在图画书阅读中经常关注文字 2. 关注到同一个汉字有多种表现形式 3. 在游戏中开始按照汉字正字法规则摆放汉字部件
形成符号和文字规则的意识	1. 知道文字之间有间隔，会点数汉字 2. 能初步辨认周围环境中的符号和文字，认识自己的名字	1. 初步了解汉字的认读规律，在假装阅读文字时，表现出从左到右、从上到下的阅读方式 2. 开始能根据成人的朗读点指所看的文字 3. 能根据情境线索、图画书画面猜测文字的意义	1. 进一步了解汉字的认读规律 2. 开始关注汉字的部件，能找出不同汉字之间相同的部件 3. 在生活和阅读中积极再认已习得的文字 4. 会通过一定的线索，如语法线索、部件线索等猜测字词的含义

资料来源：依据《3～6岁儿童学习与发展指南》及周兢教授团队梳理的学前儿童早期阅读前识字核心经验，进行筛选、整合所得。

1. 获得符号和文字功能的意识

这个范畴的经验主要指幼儿获得对文字与符号在表达意义、传递信息这一功能上的理解。具体表现为：①知道文字与符号能表达一定的意义；②知道文字有记录作用，能将口头语言或信息记录下来；③理解文字与符号跟口头语言之间一一对应的关系。

2. 发展符号和文字形式的意识

这个范畴的经验主要指幼儿获得有关符号，尤其是母语文字在书写形式上的独特性的认识。具体表现为：①知道文字与图画和其他视觉符号有区别；②知道汉字是方块字，由部件构成。

3. 形成符号和文字规则的意识

这个范畴的经验主要指幼儿获得对文字阅读规则、汉字组成规律的认识，并能初步根据这些规律猜测汉字的意义和发音。具体表现为：①知道文字阅读要按照从左到右、从上到下的顺序进行，文字之间有间隔；②初步了解汉字的组成规律；③发展利用汉字组成规律认识新字的策略，包括猜测、情境线索、语法线索和部件线索等。

步骤3　设计幼儿园早期阅读活动的过程

案例解析：幼儿园早期阅读活动的过程如何设计？

1. 请再次观看步骤2教学活动视频《大班语言活动：长大做个好爷爷》，完成以下记录表。

幼儿园早期阅读活动过程记录表

活动过程的展开脉络	幼儿怎么学习阅读?	教师怎么引导阅读?	我的困惑与思考
环节1:			
环节2:			
环节3:			
环节4:			
反思研讨	该活动过程能否达成活动目标?是否突出重点,突破难点?教师分别采用何种方法突出重点,突破难点?		

2. 链接项目任务:根据以上思考分析,学习小组尝试梳理早期阅读活动过程设计的一般思路,并依据步骤1、步骤2"链接项目任务"中已确定的教学内容、活动目标及活动重难点,继续构思该活动的过程设计。

_____

_____

_____

_____

_____

_____

学习支持

幼儿园早期阅读活动过程设计的一般思路

幼儿园早期阅读活动是有计划、有目的地培养幼儿学习书面语言的教育活动,只有科学、适宜的早期阅读活动才能产生积极有效的阅读学习。幼儿园早期阅读活动可参考以下步骤设计。

（一）多种形式导入，激发阅读兴趣

由于幼儿年龄小，注意力容易分散，因而适宜的导入环节能吸引幼儿的注意力，激发幼儿的兴趣，同时，也能为下一环节做好铺垫。早期阅读活动的导入环节可以通过以下多种形式引出。

1. 开门见山导入

开门见山的导入方法即直接导入，教师直接告知幼儿阅读学习的内容。教师的导入语诸如："今天，老师要和大家一起来看一本有意思的书，让我们把它请出来吧。"该方法简单有效，引题快速，但趣味性相对较低。

2. 生活经验导入

早期阅读活动还可以从幼儿的生活经验入手，调动幼儿的已有经验，激发幼儿阅读与探究的兴趣。例如，在大班早期阅读活动"沙子的下面是什么"中，教师的导入语为："小朋友们，你们喜欢玩沙子吗？沙子可以怎么玩？沙子下面会有什么呢？"该活动案例中，教师从幼儿的已有经验出发，从而激发幼儿对于阅读科学绘本的兴趣。

3. 趣味游戏导入

教师可以设计一些与阅读材料内容相关的游戏进行导入，例如，在小班早期阅读活动"小黑捉迷藏"的导入部分，教师先带领幼儿玩捉迷藏的游戏，进而引出阅读内容。在愉快的游戏体验过后，幼儿将会产生进一步阅读的兴趣。

4. 情境体验导入

情境体验导入即教师在引导幼儿阅读之前，利用教具创设生动有趣的情境，让幼儿在身临其境中感知阅读内容，有利于激发他们的兴趣，增强对阅读内容的理解。例如，在大班早期阅读活动"老鼠娶新娘"中，教师首先播放一段《百鸟朝凤》的音乐，并创设小老鼠娶亲的情境，让幼儿在喜庆的嫁娶音乐中，感受浓浓的嫁娶氛围，激发幼儿阅读的兴趣。

5. 重点观察导入

重点观察导入即引导幼儿将注意力集中到需要重点观察的对象上，然后根据观察到的内容，进行推论或提出猜想，从而加深幼儿对阅读材料内容的印象，激发幼儿深入阅读的兴趣。在早期阅读活动的导入环节中，通常是借助绘本封面，引导幼儿观察绘本封面中丰富的细节，从而引出阅读内容的。例如，在大班早期阅读活动"喜欢钟表的国王"中，教师是这样引导的："图片上是谁？这个人衣服是什么样子的？头上戴着什么？原来他是一个国王，你们猜猜这个国王最喜欢什么呢？你从哪里看出来的？"通过重点观察图画书封面的主角，引导幼儿观察主角的穿戴细节，从而进一步引发幼儿对故事内容的猜想，激发幼儿的阅读兴趣。

6. 设置悬念导入

在"打瞌睡的房子"早期阅读活动中，教师是这样导入的："小朋友们，世界上有各种各样的房子，你们见过哪些特别的房子？但你们见过打瞌睡的房子吗？"该活动中，

教师的导入方式即运用了设置悬念导入，教师在导入环节创设带有悬念的问题，给幼儿制造神秘感，激发幼儿的好奇心和探索欲，从而引入下一环节的内容阅读。

（二）提出阅读指导，幼儿自主阅读

导入环节已经成功激发幼儿的阅读兴趣，接下来便过渡到第二阶段的幼儿自主阅读。教师在简单地介绍完图书的名称、封面的内容后，可稍稍带领幼儿共读图书开头部分，过后便要提供机会与充分的时间让幼儿自主阅读。在这个过程中，幼儿通过观察、想象、探究、理解、情感表达等不断改造原有的知识和经验，不断生成新的理解。

首先，在自主阅读前，教师要提醒幼儿做好阅读准备、渗透正确的阅读方法。如端正坐姿，有序地观察封面、环衬、扉页、正文、封底，掌握正确的翻书方法；阅读时，允许幼儿小声阅读，但不影响别人；阅读遇到困难时，可以找教师和同伴商量讨论；遇到精彩内容时，可以小声与同伴或教师分享。

其次，要善于抛出问题与要求，让幼儿带着问题开启阅读。教师要根据不同幼儿的年龄层次、阅读理解水平提出相应的问题或要求，使幼儿的阅读更有重点，从而提升阅读水平。

最后，要善于提供个性化指导与支持。在自主阅读过程中，幼儿呈现的能力水平与具体表现是"千姿百态"的，有的聚精会神，有的粗枝大叶；有的阅读速度较快，有的节奏缓慢，偶尔会与同伴交流心得体会。对于阅读能力较弱的幼儿，教师应当重点关注，及时鼓励，或与其共读、共探，激发其阅读动力。当然，如果出现个别幼儿破坏图书的行为，那么教师一定要及时制止与引导。另外，有的突发状况教师可以作为个案进行分析，将幼儿在阅读过程中的表现和教师引导的过程用文字记录下来，配上相应的照片，为以后组织幼儿自主阅读积累经验。[①]

（三）师幼集中共读，解决关键问题

幼儿在教师的指导下初步阅读了图画书之后，已对内容有了初步理解，但部分幼儿的理解可能只停留在粗浅层面，或未能将画面串联形成完整情节，对于图画书内容的中心问题、难点问题还未真正触及解决。因此，教师需要在这个阶段展开师幼集中共读，主要做好两件事：一是通过共同阅读、探讨，帮助幼儿梳理上述自主阅读环节中获得的零散经验，澄清原先模糊、错误的认识；二是聚焦关键页面，识别重点、难点问题，各个击破，以此引导幼儿进一步理解阅读内容、体悟作品中心思想。

梳理幼儿零散经验，教师应巧用"提问"。幼儿在自主阅读后已经对图画书的主要情节和内容具有一定熟悉度，此时教师可以用提问的方法与幼儿一起阅读图书，提问的问题不要过于密集，三四个即可，但要具有层次性。例如，绘本阅读活动"猜猜我有多爱你"里，教师出示第三幅图（小兔子伸开手臂）问："这一页和第二页是什么关系？小兔子在干什么？妈妈在干什么？这时小兔子的心情怎么样？"通过两幅图片对比显示，幼儿必须在理解前面两幅图片的基础上回答出来。这样可以充分地调动幼儿的阅读兴趣，

---

① 周兢.开端正确：帮助幼儿成为成功的阅读者［J］.幼儿教育，2002（4）：22-23.

和教师形成良性的互动。[①]

对于重点、难点问题，教师应结合关键页面进行必要指导。绘本画面连续性很强，如果一个重点或难点画面没有得到正确的理解，那么往往会影响到幼儿对整本图画书内容及中心思想的把握。因此，教师需要在幼儿自主阅读环节中仔细观察并了解幼儿的实际困难，在共读环节结合图画书的关键页面就重点、难点问题与幼儿展开探讨，如早期阅读活动"我的幸运一天"中，"狐狸为什么会心甘情愿替小猪洗澡、做饭、按摩"就是一个重点、难点问题，为此教师可以抽取出关键页面，引导幼儿反复观察画面，仔细阅读小猪与狐狸的对话，甚至通过角色扮演体验故事情节，从而解决该问题。

（四）完整阅读，归纳迁移

在此活动环节，教师通常引导幼儿再次完整阅读图画书，而后归纳阅读内容或进行创造性讲述，帮助幼儿进行巩固提升。

1. 归纳阅读内容

引导幼儿归纳阅读内容不仅能了解幼儿对阅读内容的理解和掌握情况，还能培养幼儿语言的概括和编码能力。常见的归纳阅读内容的方法有图书命名法、一句话归纳法和一段话归纳法。图书命名法即要求幼儿根据自身对阅读内容的理解，用简练的词语或短语给阅读材料起一个名称。通过命名既能初步判断幼儿对阅读重点内容的理解程度，也能加深幼儿对阅读内容的理解。一句话归纳法，即要求幼儿用一句话将阅读的主要内容概括总结出来。而一段话归纳法则是要求幼儿用一段话将阅读的主要内容讲述出来，检验的同样是幼儿对图画书完整内容是否理解。

2. 进行创造性讲述

进行巩固阅读的另一种方式是通过创编、续编、表演、游戏等形式，引导幼儿进行创造性阅读，帮助幼儿进一步巩固对阅读内容的理解，促进其阅读经验的迁移提升。例如，在早期阅读活动"一寸虫"中，一寸虫因其会测量的本领，经常给树林里的鸟儿测量身体部位。结合绘本的内容，教师可以为幼儿提供一寸虫、各种鸟儿的身体部位等工具材料，让幼儿也尝试学习测量。而在"毛毛虫变蝴蝶"活动中，毛毛虫先后吃了水仙花、桃花、金盏花等不同颜色的花，做了对应色彩的梦，最后变成了一只美丽的蝴蝶，教师可根据故事内容，让幼儿进行角色扮演。

除此之外，教师还可借助图表、人物关系图、故事情节梳理图等多种形式帮助幼儿深入理解和巩固阅读内容，促进幼儿观察理解、语言表达、想象创造等综合能力的发展。

---

① 高洁.学前儿童语言教育[M].西安：陕西师范大学出版总社，2018：107.

任务2 组织、实施幼儿园早期阅读活动

探索路径提示

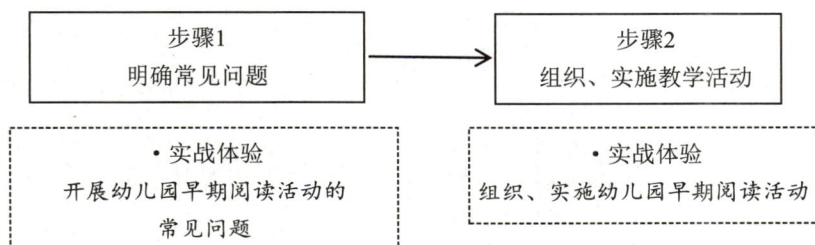

```
┌─────────────────┐      ┌─────────────────┐
│  步骤1           │ ───> │  步骤2           │
│  明确常见问题    │      │  组织、实施教学活动 │
└─────────────────┘      └─────────────────┘
```

```
┌ ─ ─ ─ ─ ─ ─ ─ ─ ─ ─ ─ ┐      ┌ ─ ─ ─ ─ ─ ─ ─ ─ ─ ─ ─ ┐
  ·实战体验                       ·实战体验
  开展幼儿园早期阅读活动的          组织、实施幼儿园早期阅读活动
  常见问题
└ ─ ─ ─ ─ ─ ─ ─ ─ ─ ─ ─ ┘      └ ─ ─ ─ ─ ─ ─ ─ ─ ─ ─ ─ ┘
```

步骤1 明确常见问题

实战体验：开展幼儿园早期阅读活动的常见问题

回顾任务1步骤3"链接项目任务"中已设计的中班早期阅读活动的过程，学习小组分工合作，进行该活动的组织、实施，并关注在此过程中你们遇到的困难、问题，完成以下记录表。

模拟教学过程记录表

活动名称				
执教者			记录者	
活动过程	环节及用时	教师引导	幼儿表现	实施困难及对策

续表

活动反思	

步骤2　组织、实施教学活动

✎ 实战体验：组织、实施幼儿园早期阅读活动

1. 基于步骤1中的实战体验，学习小组对遇到的困难、问题进行再次讨论，继续对项目任务的活动方案进行补充、修改，形成一份较完善的教案。

2. 根据修改后的教案，学习小组再次尝试进行模拟教学，并完成以下记录表。

幼儿园早期阅读活动模拟教学记录表

活动名称			
活动目标			
活动重难点			
活动准备			
活动过程	环节及用时	教师引导	幼儿表现
研讨反思与调整意见			

幼儿园早期阅读活动组织、实施的要点

（一）做好充分的阅读准备

教师在实施早期阅读活动前，需要对选定的阅读材料进行分析。幼儿早期阅读是建立在观察、理解图画符号意义的基础上，将各种符号进行前后连接，转化成语言符号的。在集体阅读过程中，教师要善于引导幼儿有序、认真地观察图画书的画面，通过提问帮助幼儿理解画面，包括画面中有什么、人物角色在干什么、心理状态如何、角色之间有什么关系、发生了什么事情、原因是什么等。只有在教师充分的引导之下，幼儿的阅读才不是盲目的阅读，而是更有针对性的阅读，幼儿才能更好地理解，促进观察、理解等阅读能力的提升。然而，教师在集体阅读过程中能充分引导的前提，一定是教师自身对阅读材料了如指掌并进行过深入剖析。教师要认真研读阅读材料，分析出该阅读材料的特点是什么（如艺术表现形式、绘画风格、主题），对幼儿的发展有怎样的价值及该阅读材料的指导重点是什么。例如，《狮子和老鼠》整本书的色彩明丽鲜艳，构图简洁，语言明快，塑造了狮子和老鼠两个栩栩如生、各具特点的形象。故事一开始，就强调了狮子和老鼠是好朋友，但是他们"很不一样"，除了有文字"很不一样"外，从图画我们也能看出来，大狮子几乎占满了画面，而小老鼠则微乎其微。教师通过分析，可以在集体阅读时着重比较画面中角色空间占比的大小来帮助幼儿感受这对好朋友的不对等关系，进一步引导幼儿理解故事情节的核心矛盾。同时，还可以发现，故事是对话式的，大部分为"我是……"这样的描述性语句，教师也可以重点引导幼儿关注这样的句式有什么特点，并模仿使用这样的句式进行表达。教师只有做好有准备的深度分析，做到心中有数，才能在师幼共读环节给予幼儿充分、有效的引导。

（二）借助趣味、多样的阅读形式

部分教师在开展早期阅读活动时，往往会陷入教师讲、幼儿听的误区，幼儿多处于被动阅读的角色。阅读主体地位的丧失、阅读形式的单一化，将大大降低幼儿对阅读活动的参与度及阅读的兴趣。因而，教师在开展早期阅读活动中，应始终牢记，幼儿是阅读活动的主体，一定要鼓励幼儿积极主动参与阅读活动，保障其有充足的自主阅读的机会与时间。此外，也要注意结合阅读材料的特点，灵活运用游戏、材料操作、角色扮演、图表绘制等多样的方式、方法，让阅读的过程充满趣味性，鼓励幼儿在活动中进行创造性实践。

（三）关注个体差异，面向全体幼儿

每个幼儿的理解能力、语言表达能力水平不同，教师在开展早期阅读活动时要关注个体差异性。对于理解能力较强、阅读速度较快的幼儿，教师可提醒其仔细阅读图书中

的细节部分，以了解其内容的发展线索，更好地掌握故事情节；而对于理解能力较弱，阅读速度较慢的幼儿，则要分析原因，进行针对性指导。

与此同时，教师的教学还应面向全体幼儿。在集体共读环节，教师应注意图画书画面的大小，要便于全体幼儿清楚观看到。阅读过程中，要鼓励全体幼儿的参与，设置的游戏、操作、表演等尽量能让每个幼儿都有体验的机会，避免个别幼儿陷入消极等待、无所事事的状态。面对该问题，可考虑灵活转换活动组织形式。例如，在中班早期阅读活动"彩虹色的花"中，为了增加阅读的趣味性，教师设置了角色扮演的环节。但个别幼儿被选中扮演时，其余大量的幼儿将失去参与机会，出现注意力涣散的情况。此时，教师就应转换活动组织形式，由集体行动转换为分组行动，各小组内分配角色，同时体验角色扮演，由此，极大程度调动了全体幼儿参与积极性，保证了活动的实效。

项目验收 模拟教学——中班早期阅读活动的设计、组织、实施与评价

请自主梳理本项目所有学习内容，完成项目情境中的任务。

验收流程

（1）小组商议，确定教学内容。
（2）设计教案，修改教案。
（3）组内磨课，螺旋改进。
（4）课堂展示，小组互评。

验收标准

序号	验收项目	分值	评分细则	评定结果		
				自评	组间	教师
1	教学目标	20	1. 目标具体 2. 目标完整（三维） 3. 符合幼儿年龄水平			
				平均：		
2	教学内容	20	1. 内容价值导向端正 2. 内容容量适宜 3. 内容层次清楚 4. 教材处理得当			
				平均：		
3	教学过程	20	1. 导入自然，善于激发兴趣 2. 过程完整、清晰，有层次 3. 重难点突出 4. 教学法得当、教具合适			
				平均：		
4	教学技能	20	1. 课堂管理能力较强 2. 语言表现力强，逻辑严密 3. 体态自然、神态亲和，师幼互动质量高			
				平均：		
5	教学效果	20	1. 幼儿情绪高涨，参与度高 2. 幼儿能掌握大部分活动内容			
				平均：		
项目验收总评分/等第						

注：评分70分以下为不合格，70～79分为合格，80～89分为良好，90分及以上为优秀。

项目8　开展学前儿童语言教育活动评价

链接岗位：
《小班语言活动：
月亮的味道》

项目情境

　　在幼儿园见习时，你和同学们一起观摩了视频《小班语言活动：月亮的味道》。活动结束后，带队教师给大家布置了后续任务：回校后，在班内策划一次关于此活动的教育评价会。请你和学习小组成员共同筹备此次评价会。请先思考以下问题：哪些人可以参与评价？具体评价哪些内容？有无合适的评价工具可以利用？你们的最终任务是展示演绎"小班语言活动：月亮的味道"评价会。

学习目标

知识目标
知道学前儿童语言教育活动评价的内涵、作用、内容和方法。

技能目标
能选择合适的评价工具，对学前儿童语言教育活动进行观察评价。

素质目标
敢于结合自己所学，大胆发言，积极参与评价活动。

学习任务单

任务单编号	8	项目任务	开展学前儿童语言教育活动评价
学习资源准备	图书《学前教育评价》（第三版），文件《幼儿园教育指导纲要（试行）》《3～6岁儿童学习与发展指南》		
实训任务拆解	任务1　了解学前儿童语言教育活动评价 　　步骤1：明确学前儿童语言教育活动评价的目的 　　步骤2：知晓学前儿童语言教育活动评价的内容 　　步骤3：了解学前儿童语言教育活动评价的原则 任务2　实施学前儿童语言教育活动评价 　　步骤1：搜集各类学前儿童语言教育活动评价方法 　　步骤2：实施学前儿童语言教育活动评价		
项目验收评价	"小班语言活动：月亮的味道"评价会		

任务1　了解学前儿童语言教育活动评价

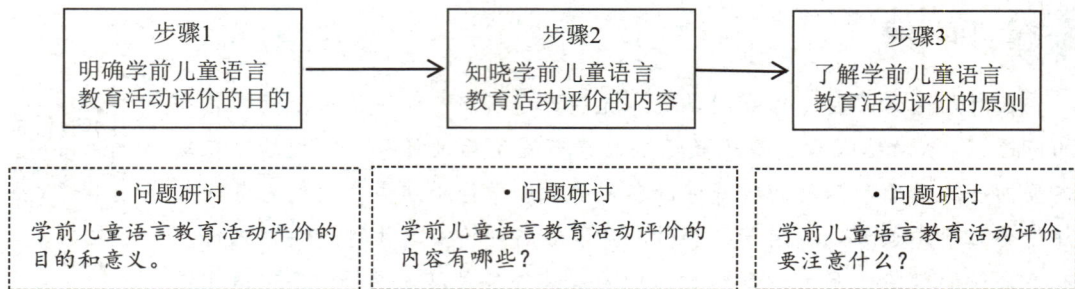

探索路径提示

步骤1	步骤2	步骤3
明确学前儿童语言教育活动评价的目的	知晓学前儿童语言教育活动评价的内容	了解学前儿童语言教育活动评价的原则

·问题研讨	·问题研讨	·问题研讨
学前儿童语言教育活动评价的目的和意义。	学前儿童语言教育活动评价的内容有哪些？	学前儿童语言教育活动评价要注意什么？

步骤1　明确学前儿童语言教育活动评价的目的

问题研讨：学前儿童语言教育活动评价的目的和意义。

请自行查阅《幼儿园教育指导纲要（试行）》及学前教育评价相关图书，学习小组共同思考以下问题。

（1）什么是学前儿童语言教育活动评价？

_____

_____

（2）为什么我们要开展学前儿童语言教育活动评价？它有哪些价值？

_____

_____

_____

学习支持

评价是教育的"指挥棒"，对教育具有引领和导向作用，是教育活动的重要组成部分。目前，学界大多认同教育评价本质上就是对教育进行价值判断。学前教育评价"是对学前教育的社会价值做出判断的过程，它以学前教育为对象，对其效用基于价值上的判断"。[1]学前教育评价是学前儿童语言教育活动评价的上位概念，学前教育评价包含学前儿童语言教育活动评价；同时，学前儿童语言教育活动评价又是学前教育评价的重要内容。学前儿童语言教育活动评价对于促进幼儿园教师专业发展，检视自身语言教育活动的实施情况，进而提升语言教育活动的质量，促进幼儿语言发展，具有重要作用。

一、学前儿童语言教育活动评价的内涵

学前儿童语言教育活动评价对于学前儿童语言教育是不可或缺的。要回答学前儿童语言教育活动的效果如何，学前儿童语言教育活动的预设目标是否达成，多大程度达成，学前儿童语言活动是否真正促进了儿童语言的发展，就必须开展学前儿童语言教育活动评价。

张加蓉等认为，学前儿童语言教育活动评价"就是收集教育活动系统各方面的信息，并根据一定的客观标准对教育活动及其效果作出客观的衡量和科学的判断过程"[2]。

周兢指出："学前儿童语言教育活动的评价就是收集语言教育活动的设计组织和实施过程中各方面的信息，并依据一定的客观标准对教育活动及其效果作出客观的衡量和科学的判定的过程。"[3]

综合已有关于学前儿童语言教育活动评价的概念，我们认为，学前儿童语言教育活动评价指的是在系统、全面、科学地收集和整理学前儿童语言活动资料的基础上，对学前儿童语言教育活动进行整体的评价，对学前儿童语言活动的目标、内容、组织方法和形式做出评价，对参与语言教育活动学习的儿童做出评价，对实施语言教育活动的教师及其他有关教职工做出评价。

二、学前儿童语言教育活动评价的作用

第一，学前儿童语言教育活动评价有助于清晰了解学前儿童语言教育活动是否符合《幼儿园教育指导纲要（试行）》《3～6岁儿童学习与发展指南》和学前儿童年龄特征与发展特点的一般要求，是否把握了存在于学前儿童中的主要语言问题。

第二，学前儿童语言教育活动评价能检视语言教育活动是否促进了学前儿童语言习惯、语言能力的变化和发展，是否促进了学前儿童体会语言表达交流的乐趣，使幼儿想说、敢说和喜欢说，能否实现语言教育活动的目标。

第三，学前儿童语言教育活动评价有助于探索语言教育活动设计的优点和不足，为后续优化活动设计提供前提和方向，促进教师专业成长。

---

① 霍力岩，黄爽，潘月娟，等.学前教育评价[M].北京：北京师范大学出版社，2015：15.
② 张加蓉，卢伟.学前儿童语言教育活动指导[M].2版.上海：复旦大学出版社，2009：162.
③ 周兢.学前儿童语言教育[M].南京：南京师范大学出版社，2001：103.

步骤2　知晓学前儿童语言教育活动评价的内容

💬 **问题研讨：学前儿童语言教育活动评价的内容有哪些？**

大班语言活动：为什么

活动方案	活动评析
活动目标： （1）能大胆想象，并完整讲述自己的猜想。 （2）进一步了解动物的外形特征，理解它们对动物生存的意义。 （3）愿意与同伴合作，共同制作小书。	目标的整合是教育整合的基础。本次活动目标涵盖语言、科学、社会、艺术表现方法、技能等要求，多领域整合，内容较为全面，体现了先进的教育理念。纵观活动效果，幼儿目标的达成度较高，这说明了教师能依据幼儿的年龄特点和能力、发展水平制定目标，使每个幼儿都能获得发展，既符合幼儿当前发展水平又有一定挑战性，目标定位科学合理，并站在幼儿行为的角度上阐述目标语言，突出情感、兴趣、态度等方面的价值取向，体现了以幼儿为主体的原则，这也是《幼儿园教育指导纲要（试行）》中的表述方式。
活动内容： 能根据绘本故事的内容，选取幼儿以往对一些动物外形特征的知识经验，大胆想象并完整讲述想，从而进一步理解它们对动物生存的意义，再以合作制作小书的方式将故事内容加以创作并大胆表现出来。	《为什么》是一本单页多幅故事书，它以幼儿常见的、简单生动的动物形象，紧紧抓住幼儿的兴趣点，并以问题的形式，一步一步引领幼儿探究其中的秘密。这一点很符合大班幼儿喜欢探索、爱想象的年龄特点。作品语言简练、清晰、复述性强，问题富有挑战性，既能满足幼儿探索的欲望，又能激发幼儿的想象力和创造力，保证了目标的顺利完成。而这些也为幼儿制作小书奠定了一定的知识经验，使幼儿在具备一定绘画能力的基础上，将想象和创造很好地表现出来，最后讲述小书时发展了语言表达能力。
活动过程： 1. 观察与猜想 （1）介绍书名。 师："这本书叫《为什么》，你们知道里面说了些什么吗？" （2）观察第一幅图斑马，寻找书中的"为什么"。 师："图片中是谁？这幅图片中藏着哪些'为什么'呢？" （3）分组讨论剩余图片 师："这幅图片中是谁？它又藏着哪些'为什么'呢？" 2. 讲述与操作 （1）出示第一幅图鳄鱼，引导幼儿大胆猜想问题答案，并大声说出，教师绘画记录下来。 （2）提出制作要求，分组制作小书。	直接开门见山点出主题，激发幼儿愿意提问的兴趣节省时间，活动直入正题。 （1）教师从课件导入，从开始就深深地吸引住幼儿的注意力，使幼儿立刻对活动产生了浓厚的兴趣。首先，教师有效地利用多媒体教学方式，生动形象、富有童趣的画面比图片更能抓住幼儿的眼球，幼儿很喜欢并很专注地观看，提高了观察效果。其次，逐图观察，使观察更仔细，通过问题提示，使幼儿很容易理解掌握。"图片中是谁？这张图片藏着哪些为什么？"这些开放性的问题设计，使幼儿主动思考多种多样的答案，促进了思维的发散性。最后，教师有目的地引导幼儿分析第一幅图的内容，为以后的分析提供了范例，教会了幼儿学习的方法，体现了会学比学会更重要的理念。 （2）由于第一个环节已经为幼儿提供了思考问题的思路和方法，因此在第二个环节多数幼儿都能积极讲述自己的想法。分组讨论形式为每个幼儿提供了充分表达、表现的机会与条件，营造了一种大胆讲述的氛围，同时，也是幼儿间相互学习的过程。但教师在分组活动中分身乏术，只能倾听一组幼儿的讲述，其他组虽有助教教师协助，但也没有及时沟通，因此对全班幼儿的整体讲述没有做到心中有数，指导语言的完整性不太到位，导致幼儿讲述语言不太完整、流畅。 （3）讲述环节目的是引领幼儿学会制作小书的方法，教师并没有直接提出制作的要求，而是在展板上呈现第一幅鳄鱼的图，引导幼儿大胆猜想问题的答案，并将幼儿猜的不同答案以绘画方式记录在画面下方的空白处，自然地为幼儿进行了清晰的示范，直接教的痕迹很少但又蕴含其中，为下一环节做好铺垫。 （4）制作环节幼儿已初步学会了制作单页图书的方法，因此幼儿很急于制作，这时教师的要求很重要。大班幼儿的合作意识和集体荣誉感初步形成，但还需在活动中继续加以巩固，教师能抓住这一点设计合作制作图书环节很巧妙，社会性目标自然完成。在制作中幼儿都很认真投入，选出的小组长也很负责，积极讲述。当每个幼儿的图画粘在一起订成小书时，他们很高兴，情绪高涨，体会到了合作成功的快乐。但教师此时只重视幼儿画了什么，没有更突出指导个别幼儿的语言表达，语言领域目标完成欠缺。

活动方案	活动评析
3.分享交流 （1）教师把每组幼儿制作的一页小书订成一本大书，然后再次播放课件，向幼儿讲述真正原因。 （2）经验提升。	（5）在讲述时个别幼儿讲话声音小、不流畅，教师应及时引导幼儿大声讲述，并教会幼儿讲述方法，即先说问题、再说原因，这样幼儿讲述才能完整、流畅，思路清晰。这也是年轻教师的通病。 （6）再次播放课件，逐页讲述真正原因。此环节可以说是将幼儿零散的经验加以提炼、提升，让幼儿懂得动物的奇特外形是为了能更好地适应环境、更好地生存，使活动升华到一定高度，拓展了幼儿的知识经验，完成了科学领域的目标，体现了整合教育的理念。 （7）评价活动的成果与失败最重要的是看幼儿的表现。从幼儿参与的状态上来看，他们思维活跃，主动思考问题，幼儿是主动的参与者，积极的讲述者、操作者。 本次活动是一次较成功的语言教育活动，打破了以往教师教、幼儿学的方式，引导幼儿探索学习，亲自动手操作，鼓励幼儿大胆讲述自己的想法，很好地体现了《幼儿园教育指导纲要（试行）》中倡导的以幼儿为主体的教育思想。

资料来源：但菲、赵小华、刘晓娟：《幼儿园听课、说课与评课》，北京师范大学出版社2012年版，第288～290页。

1. 仔细阅读以上语言教育活动评价案例，思考、回答下列问题。

（1）该活动中，评价者从哪些方面对活动展开评价？请具体列举。

_____

_____

_____

_____

_____

（2）除案例中发现的评价内容外，学前儿童语言教育评价还包括哪些内容？

_____

_____

_____

_____

_____

_____

2. 链接项目任务：请回顾本项目情境中的任务要求，学习小组共同商议确定"小班语言活动：月亮的味道"可以从哪些方面进行评价。

_____

_____

_____

学前儿童语言教育活动评价的内容

学前儿童语言教育活动评价的内容回答了"评价什么"的问题。《幼儿园教育指导纲要（试行）》第四部分"教育评价"第七条明确指出，教育工作评价宜重点考察以下几个方面：①教育计划和教育活动的目标是否建立在了解本班幼儿现状的基础上；②教育的内容、方式、策略、环境条件能否调动幼儿学习的积极性；③教育过程能否为幼儿提供有益的学习经验，并符合其发展需要；④教育内容、要求能否兼顾群体需要和个体差异，使每个幼儿都能得到发展，都有成功感；⑤教师的指导是否有利于幼儿主动、有效地学习。

综合来看，学前儿童语言教育活动评价内容主要有以下项目。

（一）对学前儿童的评价

学前儿童语言教育活动要促进学前儿童发生变化或实现成长。具体而言，对学前儿童的评价一方面是对学前儿童语言教育活动目标达成情况进行评价，另一方面是对学前儿童语言教育活动参与情况进行评价。

1. 学前儿童语言教育活动目标达成情况评价

学前儿童语言教育活动目标有不同层次，第一，《幼儿园教育指导纲要（试行）》中规定的语言领域教育目标；第二，幼儿园不同年龄阶段或班型语言领域教育的目标；第三，具体的每次语言教育活动或其他活动中涉及的目标。对不同层次目标达成情况的评价可以从三维目标着手展开。

一是对认知方面的目标进行评价。该维度主要是了解学前儿童有没有掌握目标要求的语言知识，有没有掌握相关的语音、词汇、句型，是否知道在什么情境下运用这些词汇和句型。

二是对能力与技能方面的目标进行评价。该维度主要是了解学前儿童构词成句的能力和在具体语境中运用语言的能力，以及能否根据活动中的语言情境运用有关的词汇、句子和不同的表述方式等。在对目标达成情况进行分析的同时，还应对达成程度进行判断，分为三级指标，即完全达到目标要求、基本达到目标要求和未达到目标要求。

三是对情感、态度与价值观方面的目标进行评价。该维度主要是了解学前儿童是否乐意与人交谈，是否养成了倾听对方讲话的习惯，是否愿意参与语言教育活动，是否有语言学习的兴趣和主动性，是否能大胆地在集体面前讲话，是否喜欢听故事、看图画书，是否会使用礼貌语言与人交往，是否养成文明交往的习惯等。

2. 学前儿童语言教育活动参与情况评价

学前儿童语言教育活动参与情况评价就是对学前儿童参与语言教育活动的行为表现进行评价。活动参与情况既是对学前儿童的评价，从另一角度来看也可以对活动设计与组织、实施进行评价。一般来说，学前儿童语言教育活动参与情况可以分为三个不同层级，即积极参与、一般参与和未参与。

学前儿童积极参与语言教育活动表现为，学前儿童有着强烈的学习动机、浓厚的学习兴趣。从外在表现来看，学前儿童的注意力集中，对于教师的指导用语和同伴的发言都能专心倾听。当教师提问时，学前儿童纷纷举手发言，乐意在集体面前表述自己的观点或叙述一件事情。当分组活动时，学前儿童的情绪非常高涨，活动气氛异常活跃。如果某一个教育活动在组织过程中，学前儿童能主动积极参与，就说明该活动从目标的制定到内容的选择都是恰当的，与学前儿童的语言发展状况有着高度的适应性。当然，也可以说明其发展状况是良好的。

学前儿童一般参与语言教育活动表现为，学前儿童仍然进行着学习活动，但基本上属于被动学习。在教师的不断提醒下，能集中一定的注意力倾听教师的指导和同伴的发言。当教师提问时，并不积极主动地举手发言，但是当教师点到名字时，也能站起来回答教师的问题，并且能在集体面前表述自己的观点。在一般参与的状态下，通过教师的精心组织，基本上可以达到教育活动的目标，也能完成教育任务。但是，这种状态的出现说明活动目标的制定和活动内容的选择与学前儿童语言发展的状况还缺乏高度的适合性，需要加以改进。

学前儿童未参与语言教育活动表现为，学前儿童对于正在进行中的活动毫无兴趣。当教师发出指令或是同伴发言时，他们不能集中注意力倾听，或是东张西望，或是与同伴打闹嬉耍，或是昏昏欲睡。这种状态的出现，说明教师事先在设计活动方案时，从活动目标的制定到活动内容的选择是存在不当的，需要重新考量设计。

（二）对学前儿童语言教育活动的评价

对学前儿童语言教育活动的评价也可以说是对教师教学工作和教学效果的评价。这方面的评价主要包括教育活动目标、教育活动内容、教育活动方法、教育活动组织形式、教学辅助材料、教育活动过程中师幼互动等六个方面。

1. 语言教育活动目标的评价

在评价语言教育活动的目标时，主要分析这一活动目标的提出是否以《3～6岁儿童学习与发展指南》和各活动类型的核心经验为依据，是否从本班儿童的实际情况出发提出恰当的教育要求，在目标中是否包含了认知、动作技能、情感态度三个方面的内容，整个活动的设计与实施是否围绕教育目标而进行。

2. 语言教育活动内容的评价

在评价语言教育活动内容时，主要分析内容的选择与目标的要求是否一致；活动内容与学前儿童的实际水平和年龄特点是否符合；内容的组织是否主次分明，重点、难点是否突出，内容布局是否合理，与各环节之间的过渡衔接是否自然流畅等。

3. 语言教育活动方法的评价

在评价语言教育活动的方法时，主要分析方法的运用是否刻板单一，方法的选择与运用是否随着活动目标、活动内容及儿童实际的变化而变化，各种具体活动的组织方法与儿童学习方式是否合适，有没有采用有效的方式保障儿童积极参与教育活动。

4. 语言教育活动组织形式的评价

在评价语言教育活动的组织形式时，主要分析在活动展开过程中，是否适当地进行了集体活动、分组活动、个别活动等的组合与变化，是否只是局限于采用一种特定的活动形式；在活动的组织过程中，有没有考虑到因材施教的问题；在分组时，是否考虑到人际关系及儿童的情感因素。

5. 语言教育活动教辅材料的评价

在评价语言教育活动中教辅材料的选择和利用时，主要分析是否选择了适合活动内容和学前儿童实际水平的操作材料，使用的教具是否有利于语言教育活动的展开，学前儿童的学具是否适合于学前儿童的操作，教具和学具在活动过程中是否最大限度地被利用，等等。

6. 语言教育活动过程中师幼互动的评价

教师与学前儿童的互动情况，对教育活动的效果有直接的影响。在评价教师与学前儿童的互动关系时，主要分析是否正确发挥了教师的主导作用，是否创造条件使学前儿童成为活动的主体，教师与学前儿童在活动过程中的交往是否和谐融洽，是否积极主动地相互交往，学前儿童的注意力、兴趣、情绪、意志、性格等非智力因素是否得到充分的激发。

步骤3　了解学前儿童语言教育活动评价的原则

💬 **问题研讨：学前儿童语言教育活动评价要注意什么？**

小组头脑风暴：开展学前儿童语言教育活动评价时，应该把握哪些必要原则？为什么？

_____

_____

_____

_____

_____

学前儿童语言教育活动评价的原则

（一）客观性原则

客观性原则，是指开展学前儿童语言教育活动评价时，必须以实事求是的态度，科学地使用评价标准、方法和程序，客观反映评价对象的特征，以便做出准确的价值判断。客观性原则也是进行教育评价的最基本原则。

在学前儿童语言教育活动中遵循客观性原则，首先，要求评价者秉持客观公正的态度，以事实为依据，以评价标准为准绳，评价标准一旦确定，就不能任意改动；其次，要求评价者要有科学客观的评价方法和工具，如用于测量幼儿词汇理解能力的皮博迪图片词汇测验，或以《3～6岁儿童学习与发展指南》及幼儿语言发展的年龄特点和规律等为参照编制的评价工具，无论哪一类评价工具，都要确保评价工具的有效性和适用性；再次，应充分体现对被评价者的尊重，以客观公正的态度对待每个评价对象，避免掺杂个人感性认识，不能因个人好恶而使评价结果出现偏差，使评价活动失去原本的意义和价值；最后，语言教育活动评价还应讲求实效性，防止走形式、走过场，套话连篇，为评价而评价，以致不能对之后的语言教育活动起指导作用。

（二）全面性原则

全面性原则，是指开展学前儿童语言教育活动评价时，不仅要就语言教育活动的各组成部分进行评价，还要对幼儿在语言教育活动中的具体反应及活动开展的实效进行全面评价。前者具体包括：对语言教育活动中设定的目标进行评价，对活动内容选择进行评价，对活动方法运用情况进行评价，对活动开展实效进行评价，对教育活动过程中教具、学具的选择与利用情况及语言教育活动环境创设进行评价。后者则具体包括：对幼儿在活动中语言学习行为变化的过程和结果进行评价，对教师在教育活动中的教学行为进行评价，对师幼互动的质量进行评价，对幼儿参与活动的程度、情绪情感、能力表现、学习品质等进行评价。

（三）发展性原则

发展性原则，是指评价者应树立"幼儿为本"的评价观，秉持学前儿童语言教育活动评价要能更好地促进幼儿语言能力发展的思想观念。

《幼儿园教育指导纲要（试行）》指出：应以发展的眼光看待幼儿，既要了解幼儿的现有水平，也要关注其最近发展区。在学前儿童语言教育活动中遵循发展性原则，首先，应避免一切以教师的"教"为切入点的"以教为主""以教评学"的评价态势，以幼儿为中心的语言教育活动要把幼儿视为学习的主体，评价重点是语言教育活动对幼儿发展的意义，幼儿能否主动、积极地参与活动，进行富有个性的表达、表现。其次，评价不仅要关注当前幼儿的语言发展水平，还要关注幼儿的全面发展，如做人做事、求知创造、审美情趣等。最后，不应以统一的要求作为评价标准，而应根据同一年龄段幼儿的不同发展水平展开评价，便于教师进行有针对性的指导。

（四）儿童权益保护原则

儿童权益保护原则，是指在对幼儿进行语言评价时，要从儿童权益保护的角度来对待评价结果。比如教师之间、教师和家长之间在交流幼儿语言发展水平时，应该尽量避免幼儿在场，以保护幼儿的自尊心；评价结果不可随意公开，应尊重幼儿的隐私权。

任务2　实施学前儿童语言教育活动评价

探索路径提示

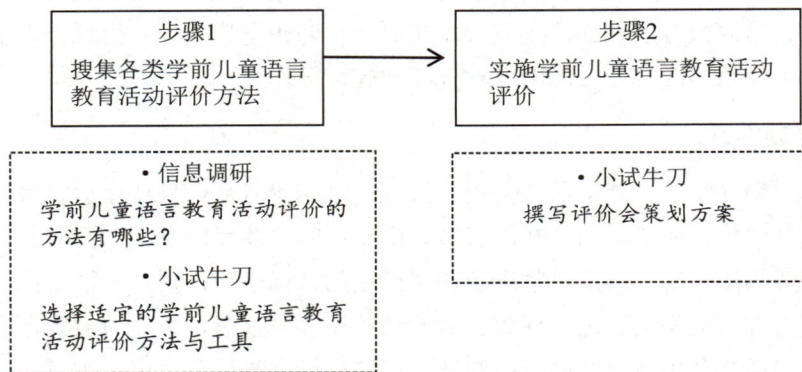

| 步骤1
搜集各类学前儿童语言教育活动评价方法 | → | 步骤2
实施学前儿童语言教育活动评价 |

- 信息调研
学前儿童语言教育活动评价的方法有哪些？
- 小试牛刀
选择适宜的学前儿童语言教育活动评价方法与工具

- 小试牛刀
撰写评价会策划方案

步骤1　搜集各类学前儿童语言教育活动评价方法

信息调研：学前儿童语言教育活动评价的方法有哪些？

请通过网络检索、阅读图书，或者在见习幼儿园收集2～3个不同的学前儿童语言教育活动评价方法，并分析其优点和不足，完成以下记录表。

学前儿童语言教育活动评价方法记录表

编号	收集到的评价方法	如何使用	分析	
			优点	不足
1				
2				
3				

小试牛刀：选择适宜的语言教育活动评价方法与工具

链接项目任务：根据任务1步骤2中学习小组已经确定的评价内容，选定适宜的评价方法与工具，并具体规划在哪一环节使用及如何使用。

_____

_____

_____

_____

_____

_____

_____

_____

学前儿童语言教育活动评价的方法

（一）观察法

观察法是指有目的、有计划地对学前儿童语言学习和活动进行即时的观测记录，并对得到的数据做出一定分析判断的方法。观察法一般可分为自然观察和情景观察两种。自然观察是在不加控制的自然条件下，即在学前儿童日常生活中、最自然真实的语言教育活动中进行，因此能观察到学前儿童最真实的语言发展情况。而情景观察则是人为地创设一定的环境和条件（与学前儿童现实生活场景类似），以观察学前儿童语言行为反应或变化。比如，教师设计图片讲述、阅读等活动场景，通过此场景有目的性地测查学前儿童表述能力和早期阅读能力的发展情况。通过观察，教师可以获取来自学前儿童语言发展的多方面的反馈信息。在观察中，应做到客观记录，避免主观性，为评价提供科学的依据。

（二）谈话法

谈话法是指根据评价的需要，有目的地与评价对象进行面对面交谈搜集评价信息的方法。评价者需要对谈话内容进行记录，然后进行分析。谈话法常常用来搜集有关被评价者的动机、态度、自我认识等方面的信息，这些信息很难在行为中表现出来。在运用谈话法搜集信息时，要有明确的谈话目的，如与学前儿童谈话要用简洁易懂的语言，尽量保持轻松、自然的氛围，要尽可能记录谈话内容。

谈话法属于定性分析的方法，由于这种评价不做定量分析，因此不需要专门的测试工具和严格的评价程序。而且，这种方法简便易行，很容易为教师所掌握运用，能方便及时地搜集活动资料，既可以对静态因素（如活动目标、内容、方法、材料、环境等）加以评价，也可以对动态因素（如学前儿童在活动中的具体表现）进行评价，有利于更综合地反映语言教育活动的开展情况。

（三）现场实录法

现场实录法是指利用录音、录像等方式，现场实际拍摄记录学前儿童语言发展评价信息的一种方法。现场实录法的优势在于：第一，搜集到的信息客观、翔实，拍摄记录的学前儿童语言及伴随的动作内容真实可靠；第二，现场实录法记录的信息可以重复出现、重复使用，便于教师反复观察和研究；第三，现场实录法可以和观察法配合使用，互补不足，使得观察记录的评价信息更加翔实。

（四）问卷调查法

问卷调查法是指由评价者根据评价目的，向被调查对象发放问卷调查表。问卷调查法操作方便，能收获大量数据信息。但有时通过问卷调查法得到的信息可能会不够准确和真实。这种现象出现的原因主要有以下两点：一是调查对象未真正理解学前儿童语言发展评价的意义和调查的意图，未能如实填写问卷；二是调查问卷本身设计存在问题，题目和表达方式有一定的缺陷，影响调查对象对问题的理解。

（五）综合等级评定法

为了在评价中获得对语言教育活动的总体印象，在语言教育活动的评价中还可以采用综合等级评定法。综合等级评定法是从纵向和横向两个维度确定评价指标的，既对活动的各种因素进行分析和评价，又对活动的各种状态进行分析与评价，从而能得到综合的评价信息。纵向包括构成语言教育活动的各种因素，主要有目标、内容、形式、学前儿童参与活动程度、材料利用情况、师生互动。横向包括教育活动各因素在运行过程中的状态及其等级，根据这两个维度制定综合等级评定表（见表8-1）。在活动评价中，教师只要在相应的位置打上勾即可。使用综合等级评定法，可以获取多重评价信息，评价者借助这些信息材料，即可以对教育活动进行定量分析。

表8-1　综合等级评定表

目标达成分析	目标达成度	完全达到	基本达到	未达到
	目标1			
	目标2			
	目标3			
适合程度分析	适合程度	完全适合	基本适合	不适合
	内容			
	形式			
	方法			
活动因素分析	参与程度	主动参与	一般参与	未参与
	环境创设和材料利用	充分利用	一般利用	未利用
	师幼关系（回应）	积极互动	一般配合	消极被动

资料来源：张加蓉、卢伟：《学前儿童语言教育活动指导》，复旦大学出版社2009年第2版，第180页。

（六）测查法

测查法即测验调查法，是指用一组测试题（标准化试题或教师自编题）去测定某种教育现象的实际情况，从而收集资料数据进行研究的一种方法，在发展心理学、心理测量等学科中，都有对儿童词汇发展的测量与评价。

【知识窗口】

幼儿词汇掌握情况评价

评价方法：测查法。

评价内容：通过幼儿对词的理解、定义判断幼儿词汇掌握情况。

为了了解幼儿对词汇的掌握情况，评价者逐一提及下列词语。指导语为："我想知道你已经懂了多少词，仔细听，告诉我这些词是什么意思。"

可以问的词汇包括鞋、刀、自行车、帽子、伞、钉子、信、汽油、驴子、跷跷板、宝塔、按钮、毛皮、有礼貌、家禽、参加、英雄、钻石、锯子、讨厌、显微镜、赌博等。每次问新词时，都重复"什么是××？"或"××是什么意思？"。

分析幼儿的回答，并分别记为2分、1分和0分。

符合下列情况，可以记为2分：用一个好的、恰当的同义词进行解释，如用"加入"解释"参加"；说出物品的主要用途，如"伞"是"可以避雨的"；说出事物一种或一种以上的主要形状、形式，如"信"是"在纸上与人交谈"；将词进行一般的分类，如用"武器"解释"刀"；说出几种事物的正确形状，如用"它有两个轮子和两个把手"解释"自行车"；对一个动词的定义，能说出该动词的具体动作或因果关系等，如用"把两条线路连在一起"解释"连接"。

符合下列情况，可以记为1分：回答并不一定错误，但不能抓住突出的主要特征，如用"高的房子"解释"宝塔"；用含糊、不确切的同义词进行解释，如用"鸽子"解释"家禽"；说出物品的非主要用途，且未加以进一步说明，如用"杀人的"解释"刀"；采用举例的方式来下定义，但举的例子中含有要解释的词，且不加以进一步说明，如用"你坐在上面跷的"解释"跷跷板"；对与本词有关的另一个词下了一个准确的定义，如要求解释"赌博"，幼儿回答的却是对"赌者"的定义——"那些赌钱的人"；不是用语言、字句回答，而是用动作回答，如不断地做骑自行车的动作，用以解释"自行车"。

符合下列情况，记为0分：明显的错误回答，如回答与所给的词毫无关系；用相同的词语进行解释，如用"皮衣服"解释"毛皮"，或者用"毛皮就是毛皮"的回答。

（资料来源：鄢超云：《学前教育评价》，高等教育出版社2010年版，第123～124页）

步骤2　实施学前儿童语言教育活动评价

小试牛刀：撰写评价会策划方案

链接项目任务：请你根据以上所学，撰写"小班语言活动：月亮的味道"评价会策划方案。策划方案一般包括：活动名称、活动时间、活动地点、参与人员、具体流程、具体任务分工等。撰写完毕后，可上传学习平台，进行展示分享。

项目验收 "小班语言活动：月亮的味道"评价会

请自主梳理本项目所有学习内容，完成项目情境中的任务。

验收流程

（1）小组商议，确定内容。
（2）撰写策划，修改策略。
（3）分工演绎，螺旋改进。
（4）课堂展示，多方共评。

验收标准

序号	验收项目	分值	评定标准	评定结果		
				组内	组间	教师
1	角色分工	20	1. 团队目标明确，团结意识强 2. 成员分工明确、合理，愿主动承担任务			
				平均：		
2	策划方案	20	1. 内容要素齐全 2. 表述清晰翔实 3. 体现一定创新意识			
				平均：		
3	活动组织	20	1. 表演内容基本还原策划方案 2. 演绎生动流畅，投入度高，具有信念感 3. 环境创设及道具准备丰富、用心、适宜			
				平均：		
4	活动评价	40	1. 评价内容齐全 2. 符合评价原则 3. 评价方法适宜 4. 评价语言流畅，逻辑清晰			
				平均：		
项目验收总评分/等第						

注：评分70分以下为不合格，70～79分为合格，80～89分为良好，90分及以上为优秀。

项目 9　设计课程整合视野下的幼儿园语言教育活动

💡 项目情境

　　作为一名一线教师，你所在的大班年级组即将开展"特别的我"主题活动，请你与年级组的教师围绕这一主题展开主题审议。

　　你的任务成果是呈现一张思维清晰、活动实施样态丰富的主题网络图，并选择主题下两个不同样态的语言教育活动进行方案设计，讲述在这个主题下，如何将幼儿园语言教育活动整合在一日生活中。

🔲 学习目标

知识目标
理解课程整合的内涵，知道将学前儿童语言教育融入一日生活的策略与方法。

技能目标
　　了解主题审议的含义、流程，尝试在主题审议背景下设计整合的幼儿园语言教育活动。

素质目标
具有整合教育理念，积极尝试在一日生活中渗透学前儿童语言教育。

📝 学习任务单

任务单编号	9	项目任务	设计课程整合视野下的幼儿园语言教育活动
学习资源准备			图书《3～6岁儿童学习与发展指南》《幼儿园保育教育质量评估指南》《幼儿园主题审议实践手册》
实训任务拆解			任务1　认识整合视野下的幼儿园语言教育活动 　　步骤1：理解整合教育观 　　步骤2：寻找一日生活中整合的语言教育 任务2　设计主题审议下的幼儿园语言教育活动 　　步骤1：了解主题审议 　　步骤2：初步尝试基于主题审议设计幼儿园语言教育活动
项目验收评价			主题审议——"特别的我"主题前审议

任务1　认识整合视野下的幼儿园语言教育活动

探索路径提示

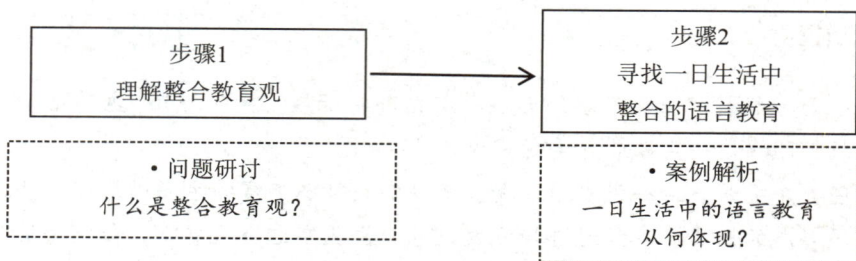

```
┌─────────────────┐          ┌─────────────────┐
│     步骤1        │          │     步骤2        │
│  理解整合教育观   │  ───────→ │  寻找一日生活中   │
│                 │          │  整合的语言教育   │
└─────────────────┘          └─────────────────┘

  ·问题研讨                      ·案例解析
 什么是整合教育观?              一日生活中的语言教育
                                  从何体现?
```

步骤1　理解整合教育观

问题研讨:什么是整合教育观?

1. 请回顾项目1中学前儿童语言教育相关概论,并查阅相关资料,谈谈什么是整合教育观?

_____

_____

_____

_____

_____

2. 为什么我们在幼儿园语言教育过程中推崇整合教育?它有哪些价值?

_____

_____

_____

_____

_____

整合教育观

在2012年教育部颁布的《3～6岁儿童学习与发展指南》中就开宗明义地提出："儿童的发展是一个整体，要注重领域之间、目标之间的相互渗透和整合，促进幼儿身心全面协调发展，而不应片面追求某一方面或几方面的发展。"[①]儿童的语言学习同样如此。在chatGPT横空出世的当下，对人类灵活自如地运用语言高效地沟通交流提出了更高的要求。良好的语言素养是幼儿进一步学习发展的根基，语言水平与其他领域的发展息息相关，因而分科式、割裂式的语言教育已经无法满足当下幼儿的发展需求，整合教育观下的语言教育则响应了时代的呼唤。

（一）整合教育观的内涵

作为一种认知和思维活动的工具，语言能为幼儿在其他领域的发展提供有力支持。同时，语言又是一项专门的核心教育要素，与其他领域的核心经验学习有机融合，为促进幼儿全面发展提供了坚实的保障。因此，整合的语言教育观就是将幼儿的语言学习看成一个整体，与认知、动作技能、情感态度是互相交织、整合一体的关系。从这一角度来看，语言整合教育活动主要包含了语言教育目标的整合、语言教育内容的整合与语言教育方式的整合三个方面。

1. 语言教育目标的整合

在制定语言教育目标时，不仅要将语言领域的认知、动作技能、情感目标整合在一起，还要挖掘语言教育目标与其他领域目标的交融点；既要关注语言教育目标如何实现其他领域的教育目标，也要关注在制定其他领域的目标时将语言教育目标融合进去。在语言教育目标整合的前提下，推动语言教育内容与方式的整合。

2. 语言教育内容的整合

应摒弃割裂的语言教育内容，也不应过于追求技能的训练。整合的语言教育内容可从语言教育本身的特质和儿童习得语言方式的角度来寻求答案。语言教育不仅要引导幼儿学习口头语言和书面语言，还要在日常生活和学习中，在丰富、真实的情境中，统整地发展幼儿听、说、读、写的能力。此外，根据卡洛·乌尔福克和琼·伦奇的观点，幼儿的语言教育内容还应与社会知识、认知知识、语言知识进行整合。[②]

3. 语言教育方式的整合

当下凸显整合理念的语言教育方式除了专门的语言教育活动与多领域结合的语言教育活动外，还有以主题活动方式进行的视域更广的语言学习整合。在主题活动中，不仅

---

① 中华人民共和国教育部.3～6岁儿童学习与发展指南[M].北京：首都师范大学出版社，2012：22.

② 周兢.幼儿园语言教育活动设计与组织[M].北京：人民教育出版社，1996.

能丰富幼儿语言学习的场景，拓宽学习的内容与范畴，还能灵活地将语言领域的学习与其他领域的学习有机融合，更能将语言核心经验与其他领域的核心经验编织在一起，纵深推进幼儿的语言能力与水平。

（二）整合教育观的理论依据

幼儿语言整合教育观的理论依据主要为"三环系统"与"四范畴说"。

"三环系统"由美国语言发展学家路易斯·布伦姆和玛格丽特·莱希率先提出，主张以系统性方式研究儿童语言构成，认为儿童语言学习系统由语言内容、语言形式和语言运用三个主要方面构成，它们之间既相互作用又各自承担不同的任务。

语言内容是指词和词之间在传递信息及含义时的表征关系，比如，儿童谈论玩什么时，其中的话题就是语言内容。布伦姆还指出，语言话题与语言内容存在一定区别，语言话题是具体的、个人的、有连续性的，而语言内容则是一般的、非个人化的、独立的。儿童语言内容的发展取决于儿童知识与生活内容（人、事、物）的相互作用。语言形式是指儿童语言中约定俗成的符号系统和系列规则，包含语音、词法、句法。三者综合一体习得，且在运用的过程中相互结合。语言形式与语言内容关系密切，语言形式往往由儿童说话的目的和内容决定。语言运用包含了语言的功能和目的及语言情境，即说话的原因及语境。儿童应逐渐学习在适宜的情境下，对适宜的人用适宜的方式说适宜的话。

卡洛·乌尔福克和琼·伦奇在"三环系统"理论的影响下，指出应从更大的范围对语言学习系统进行整合思考，提出了"四范畴说"。儿童的语言学习和发展涉及四个相互联系的范畴，即语言规则范畴、语言内容的认知范畴、语言操作范畴和语言交际环境范畴。语言规则范畴包含了语言信息传递时所需的语音、词汇、语法、语义和语用等一切语言系统因素的规则。语言内容的认知范畴囊括了儿童语言学习时参与的感觉、知觉、记忆、表征、概念化和符号化等认知因素，是儿童语言发展必备的一个方面，并且与语言系统的其他方面相互关联。语言操作范畴是指人们使用语言进行交往的行为过程，包括言语感知、理解、语言制作和说话，是一个有认知参与的过程。语言交际环境范畴是指儿童进行交谈时支撑他们说话的交流关系。儿童的语言始终在与交际环境相互作用着，只有在社会性情境中，儿童的语言能力才得以实践与发展。

步骤2　寻找一日生活中整合的语言教育

案例解析：一日生活中的语言教育从何体现？

1. 请认真阅读以下周计划表、一日活动计划，小组研讨相关问题。

大乙班　第十周计划（11月2日至11月6日）

本周主题：秋天多美好——我们吃的粮食3					
内容		星期一	星期二	星期三	星期四	星期五

	内容	星期一	星期二	星期三	星期四	星期五
上午	户外运动	南操场东：球球大战战衣、小球、塑料圈、跳绳、软垫、跳马组合 体育游戏：切西瓜	南操场西：长凳、轮胎、长绳、滚筒、坦克履带、双人踏板 体育游戏：斗鸡	北操场树屋：长梯、轮胎、长绳、网球架、小球、滚筒、跳绳 体育游戏：贴烧饼	北操场西：木梯组合、平衡桥、轮胎、自行车、交通标志 体育游戏：丢手绢	北操场东：沙包组合、软垫、平衡滚筒、球网、跳绳 体育游戏：老鹰捉小鸡
	学习活动	各种各样的南瓜	比较轻重	避开饿猫的办法	比较长短	秋天的礼物
	游戏活动	区域活动	创美区域	区域活动	区域活动	区域活动
下午	户外运动	二楼平台：秋千、攀爬架、垫子、跳马、跳跳球、跨栏	沙水池：沙铲、水桶、水管、沙雕工具、装饰模型	南操场大型玩具：滑梯、攀岩架、钻笼、跳绳、棒球、棒球框	南操场西：跳绳、爬爬垫、跳马、跳跳砖、弹力球	南操场东：草坡、跳绳、跳马、爬爬垫、皮球
	游戏活动	体育游戏：田鼠偷瓜	沙水池	表演游戏：西游记	创美区域	故事分享会
	离园活动	区域活动	区域活动	区域活动	区域活动	区域活动

生活活动：
盥洗：运用正确的方式擦屁股。
进餐：爱惜粮食，餐餐光盘。
午睡：将脱下的外套悬挂在衣架上。

家园共育：
和儿童一起到农贸市场或超市观察、调查，了解南瓜，收集各种各样的南瓜并带来幼儿园分享。

资料来源：由宁波市市级机关第二幼儿园黄婧怡老师提供。

大乙班一日活动计划（节选）

户外活动：轮胎、木梯组合、软垫、平衡组合、圆球、自行车
目标：爬上高处轮胎，勇敢往下跳。

体育游戏：贴烧饼
目标：一边游戏一边念唱儿歌，当被同伴贴饼时，能迅速做出反应，进行抓逃快速跑。

早操：精力充沛，动作有力，紧跟音乐节奏做早操。
（教室：气球、麻绳、沙包、桌子、椅子、软垫。）（雨天、雾霾天）
目标：和同伴友好协作，对拍气球，尽量做到球不落地。

自主生活活动

如厕：有序地进入盥洗室，排队小便。

盥洗：洗手前主动挽袖，按照七步洗手法洗手。

吃点心：自助取用餐具、餐点，主动整理桌面。

晨间谈话：值日生气象预报、新闻播报

目标：关心今天的日期与天气，关心身边与社会发生的事情。

学习活动

秋天的礼物——栗子

活动目标

（1）了解栗子的外形特征与特点，尝试用适宜的工具和方法层层打开栗子。

（2）体验动手、动脑剥栗子的乐趣，感受栗子与我们人类生活的密切关系。

活动重点：大胆猜测，积极表达心中的想法。

活动难点：尝试用适宜的工具和方法层层打开栗子。

活动准备：纸箱子4个、板栗16个、防护手套8副、大剪刀4把、十字板栗夹4把、大口栗夹4把、小口栗夹4把（每张桌子上4样工具）。

活动过程

1. 秋天的礼物

秋天来了，我们一起去找一找秋天的礼物吧！

秋天来了，金灿灿的桂花开了，秋风带来了一阵阵清香。

秋天来了，树叶摇摇晃晃地飘落下来，大地铺上了色彩斑斓的地毯。

秋天来了，果园里热闹极了，红彤彤的苹果挂满了枝头。

秋天来了，粮食丰收了，田野里的水稻笑弯了腰。

秋天来了，它还会给我们带来什么礼物呢？这个礼物就藏在盒子里，我们猜一猜是什么呀？（你们用眼睛看一看就能猜出这是什么了）怎么办？谁想上来试一试？

上下左右摇一摇，你猜这是一个什么样的礼物？（大大的、圆圆的）为什么？

用鼻子闻一闻，你猜这是一个什么样的礼物？为什么？

用手掂一掂重量，你猜这是一个什么样的礼物？为什么？

我们一起来看看吧。

2. 打开栗子的办法

这是什么？谁来介绍一下？

原来我们平时吃的栗子外面还有这样一层刺刺的外壳呀，这一层刺刺的壳名字叫栗蓬，新鲜栗蓬是绿色的，干栗蓬是棕色的。看看照片里的小朋友在干什么呀？

前阵子，植物角里出现了两颗带着刺的栗子，好几个小朋友发现了很奇怪，这里面到底是什么呀？他们随手拿了阳台上很多工具去打开它们，但是都没有成功，王晨骏还问我这个要怎么打开呀？

今天，我们就一起来试试看打开栗蓬，把里面的栗子取出来。谁有好办法？

在打开栗蓬前，一定要记得戴上防护手套，防护手套有两种，一种是很厚的，刺戳不进去，另一种是薄的，戴着厚手套的这只手拿栗蓬，戴着薄手套的手拿工具。

黄老师准备了好几样工具，有4把大剪刀、4把十字板栗夹、4把大口果夹、4把小口果夹，你们试试看，用哪样工具，哪种方法可以打开栗蓬。

等会儿请小朋友到桌子旁边选择一样工具试试看，一张桌子4个小朋友，如果人满的话请到空的桌子上去，打开栗蓬的时候一定要注意保护好自己。音乐结束后回到位置上来分享你们的好办法。

刚才你们成功了吗？谁来分享一下你的办法？

一个栗蓬里面藏着几颗栗子呀？栗子长什么样？（栗子是半圆形的，一头尖，另一头平平的、比较粗糙。栗子还有一层棕色的薄薄的外壳。）

3. 取出栗子仁的办法

你们吃过栗子吗？栗子壳容易剥吗？怎么样才能又快又完整地取出栗子仁来呢？再用这些工具试试看，找一找剥栗子神器吧。

找到剥栗子神器了吗？怎么剥呢？

栗子的果肉是什么样的？（黄色的，果肉看起来有点皱皱的）

它尝起来会是怎样的味道呢？黄老师已经用这个神器剥了很多栗子仁出来，谁想来尝尝看呢？

4. 栗子的妙用

栗子是"干果之王"，营养价值非常高，有各种各样的吃法。它有健脾养胃、止血消肿、强筋健骨的功效，栗蓬也可以用来入药，有止血、消炎、治疗反胃等作用。

5. 丰收的干果

秋天是个收获的季节，不仅"干果之王"栗子成熟了，还有哪些干果也成熟了呢？它们的身体里又藏着哪些秘密？（出示葵花盘、松果）让我们在接下来的区域活动中一起探索一下吧。

区域活动

语言区

1. 自制绘本（《秋天的纹理》《秋天的色彩》）

材料：绘本制作方法示意图、彩印活动照片、剪刀、固体胶、水彩笔。

指导：3人合作，根据班级经历的秋日探究故事，按制作方法进行绘本制作。

2. 抛骰子，串句子

材料：3个骰子，分别画有人物、地点、事件。

指导：根据抛出的3个句子元素，能组成一句完整的话，并清楚表达。

3. 自主阅读

材料：图书、记录册。

指导：认真阅读图书，可一边阅读，一边记录自己的惊喜发现。

4. 你画我猜

材料：幼儿自制你画我猜图纸。

指导：观察图纸，猜测图画表达的词语。

5. 绘本医院

材料：破旧图书、透明胶、双面胶、固体胶、剪刀

指导：按照修补参考图，修补破旧图书。

美工区

1. 水墨江南

材料：墨水、清水、毛笔、建筑形状的卡纸。

指导：欣赏徽派建筑的风格与特色，运用水墨画浓淡相间的画法表现建筑。

2. 五谷丰登

材料：各种粮食、卡纸、超轻黏土、画笔、彩纸。

指导：用彩纸剪出盛粮器皿，超轻黏土铺上粮食"放入"器皿。

3. 米字编织

材料：毛线、自制树枝编织架。

指导：用毛线在米字编织架上进行编织，可搭配换色。

4. 叶子编织

材料：新鲜树叶、打孔机、毛线。

指导：在叶子上有序打孔，自创编织路线，在叶子上进行编织。

5. 秋日纹理（土耳其湿拓画）

材料：湿拓画特质水、颜料、滴管。

指导：回忆秋日探究幼儿园大自然纹理，用湿拓画形式进行纹理的自由创作。

数学区

1. 天平称重

材料：天平、各种粮食、记录纸、操作示意图。

指导：用天平进行4种粮食（南瓜等粮食）的重量比较。

2. 停车场

材料：自制停车场底纸、车牌号。

指导：根据车牌号尾号的单双数进行分类。

3. 数玉米

材料：玉米若干、记录纸。

指导：运用环形数、群数等计数方式数玉米颗粒，并进行记录。

4. 6的分解与组合

材料：葡萄、哈密瓜、塑料盒、记录纸。

指导：探究将6个水果分别放入两个篮子会有几种分法，并进行记录。

5. 五子棋

材料：棋盘、黑白棋子。

指导：熟悉五子棋的规则，与同伴共同进行游戏。

科探区

1. 秋天的礼物

材料：松子、瓜子、小口钳夹、操作示意图。

指导：使用适宜的工具，探究打开干果的好办法。

2. 水果导电

材料：柠檬、导线、操作示意图、小灯泡。

指导：根据示意图连接电路，尝试用水果导电，让小灯泡亮起来。

3. 电力玩具

材料：电子元件、导线、说明书。

指导：根据说明书里的电路图搭建电路，让电路通电。

4. 造纸术

材料：餐巾纸、水盆、造纸器。

指导：自制纸浆，用造纸器进行造纸术体验。

5. 显微镜

材料：显微镜、玻璃夹片、自制样本。

指导：自主制作显微镜玻片，准确记录显微镜的观察发现。

建构区

材料：清水积木、乐高积木、雪花片、万能工匠、公园造型图、技能提示图。

指导：参考设计图，尝试用围合、交叉等方法，和同伴合作搭建秋天的公园。

表演区

材料：表演台、背景布、自制手偶、自制表演道具、话筒（音乐）、绘本、画笔、白纸。

指导：参考绘本故事，自制手偶与表演道具，合作表演《三调芭蕉扇》。

餐前准备

（1）有秩序地进入盥洗室，用七步洗手法认真洗手，洗净后水甩在池内，用自己的毛巾擦干。

（2）值日生带领大家了解今日菜谱，并尝试介绍其营养价值。

（3）根据需求自主打饭打菜、拿勺子、毛巾。

午餐

（1）独立进餐，保持桌面、碗面整洁，争取做到光盘。

（2）餐后主动整理桌面残渣、有序倾倒残渣并清理餐盘。

餐后活动：绘本阅读、散步

目标：寻找幼儿园秋天的变化，和同伴互相说说自己的发现。

（宁波市市级机关第二幼儿园　黄婧怡）

思考：语言教育是如何整合在幼儿园一日活动中的？你发现了哪些形式？还有其他形式吗？请举例说明。

_____

_____

_____

_____

2.链接项目任务：请回顾本项目情境中的任务，在"特别的我"主题下，选择一日生活中"生活""学习""运动""游戏"中的某一板块内容，并设想一个情境（如"游戏"板块——幼儿在玩表演区游戏时与同伴发生了冲突），以试讲的形式，说说在此情境中可以通过哪些方法、策略发展幼儿的语言水平，凸显语言整合教育的作用。

_____

_____

_____

_____

_____

_____

📖 学习支持

幼儿园一日生活中的语言教育

《3～6岁儿童学习与发展指南》明确指出："幼儿的语言能力是在交流和运用的过程中发展起来的。应为幼儿创设自由、宽松的语言交往环境，鼓励和支持幼儿与成人、同伴交流，让幼儿想说、敢说、喜欢说并能得到积极回应。"一日生活皆课程，日常生活是实施语言教育的重要途径，带着语言发展教育目标寻找语言教育的契机，将会发现处处都是语言教育的契机，比如，在环节之间的衔接时段以及晨间谈话、游戏分享、散步等的环节都是开展一场师幼、幼幼对话的好时机。一位拥有较强语言教育意识的教师能抓住时机，关照幼儿语言素养，发展他们的语言核心经验。

（一）幼儿园一日生活中语言教育的特征

一是基础性。幼儿的日常生活语言往往源于自身最基本的生理、心理及社会性交往需求，运用的词汇、语句非常朴素直白。因此，教师开展的语言教育具有明显的基础性特征，凸显语言的实用性。

二是真实性。日常生活中的语言教育是在真实的生活场景中，为了解决真实的问题、满足真实的需求而自然发生的，真实性是幼儿园一日生活中语言教育最明显的特征，教师不需要刻意创设语言教育的环境，只要留心捕捉适宜的契机，即可丰富幼儿的语言经验。

三是多发性。日常生活中的语言教育契机往往蕴含在诸多低结构、无结构的活动中，这些活动虽然时间较短，但在一日生活中的比重较大，约达80%，且会反复出现，因此开展语言教育的频率高。[①]教育内容既可以是源于幼儿的生活需求，也可以是教师的有心预设。

四是综合性。不同于专门的语言教学活动，生活中的语言教育活动没有明确的内容，多为教师随机捕捉，自然展开，因此在时间、地点、内容上均不受约束，综合性较强。

（二）幼儿园一日生活中语言教育活动的类型

1. 谈话类

谈话是指两个或两个以上的人就某一主题进行交谈，是人们最常使用的语言运用形式，也是儿童交流能力发展的重要途径。[②]谈话通常围绕着某一话题展开，幼儿园日常生活中谈话的时机很多，范围很广，对象多变，是沟通最直接的方式。

（1）个别谈话。个别谈话一般发生在具体的情境下，如喝水、吃水果、盥洗等环节，如果是教师主动发起的谈话，那么通常都有预设的教育目标。比如，在吃水果的环节，有的幼儿乱扔果壳，这时教师就会带着"垃圾分类"的目标，展开个别谈话。如果是同伴间的谈话，则可能话题比较随机，目的性不强，是为了分享某些信息或交流某些感受。

（2）集体谈话。集体谈话活动可能源于幼儿某次散步时不经意的发现，也可能源于某一个问题，还可能是教师察觉到群体的共性情况。谈话时幼儿自由参与、自由发言，教师则起到了穿针引线的作用，引导幼儿深入、全面、细致地对"话题"进行思考，充分地表达自己的想法，在观点的碰撞中潜移默化地提升运用语言的能力。

2. 讲述类

一日生活中有诸多情境需要幼儿通过讲述的方式进行较完整、清晰的语言表达，在幼儿讲述的过程中，往往需要更复杂的语言综合运用能力，对幼儿的词汇量、语句的连贯性、指称，甚至观察能力、思维的连贯性等都提出了更高的要求。

① 白春芝，王晓岚.将语言教育渗透在幼儿一日生活中[J].教育（周刊），2019（15）：2.
② 周兢.学前儿童语言学习与发展核心经验[M].南京：南京师范大学出版社，2014.

日常讲述活动按照讲述内容一般分为叙事性讲述、描述性讲述、说明性讲述和议论性讲述，每种讲述类型都会高频地出现在幼儿园一日生活中。比如，幼儿间发生矛盾后，将事情的原委告诉教师，此时就要将事情发生的时间、地点、起因、经过等是非曲直叙述清楚，才能还原事情的原貌，以便教师做出判断。又如，当幼儿遗失物品时，需要对物品的外形、特点、功能等做出描述，让人在脑海中勾勒出物品的大致形象。良好的讲述能力不仅能让幼儿有效解决现实问题，还有利于幼儿理解事物。比如，教师在区域中新投放了一样材料，并对玩法进行了说明，理解了游戏玩法的幼儿则能更高效地参与游戏。讨论某件事情时，在你来我往交换意见的过程中理解对方言语中的含义，能更精准地表达自己的观点与立场。由此可见，日常生活中的讲述活动虽然不是教师精心组织的高结构活动，却是提升幼儿语言水平的重要途径。

（三）日常生活中的语言教育

幼儿园的日常生活为幼儿学习语言、实际运用语言提供了最自然、自由、宽松的语言环境，因此应充分组织好一日生活，抓住随机渗透语言教育的契机。教师要意识到，语言教育无时不在，只有留心关注幼儿语言学习状态，才能不断提升幼儿语言水平。

1. 来园、离园环节中的语言教育

来离园时间段既是培养幼儿运用礼貌用语的合适时机，也是家园共同营造温馨和谐语言氛围的重要场合。

来离园时一句暖心的"早上好""再见""你今天看起来真精神"等语言，不仅能拉近师幼关系，还能使家园关系更加和谐、亲密。同时，教师主动地问好、关切地询问能给幼儿运用礼貌语言做出良好的示范，为幼儿展示了饱满的精神状态。在这一过程中，幼儿能逐步了解礼貌用语的运用场景，在成人的示范和鼓励下主动与教师、家长打招呼。

来离园时间段也是家园面对面交流的主要契机，家园在交流互动中，一旁的幼儿观察着人与人交谈时的表情、语气语调，理解着语言的含义，感受着语言在交流中的重要作用，能帮助幼儿习得文明的语言行为习惯。

2. 晨间谈话中的语言教育

晨间谈话时，教师一般会围绕某一随机但能引起共鸣的话题与全体幼儿展开交流。每个幼儿都有机会表达自己的观点，能锻炼幼儿问题思维、换位思考及口头表达能力，而且由于参与的幼儿较多，这一环节能让幼儿习得在集体中轮流发言、认真倾听理解等规则。教师在谈话时应关注自身的回应语言，要用开放的、支持性的语言，尽可能地激发起每个幼儿表达的欲望，避免只有个别幼儿参与的现象。对于个别语言表达能力较弱的幼儿也可以组织新闻播报、天气预报等活动，使他们也有机会开口说。

3. 盥洗、如厕、喝水环节中的语言教育

在诸如盥洗、如厕、喝水等生活环节中，语言不仅可以帮助幼儿表达生理需求，还可以通过理解语言提升生活自理能力。许多教师还在环境中创设了洗手、如厕、喝水等图示，这也有助于幼儿理解符号与图示，提升前阅读与前书写水平。

在盥洗时，单一的说明性语言很枯燥，不容易调动起幼儿的兴趣，教师可以用游戏

化的语言帮助幼儿理解诸如七步洗手法、排队洗手等方法与规则。比如，当下流行的《七步洗手儿歌》中的"我跟螃蟹点点头，螃蟹跟我握握手……"等语言，将洗指尖、洗拇指的方法生动形象地演绎了出来，激发起了幼儿洗手的兴趣，便于他们掌握洗手的方法。

教师应鼓励幼儿主动表达如厕意愿，在需要帮助时用礼貌的语言向身边的人表达请求，教师和保育员应在帮助幼儿如厕的过程中耐心地讲解，帮助幼儿掌握提裤子、用手纸等的方法；用随机语言或个别谈话的方式提醒幼儿遵守如厕排队、注意隐私等基本规则。

教师可以通过组织集体谈话的方式让幼儿说说喝水的好处，引导幼儿掌握接水的方法，聊聊一天的喝水情况。同时，教师应该关注幼儿在喝水时是否适量接水，是否存在浪费水的现象，适时抓住个别谈话的契机。

4. 进餐时的语言教育

不少幼儿存在偏食、挑食的现象，在进餐环节通过故事分享、语言游戏的方式激发幼儿的进餐兴趣，关注均衡饮食能取得良好的效果。比如，在小班幼儿吃水果前，营造一种情境化的氛围，用猜谜语的方式，让幼儿猜猜今天是什么水果要到肚子里去做客了。在你来我往地猜测过程中，能唤起幼儿对食物的好奇心，调动起对食物的积极情感。在揭示了水果之后，再用生动的语言介绍这种水果的特点和营养价值，一定能激发幼儿吃水果的兴趣。又如，针对部分不喜欢吃蔬菜的幼儿，教师可以组织《一园青菜成了精》《好喜欢吃蔬菜》等绘本阅读活动，引起幼儿对蔬菜的兴趣，还可以用生动形象的语言营造"爱吃蔬菜"的氛围，如："黑木耳是肚子里的吸尘器，会把脏东西吸走"，"茼蒿还有一个名字叫皇帝菜，因为吃了它的人都变得很厉害"，"摸一摸你的肚子，听一听里面的声音，是不是有很多蔬菜在跳舞呀"，等等，进而养成良好的进餐习惯。在中大班阶段，教师可以鼓励幼儿轮流介绍当日菜谱，提高幼儿的语言表达水平，也激发对进餐的欲望。

5. 餐后活动时的语言教育

餐后通常是比较自由的时间，幼儿可以根据兴趣自主开展折纸、阅读、涂鸦等各种低结构活动，是教师观察并发展幼儿语言领域核心经验的宝贵时机。教师可以通过仔细聆听幼儿的对话，以参与者的方式对个别幼儿进行口语表达的支持。在自由阅读的过程中，可以师幼共读，并进行前阅读指导。

餐后一般还会在天气晴好时进行户外散步，教师可以在路上和幼儿就园内植物的生长变化、季节的特点等展开随机谈话，发展幼儿运用描述性语言的能力。因此，在非结构化语言教育活动阶段，教师可以灵活运用多种方式观照幼儿的语言核心经验。

【知识窗口】

王晓岚：《幼儿园一日生活环节中实施语言教育活动的路径与方法》，《早期教育（教育教学）》2022年第3期。

（四）游戏中的语言教育

作为幼儿园的基本活动，游戏不仅是简单地玩耍。对幼儿来说，他们在幼儿园里玩的游戏各种各样，既可以是教师组织的，也可以是幼儿自动发起的；既包含自由游戏，也包含规则游戏。[①]幼儿在游戏的情境下，会自然而然地产生社会性交往，会多样化、多层次地对语言教育的各要素进行综合运用，较高频地展开多回合的幼幼、师幼、群体对话，自由表达所思、所想、所感，不断提升语言表达能力。

1. 自由游戏

自由游戏通常是指源于内部动机、无外部强制干预的游戏活动，是发展幼儿语言和社会性经验的重要活动。游戏场域开阔，既可以在室内外分别进行，也可以进行室内外的联动；游戏的参与者非常广泛，可以是年级组游戏或混龄游戏。因此，在开放的游戏环境中，会产生丰富的语言情境。比如，同伴间计划交流、冲突的解决、讨论游戏内容等，是提升幼儿语言核心经验的重要途径。

在游戏前，幼儿可以向同伴说明心中的计划，或用前书写的方式将游戏的计划进行表征，对选择的材料、场地、游戏形式等做好初步规划，通过介绍达成初步游戏共识。在游戏时，容易出现"计划没有变化快"的情况，针对具体问题，调整游戏策略，在你来我往的对话中持续交换意见。当遇到冲突发生或幼儿主动求助时，教师不要急于介入，让幼儿有机会去综合运用各种策略尝试解决问题，这更有利于教师了解幼儿语言、社会及游戏发展水平，便于在游戏后组织开展评价活动。在游戏后的分享评价环节，应以幼儿为主体，引发幼儿对游戏过程中重要事件的二次关注，提升各方面水平。比如，创造了哪些材料的新玩法，沙水游戏是怎么解决管道连接的问题，等等，教师引导幼儿有条理地、流畅地、完整地叙述事情，或借助图画表征说明自己的意图。在互动评价过程中，教师应凸显幼儿的主体性，提升分享的自主性，有意识地拓展幼儿的词汇量，关注幼儿在游戏中的情绪情感体验，提升师幼互动的有效性。[②]

2. 区域游戏

区域游戏是幼儿开展个别化学习的重要途径，通常是为了弥补或巩固集体教学中幼儿缺失的部分领域核心经验，主要通过幼儿自主与材料或同伴互动实现一定的教育目的。游戏内容既有专门发展幼儿语言领域核心经验的语言区，又有能充分发挥语言整合教育作用的表演区、角色区等。

在物质环境方面，语言区应创设在安静且光线充足的区域，用沙发、抱枕、地毯等物品营造一个温馨的环境。可以根据语言区的具体功能创设既开放又能互相联动的空间，如试听区、表演区、表征区等。因此，除了提供类别丰富的图书以外，还可在试听区投放iPad、点读笔、录音笔等，让幼儿调动听、说、看等多种感官，拓展语言经验，创设具身体验的契机。可以在表演区投放手偶、纸偶、皮影等材料，引导幼儿与同伴合作演绎喜欢的故事情节，也可以提供纸、笔等材料，供幼儿创生角色、情节。表征区的桌子、

① 王春燕，许佳绿.幼儿园游戏与课程：关系的再认识[J].幼儿教育，2023（9）：21-25.
② 丁利芳.自由游戏分享环节中师幼互动的研究[D].重庆：西南大学，2016.

订书机、纸、笔等主要用于幼儿自主表征、创作绘本等。因此，在语言区的材料提供方面，应为综合提升幼儿语言核心经验创造条件。

教师在语言区的指导往往是影响语言区心理环境的重要因素，轻声细语、耐心和蔼、积极回应的教师能为幼儿营造一个开放、和谐的语言学习环境。一般的，教师会在必要的时候介入指导，在指导时教师应关注到自身不仅是做了语言领域方面的引领，更是为幼儿做了人际交往、逻辑思维等全方位的示范。比如，当幼儿自主阅读时，教师可以静静地坐在身边陪伴；当遇到看不懂的内容时，教师可以有目的地引导幼儿观察画面，"他在做什么？""他会说什么？""你是从哪里看出来的？"还要有意识地拓展幼儿的词汇量，提升语言的精准性，比如，当幼儿说"他很高兴"这一类比较生活化的语言时，可以用"兴高采烈"等词语做有效拓展。当幼儿看完书之后，可以引导他将书中最感兴趣的内容画在纸上，并进行完整的介绍，主动与同伴分享。在此过程中，幼儿不仅提升了阅读、前书写、表达的能力，还感受到了温馨的师幼关系，为幼儿如何与他人友好交往做出了示范。

在指导其他区域时，教师应秉持整合教育的理念，有机渗透语言教育。比如，在娃娃家游戏中，有的幼儿不知道炒菜的流程，教师可以引导同伴或自己向幼儿说明炒菜的方法，"第一步、第二步……"，发展幼儿对说明性语言的理解能力。也可以以游戏参与者的身份，主动询问幼儿做了什么好吃的。当他介绍这是"鱼"时，教师可以丰富词汇"红烧鲫鱼"，并闻一闻"鱼"，说"香喷喷""新鲜"等形容词，也可以请幼儿说一说怎么烧这道菜。

语言教育具有潜移默化的特点，如果教师时刻关注自身的指导语言，有意识地提升幼儿的水平，那么在师幼良性的互动中，就能不知不觉提升幼儿的语言水平。

【知识窗口】

龚敏：《静待花开——探索回归幼儿生活的语言教育》，上海三联书店2016年版。

任务2　设计主题审议下的幼儿园语言教育活动

探索路径提示

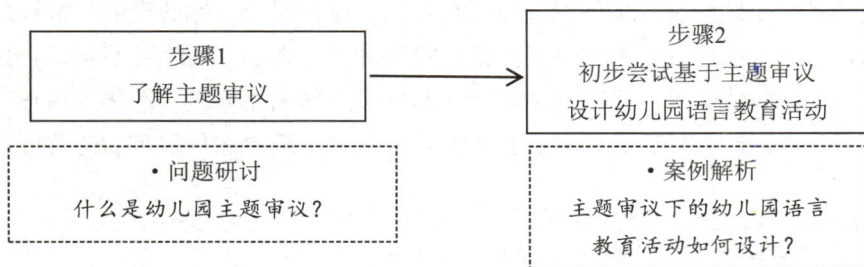

步骤1	步骤2
了解主题审议	初步尝试基于主题审议设计幼儿园语言教育活动
·问题研讨	·案例解析
什么是幼儿园主题审议？	主题审议下的幼儿园语言教育活动如何设计？

步骤1　了解主题审议

💬 **问题研讨：什么是幼儿园主题审议？**

请咨询你认识的幼儿园教师或在见实习中参与一次幼儿园的主题前审议活动，也可参阅幼儿园主题审议相关图书，记录主题前审议的步骤，对每步重点研讨的内容做简要的梳理与概括，并记录对前审议环节的思考。

主题前审议活动记录表

前审议步骤	审议内容	我的思考

【知识窗口】

金虹青：《幼儿园主题审议实践手册》，宁波出版社2021年版。

📖 **学习支持**

一、主题审议的概念梳理

"课程审议"这一概念由美国著名课程理论专家施瓦布提出，它是指"课程开发的主体对具体教育实践情境中的问题反复讨论权衡，以获得一致性的理解与解释，最终作出恰当的、一致性的课程变革的决定及相应的策略"[1]。幼儿园课程审议则"特指以幼儿园课程开发为目的的课程审议"[2]。由于幼儿园课程并没有纳入统一的国家课程范畴，因此给了各级、各地幼儿园较大的课程自主权。近年来，随着课程改革的持续推进，越来

---

① 张华.课程与教学论[M].上海：上海教育出版社，2014：21.

② 虞永平.论幼儿园课程审议[J].学前教育研究，2005（1）：11-13.

越多的幼儿园尝试进行课程园本化的探索，这就要求园本课程必须基于本园幼儿的经验与兴趣，结合本园教师的特性，立足于本园的课程资源，开发具有本园独特属性的课程，而审议正是选择与开发适宜性课程的重要方式。

当下，幼儿园课程主要以主题的形式进行组织、实施。主题审议就是幼儿园在课程实施过程中，围绕某一主题通过集体智慧进行讨论、商议，并做出一致性的选择和决策的过程。教师在进行主题审议时要始终秉持着"以儿童为本"的理念，根据幼儿的兴趣、爱好、需求重新审视主题，盘活课程资源，更明晰主题目标、组织方式与策略，这是保障课程质量的有效手段。

二、主题审议的价值

主题审议的本质是主题的二次开发，这一过程唤醒了我们对幼儿经验、兴趣、能力的关注，对教师专业能力的聚焦，对课程质量的审视。主题实施不再照本宣科，而是将课程视角转向了学前儿童，以及站在学前儿童背后的教师。主题审议的价值关乎学前儿童发展、教师成长与园本课程建设。

（一）学前儿童科学发展的有力保障

学前儿童视角下的课程建设，最关切的一定是学前儿童的发展，因此学前儿童在主题审议中具有不可代替的主体地位。学前儿童参与主题审议的方式有很多，也许是与同伴的一次对话，也许是和家长共同完成的一份调查，又或是在游戏中不经意流露出的一丝兴趣，教师追随他们的兴趣与需要，通过多种方式科学地分析，经过理性的判断，制定科学合理的主题目标，筛选主题内容，确立实施方式。正是教师严谨科学地分析、判断，才能真正符合学前儿童身心发展的规律，激活学习的乐趣。主题审议从关注教材、齐步走，转向了关注学前儿童学什么、怎么学、怎么个性化地学。

（二）教师专业成长的有效途径

在主题审议还没有走到台前时，教师在制订主题计划时，往往是就教材研教材。而随着主题审议的实施与普及，教师才得以将课程的视线转移到学前儿童身上，明白课程是鲜活的，从学前儿童的生活中来，从学前儿童的经验中来，从学前儿童的兴趣中来，只有关注学前儿童才能让课程真正落地。在此过程中，教师倾听学前儿童的心声，分析学前儿童的经验水平，动态调整课程的内容，不断提升课程与学前儿童的契合度，探索真正具有生命力的园本课程。对教师而言，"审"与"议"的最大意义在于重塑了自身的学前儿童观，萌发出身为教师的幸福感。

（三）园本课程建设的重要环节

许多幼儿园对于课程建设存在着"拿来主义"的态度，然而当课程远离本土的课程资源、园所文化和活生生的幼儿，就如同植物离开了生长的土壤，毫无生命力可言。

2017年，浙江省教育厅颁布了《关于全面推进幼儿园课程改革的指导意见》，浙江省各级、各类幼儿园都开始审视自己的园本课程，儿童主体缺失、实施样态单一、内容缺乏逻辑等问题一一浮出水面。主题审议是课程开发的重要途径，教师在实践的过程中，才能逐渐了解如何科学地制定主题目标、课程资源怎么利用、开发哪些活动内容等，进而感受到主题审议的核心价值，让课程从"自由而随性"变得"科学且适宜"。主题审议的质量关乎幼儿在园学习与生活的品质，在这一过程中可以让课程建设回到儿童发展上。

三、主题审议的基本原则

从主题审议的含义来看，主要蕴含了"具体情境""讨论权衡""一致性"等关键词，为了高效推进主题审议，在审议时应该把握这些关键词的内涵，进而确定审议的基本原则。

（一）儿童本位的原则

追随儿童是课程的生命力所在，因此要将儿童的兴趣作为主题审议的重要依据，将解读儿童作为审议的重要方法，全面推动幼儿新经验的发展。在审议过程中，往往从"研儿童"入手，通过"盘资源""定目标""寻内容""拓活动"等几个主要环节，将主题有效地融入一日生活中，以游戏为主要形式，在多样态的实施方式中，让幼儿自然而然地获得发展。

（二）开放对话的原则

主题审议通过各方不断对话传递信息，生成新的想法，形成新的经验。因此，在审议时，营造一种想说、敢说、有机会说的氛围非常重要，每个参与审议的人都应该在倾听的基础上，审视自己的原有观点，并阐述新的思考，从而形成一群人的共识。也就是说，审议氛围是开放的，审议参与者的思维是开放的，审议的内容同样也是开放的，这样才能让每个人对主题的认知持续迭代，在听、说、思的过程中不断完善主题。

（三）真实性原则

主题审议应始终秉持着"真"的理念，它是基于真实的儿童而展开的真实思考，可见"真"的背后是儿童的变化、是主题的适宜性、是对内容的识别判断。因此，主题审议不是程式化的、千篇一律的，而是动态的、可调节的。它从儿童日常生活中的兴趣与需求中来，在具体情境中推进，同时，在实施过程中，持续关注儿童的表现，研判儿童的经验水平，反思实施中的问题，直至最后回到儿童真实生活中去。

（四）一致性原则

杜威在《民主主义与教育》一书中提到："为了形成一个共同体或社会，他们必须共同具备的是目的、信仰、期望、知识——共同的了解——和社会学家所谓志趣相投。"①在主题审议时，教师首先应凝聚共识，它是不同个体展开讨论与权衡的前提，只有在共同目标的指导下进行对话，才能提升审议的有效性。一致性原则还表现在对审议结果的认同上，主题审议的最终目的是获得适宜的、一致性的主题内容及实施策略。

四、主题审议的主要内容

主题审议一般由前审议、中审议、后审议三个部分构成。在审议时，三者各有侧重点，同时互为关联、环环相扣，形成一个完整的、动态的主题。

（一）主题前审议

主题前审议是梳理主题脉络，明晰主题价值的阶段。在前审议阶段，通常由年级组教师或班级教师组成审议团队，从幼儿的兴趣与发展现状着手，立足园本课程实际，分析主题的价值，对新主题进行目标、内容、组织方式、实施策略等方面的调试，确立新的主题实施方案。

1. 把脉幼儿经验

幼儿的经验与兴趣是主题审议的重要依据。因此，在正式开展主题审议前，教师首先要通过亲子调查问卷、谈话活动、表征等多种途径了解幼儿的经验与兴趣，并通过对照各领域核心经验或《3～6岁儿童学习与发展指南》《幼儿园教育指导纲要（试行）》等规定的各年龄段幼儿的发展水平，明晰幼儿在该主题下经验的生长点。把握住了幼儿经验，就为主题锚定了方向，为审议奠定了基调。

2. 理解主题网络

当下，幼儿园课程并不完全是生成的，许多幼儿园会使用国家教材委员会认定的教师参考书，因此许多主题审议是在原有审定主题的基础上进行优化。在这一前提下，锚定主题方向时，有必要对现有的主题内容大致了解，初步梳理主题网络，了解主题推进的线索及幼儿的经验链，才能把握主题的内在逻辑，使之与主题价值、幼儿经验进行深度链接，最大限度实现审议效力。

3. 确立主题目标

主题目标是主题的灵魂，是主题价值的集中体现，是后续权衡活动内容、制订实施计划的重要依据。在制定目标前，首先要对幼儿兴趣、经验及发展方向有清晰的认识；其次要充分考量课程资源是否充足，能否为目标落地提供保障；最后目标应体现整合的原则，不仅要让领域间进行整合，还要与幼儿的一日生活整合，也要关注到少部分幼儿，将他们的经验与大部分幼儿的经验进行整合。在目标表述时，依据布鲁姆的教育目标分类法，一般分为知识和能力、过程和方法、情感态度和价值观等方面。

---

① 杜威.民主主义与教育[M].王承绪，译.北京：人民教育出版社，1990：9.

4. 梳理活动内容

适宜的活动内容是落实主题目标的重要载体，在梳理活动内容时，可以从"主题目标达成度""各领域均衡度""儿童经验契合度""园本课程的融合度"这四个方面进行考虑。为了较好地达成主题目标，筛选的活动内容应当可以凭借主题内容与目标的支撑度分析来检核活动对主题目标的支撑度。在内容选择上，不仅要关注五大领域是否均衡，还要充分考虑幼儿的经验水平，选择科学适宜的主题活动。同时，将园本课程的内容融合进主题中，从而体现园本文化的内涵，让主题更有生命力。

在优化主题脉络时，要明晰各子主题间是属于并列、递进还是融合的关系，在此基础上，重点关注幼儿经验链的发展。比如，在递进关系中，幼儿的经验是持续纵深推进的；在并列关系中，子主题内容独立但不割裂，幼儿经验互为关联与补充，最终形成完整的主题经验。

5. 厘清实施路径

幼儿的学习贯穿于一日生活，学习方式多种多样，教师须从幼儿的经验、活动的价值、资源的支持等多个角度研判活动的实施路径。比如，哪些活动属于幼儿零散经验的聚合点适宜开展集体教学，哪些活动可以渗透在生活活动中，哪些活动可以在游戏活动、户外运动中开展等。也可以根据一日生活的各类场域和时间点，开展种植、饲养、调查、劳动、参观等多样态活动，以此丰富学习生态，拓展主题实施的路径。虽然实施路径多样，但它们都是紧密围绕着主题目标展开的，在一日生活中发挥着不同的作用。

（二）主题中审议

主题中审议是动态调整主题内容与策略，持续推进主题生发的阶段。中审议阶段考验的是教师观察幼儿、分析幼儿、反思主题的能力，教师通过及时捕捉幼儿在课程中的表现，发现兴趣点、分析价值点，进一步调适主题内容，让主题不断促进幼儿发展，让幼儿始终处于课程主体的位置。

1. 回溯主题目标，调适内容与策略

主题目标是主题实施的重要依据，因此在实施过程中教师应有意识地展开复盘，从幼儿的兴趣调动与经验发展的角度对内容的有效性、适宜性进行审视，对不适切的内容或策略进行优化。同时，主题目标也可以作为活动目标调适的依据，对于偏离主题价值及幼儿发展水平的目标及时进行修正。

2. 捕捉幼儿兴趣与表现，推动经验发展

幼儿是鲜活的，随着主题的持续推进，可能会出现幼儿的兴趣发生转变、幼儿新经验需要推进等状况，因此主题内容无法完全预设，而是动态发展的。因此，教师在主题实施过程中扮演着观察者、研究者的角色，通过审议及时分享幼儿的表现，分析幼儿的经验，了解幼儿的需要，给予幼儿支持与引导，在后续的实践中生成缺失的内容，挖深浅表的内容，推动幼儿经验向纵深发展，满足幼儿真实的需求。

（三）主题后审议

主题后审议是回望反思，进一步明晰主题的内涵与外延的阶段。在主题结束后往往会进行一次主题后审议，目的是通过回顾教学实践过程，对主题的内容、实施路径、策略等进行反思，评估幼儿的经验发展情况，从而形成完整的主题优化方案，为后续的主题实践指明方向。

1. 评估主题目标达成情况

教师可以通过幼儿在主题中的表现或围绕主题目标设计专门的评估方案，来检核主题目标的达成情况；还可以立足目标对主题实施过程进行回顾与反思，将得失经验传递给下一轮实施团队，帮助他们更准确地把握主题价值，科学地制定目标，用更适宜的方式推进主题。

2. 评估幼儿经验发展情况

幼儿发展评价可以由家园共同进行评估，但要注意的是，这一评估是过程性评估，尽量将评价融于一日生活中。在家中立足家庭生活的特点，家长可以对幼儿的生活习惯、自理能力等方面做出评估；在幼儿园里可以结合教育教学活动、游戏观察等，对主题下的幼儿在各领域的发展情况做出评估。幼儿经验发展情况是评价主题内容、策略等有效性的重要依据，也为形成完整的主题实施建议、个别化学习等提供参考。

步骤2　初步尝试基于主题审议设计幼儿园语言教育活动

案例解析：主题审议下的幼儿园语言教育活动如何设计

1. 扫码学习主题"劳有所乐"的前审议方案，小组合作，共同探讨解决以下问题。

（1）该主题的前审议主要审议了哪些内容？

（2）语言教育活动有哪些？它们分别属于哪一类别？

链接岗位：
《"劳有所乐"
前审议方案》

2. 链接项目任务：请回顾本项目情境中的任务，参照"劳有所乐"前审议方案，在学习小组内部开展一次"特别的我"主题前审议，尝试梳理主题脉络，并选择主题下两个不同样态的语言教育活动进行方案设计，谈谈在该主题下如何将语言教育活动整合在一日生活中。

_____

_____

_____

_____

_____

_____

_____

_____

_____

_____

_____

📖 学习支持

　　主题活动是当下课程实施的主要方式，主题审议是落实"儿童为本"理念，实现课程园本化的重要途径。一方面，语言是认知与思维的工具，在每个主题活动中都发挥着重要作用；另一方面，主题活动的审议、推进，又全程渗透着整合教育理念，主题下的语言教育活动和其他教育活动是密切关联、相互渗透，共同发挥教育价值，实现主题目标的。

一、主题审议中整合的语言教育观

（一）目标制定：融合语言教育的价值

　　整合的语言教育观认为，语言教育目标是整合的，即幼儿语言目标包括认知、动作技能和情感态度三个方面，不能单一发展或者是将这三者进行割裂，同时也要考虑语言教育的目标和其他领域的目标相融合，并以此促进幼儿在整合的语言教育环境中获得语言和其他方面的共同发展。

　　以步骤2中"劳有所乐"主题活动为例，如图9-1所示，该主题遵循大班"乐劳动"内涵图，通过"寻榜样—学整理—巧整理—乐劳动"的路径，引导幼儿"知劳、学劳、慧劳、乐劳"，从而体验到"劳动真快乐"。

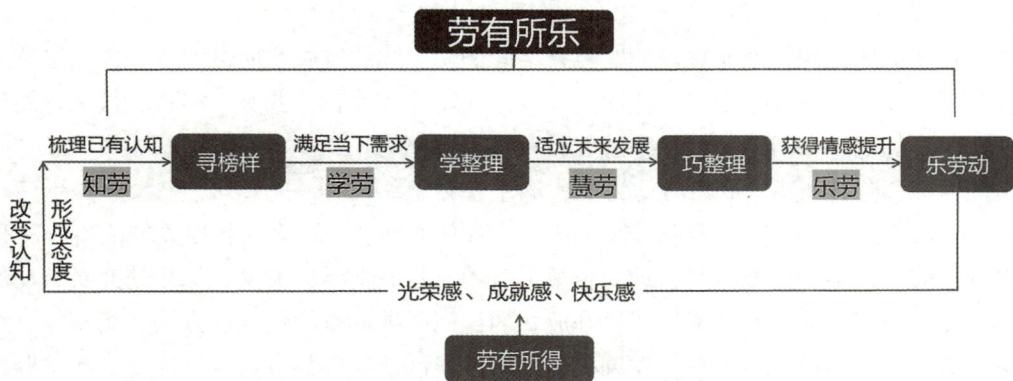

图9-1　"劳有所乐"主题活动路径

主题中包含了"劳动认知、劳动方法、劳动智慧、劳动情感"四个主要内容，其中都离不开运用语言这一工具达到教育目的。比如，劳动情感的生长是基于长时间的体验与交流交织并行，进而唤起情感共鸣，达到情感深化的目的。因此，在制定主题时，应关注语言教育发挥的不可替代的作用。在"劳有所乐"的主题下，基于儿童经验的梳理和主题价值的思考，从儿童学习的知识、能力和情感三个维度，梳理出以下目标。

（1）寻找身边勤劳的人们，感受他们的辛勤劳动为我们的生活带来了便利。

（2）了解整理收纳的工具与使用方法，尝试合理巧妙地整理收纳物品，乐意分享整理收纳的小妙招。

（3）积极主动参与劳动，在解决实际生活问题的过程中，感受劳动带来的光荣感、成就感与快乐感。

其中，"分享整理收纳的小妙招"为明显的语言领域教育目标，重在培养幼儿的语言表达能力，该目标和其他目标相互融合，形成整体。

（二）内容设计：注重领域边界的糅合

在主题活动中，语言教育的内容是整合的，即社会知识、认知知识和语言知识的整合。同时，语言教育内容中也可以融合进其他领域的内容，各领域相互促进，综合作用。

例如，"劳有所乐"主题活动重点关注的领域是社会与健康，而语言领域对促进幼儿各领域的发展都起到了积极的推动作用。主题活动践行了整合教育理念，不仅能让幼儿零散的整理经验成为有连续意义的情景，还能让生活、学习、运动、游戏融为一体，让语言与其他领域核心经验彼此渗透。比如，在语言教育活动中可以提升社会认知，了解劳动者的不易，珍惜劳动成果；在社会活动中可以发展表达、交流的能力，解决实际问题。又如，在语言教育活动中可以改变劳动认知，感受劳动很了不起；在健康领域中可以通过语言引导提升劳动能力等。因此，站在整合语言教育的视角看主题内容设计，可以糅合领域边界，在语言的加持下，让各领域的学习效率得到提升，让规范、简洁、美妙的语言教育有机融合在每个活动中。

（三）实施路径：发挥多样态语言教育活动的作用

一日活动皆课程，幼儿学习的路径是多样的，主题的实施也应像空气一样，自然发生。除了语言集体教学、专门的谈话活动外，还需要在实践、调查、实验、仪式、阅读等这些丰富的低结构活动中，发挥语言教育的重要作用。

同样以"劳有所乐"主题活动为例，该主题在班级区角"阅读区"中投放关于劳动的绘本，幼儿通过阅读《爷爷一定有办法》《田鼠阿佛》等劳动主题相关的绘本，不仅能提升前阅读水平，还能感受劳动的智慧、劳动与我们生活的关系，深化幼儿对劳动的理解。在调查活动前，教师可以通过开放式的提问明确调查的任务、方法、策略等。在调查时通过交流沟通获取信息，在调查后则通过谈话活动等共享信息。因此，在主题实施过程中，可以根据内容融入语言教育的策略、方法，让主题活动能够切实落地，也让语言教育事半功倍。

二、主题下语言教育活动设计

（一）主题下的语言集体教学活动

集体教学活动是教师有目的、有计划地组织班级所有幼儿参与的教育活动，是高效整合、提升幼儿零散经验，达成教育教学目标的途径，也是幼儿园重要的教育组织形式。主题下的语言集体教学活动同样承担着这一任务。在游戏化情境下，教师能围绕主题核心经验，制定活动目标，设计活动过程，并运用一定的语言教学方法，高频地与幼儿进行互动，高效地发展幼儿听、说、读、写的能力。

1. 围绕主题目标确立语言学习与发展核心经验

"劳有所乐"主题主要有"寻找身边勤劳的人们""了解整理收纳的工具与使用方法""萌发积极的劳动情感"三条目标。"运动器械整理妙招"这一活动是幼儿从"学整理"进阶到"巧整理"的关键节点性活动，起到了承上启下的重要作用。它是整理问题的聚焦点，整理能力的升级点，劳动情感的爆发点。因此，基本可以确立这一集体教学活动指向的核心经验为"积极表达，分享整理运动器械的方法""梳理归纳，厘清整理运动器械的窍门""萌发情感，尝试迁移整理经验"。

链接《3～6岁儿童学习与发展指南》中语言领域的核心经验，体现在"运动器械整理妙招"活动中的核心经验主要有三条，一是"愿意与他人讨论问题，敢在众人面前说话"，二是"能有序、连贯、清楚地讲述一件事情"，三是"愿意用图画和符号表现事物或故事"。

2. 基于核心经验锚定活动目标

"运动器械整理妙招"活动充分体现了整合语言教育的理念，它以整理户外运动器械为切入点，在持续整理的过程中发展幼儿的口语表达能力，使幼儿能有序、连贯、清楚地讲述整理不同运动器械的方法，并尝试用图画、符号记录的方法进行表征，同时，还铺垫了"乐劳动"情感的线索，将语言、社会、健康三个领域进行了整合。因此，在活动目标中也应该体现整合的教育理念。基于上述三条核心经验，制定如下活动目标。

（1）乐于分享自己的想法，能准确、连贯、简洁地讲述整理运动器械的方法。

（2）了解思维导图的作用，尝试运用思维导图梳理整理收纳的方法。

（3）积极动手、动脑探索整理收纳的"最"妙招，为自己的整理成果感到开心和自豪。

3. 立足活动目标设计活动内容

教师通过谈话活动与日常观察发现，幼儿在整理运动器械时的遭遇正是整理困顿点的集中、典型体现：整理缺乏方法，合理使用收纳材料缺乏经验，高效利用收纳空间缺失策略。因此，可以通过创设真实的凌乱情境，让幼儿在体验式的教学过程中，积累整理经验。

幼儿园说明性讲述活动蕴含着丰富的学业语言发展机会，可以看作发展学前儿童学业语言的一条重要途径。[①]活动在真实的整理环境中展开，重在提升幼儿口头表达与前书写能力，尤其是在整理经验分享环节，不仅要引导幼儿大方地与同伴分享自己的整理经验，还要能简洁、准确、规范地进行讲述，在表述时具有条理性、逻辑性，提升幼儿口头表达的能力。

（1）环节一：表征梳理"导"活动情境——"正确"整理。

教师创设了生动的情境，将游戏后器械散乱的场景搬进了课堂，让语言教育在真实的情境中自然而然地发生。在欢快的音乐声中，幼儿运用已有经验对各类器械进行了整理收纳。体验过后，通过图示记录、完整表述的方法，对整理方法进行了梳理，初步掌握整理的规律。教师在这一环节引导时，可以通过追问等方式帮助幼儿简洁、有逻辑地说明整理的方法。

幼儿：这个可以放进那个筐里。

教师：哪样东西可以放进哪个筐里，你能说出它们的具体名字或位置吗？

幼儿：沙包可以放进最左边的透明小筐里。

教师：为什么沙包要放进小筐里而不适合放进大筐里呢？

幼儿：因为沙包比较少，又很小，适合放在小筐里，大筐可以用来装大的器械。

教师：你能把原因和整理的方法用一句话清楚地说出来吗？

幼儿：因为沙包数量少、体积小，所以适合放在最左边的透明小筐里。

幼儿表征、讲述，师幼共同梳理的方式，使幼儿的整理思维从无序迈向有序、从零散迈向系统。

（2）环节二：小组讨论"助"经验提升——"巧妙"整理。

这一环节对幼儿的表征水平与说明性讲述能力都有一个质的提升。在小组讨论的过程中，不仅要交流三种器械的整理方法，还要进行记录。然而，幼儿缺乏对多样事物

---

① 张文洁，钮艺琳.说明性讲述活动与幼儿的学业语言发展[J].幼儿教育·教育科学，2013（6）：17-20，40.

——进行记录表征的经验，因此教师引入了思维导图这一工具，用两种常见的且与活动需求关联度强的气泡图、树状图作为表征的支架，供幼儿梳理整理的方法。理解并运用思维导图是本次活动的难点所在。因此，在小组讨论时，教师可以以参与者、支持者的身份加入讨论中，鼓励幼儿充分地说，了解幼儿掌握及使用思维导图的情况，并进行针对性的指导。

引导语1：为什么要这样整理呢？大家都同意这个观点吗？还有其他好办法吗？

引导语2：你们决定用哪种思维导图记录大家的想法？为什么？

引导语3：可以怎么样既清晰又完整地介绍这张图呢？

在这一环节，通过小组讨论、绘制思维导图等方法，充分调动了幼儿参与整理的积极性。从找好方法到找"最"妙招——悬空收纳，幼儿固有的收纳思维被打破，创造性地开辟出了新的收纳空间，推动了高阶思维的发展，还萌发了积极劳动的情感。

（3）环节三：充分表达"催"情感升华——"快乐"整理。

在环节二，幼儿的满足感、成就感、快乐感已然达到了高潮，通过这一环节的情感表达，让这些关于劳动的积极情感得到升华。教师通过整理前后环境的对比图让幼儿直观感受到"我真了不起"，进而激发起抒发情感的愿望。教师在充分肯定幼儿的同时，也可以适时拓展关于描述情绪情感的词汇，如"心花怒放""喜出望外""心满意足"等，使幼儿能更精准地抒发情感。

完整活动设计如下。

大班语言活动：运动器械整理妙招

活动目标
（1）乐于分享自己的想法，能准确、连贯、简洁地讲述整理运动器械的方法。

（2）了解思维导图的作用，尝试运用思维导图梳理整理收纳的方法。

（3）积极动手、动脑探索整理收纳的"最"妙招，为自己的整理成果感到开心和自豪。

活动重点
能用简洁、规范、准确的语言与同伴交流分享整理收纳的方法和策略。

活动难点
了解思维导图的作用，并尝试运用思维导图进行记录。

活动准备
若干运动器械、若干储物盒、铁架子、纸和笔、妙招记录表、PPT、音乐。

活动过程
一、表征梳理"导"活动情境——"正确"整理

1.初次整理

伴随音乐整理收纳器械。

提问：看到我们的劳动成果，你心情是怎样的？

2.表征整理方法

请你将刚才整理的方法记录在小纸条上，贴到对应的表格中，并根据你画的图示，分享你整理的方法。

3.完整讲述整理方法

提问：请你根据图示完整地介绍你整理了什么？是怎么整理的？为什么要这样整理？

小结：我们按物体的大小、多少、重量进行分类、匹配，就能快速地将器械整理好。

二、小组讨论"助"经验提升——"巧妙"整理

1.共同回顾，发现提问

提问：在整理的过程中你遇到过什么困难吗？

● 问题1：高跷——叠在一起难分开，线容易打结。

● 问题2：跨栏——容易相互钩住。

● 问题3：球类——无法固定住，容易滚落。

2.小组讨论，记录策略

提问：大家有什么好方法可以解决这几个问题？我们可以用什么记录方法将大家的对策有条理地记录下来呢？

方法一：气泡图。

方法二：树状图。

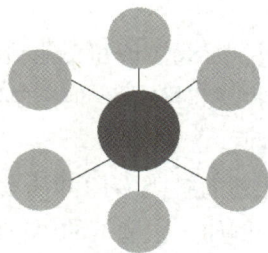
图9-2　气泡图

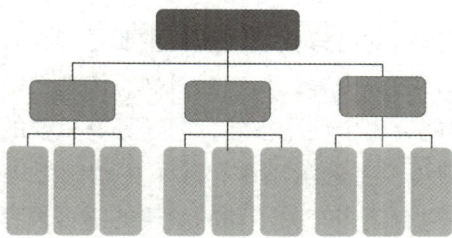
图9-3　树状图

小结：气泡图、树状图都是思维导图，能帮助我们把许多想法梳理得更清楚。气泡图由中心的大圆和四周的小圆组成，中间的大圆代表了某一种运动器械，四周是整理这种运动器械的方法。树状图就像一棵树，顶部是整理的主题，下面是整理的运动器械，最下面就是整理的方法。

请每个小组选择一种思维导图来记录整理的方法。

3.分享妙招，尝试解决

提问：你们用了哪种思维导图，为什么？请你用简洁的语言，连贯、完整地进行介绍。

在大家的共同努力下，我们想到了那么多好方法，接下来一起去试一试吧。

（1）绳类（高跷）：高跷有长长的绳子，把它们分开挂起来，既解决了叠太紧、打结的问题，又节约了空间。

（2）栏类（跨栏）：借助栏杆将跨栏分层架起来，既方便收纳又便于再次拿取。

4.再次聚焦，发现妙招

提问：还有哪个问题没有解决？

（1）收纳大师来支招：巧妙利用现有材料——用杆子固定。

（2）幼儿再次尝试——悬空收纳。

小结：在整理收纳的时候，我们不仅要充分利用现有材料，还要巧妙地创造收纳空间，这样既整齐又节约空间，你们真的太了不起了！

三、充分表达"催"情感升华——"快乐"整理

1.充分表达

提问：在大家的共同劳动下，不但我们的器械摆放得更加整齐，还学会了许多收纳小妙招，大家心情怎么样？

小结：尽管劳动的过程很辛苦，但是正是因为我们的坚持不懈、积极动脑、互助合作才解决了这么多困难，劳动后的成果是多么美妙呀！

2.拓展延伸

今天每个人都变成了收纳小达人，回去之后请大家用这些巧妙收纳的方法把班级、家里整理得更好吧！

（宁波市市级机关第二幼儿园　黄婧怡）

（二）主题下渗透的语言教育活动设计

主题下渗透的语言教育活动，主要是指在日常生活、游戏活动和其他领域学习活动中渗透的语言教育内容，具有随机性、渗透性，其计划性相对较弱，但是学习情境更轻松自由，更能突出个性化指导，同样具有重要的教育价值。

"劳有所乐"主题活动中，除了主题脉络中事先计划的各类专门的语言教育活动，一日生活中也有诸多有关劳动的渗透的语言教育活动。例如，主题下的语言区域活动是幼儿丰富主题经验、提升语言水平的重要方式。在"劳有所乐"主题下，语言区可以记录"劳动笔记"，将劳动的心得制作成"劳动书"与同伴分享，还可以创编劳动故事进行演绎等。教师可以投放与劳动相关的绘本，使幼儿间接获得劳动经验，提升阅读水平。再如，生活活动中，餐前、餐中、餐后都涉及劳动，教师可以根据幼儿劳动情况，抓取各种教育契机，同幼儿开展日常谈话活动，促进其语言表达能力的提升以及劳动经验的积累。

项目验收　主题审议——"特别的我"主题前审议

请系统学习、回顾本次项目及各项任务，并与学习小组成员一起，围绕大班"特别的我"主题，展开主题审议。任务成果是呈现一张目标明确、思维清晰、活动实施样态丰富的主题网络图，并选择主题下的两个不同样态的语言活动设计活动方案。

验收流程

自由分组—开展主题审议—分析主题背景—确立主题目标—设计主题网络—设计活动方案—项目验收评估。

验收标准

序号	验收项目	分值	评分细则	评定结果			
				自评	组间	教学教师	教辅教师
1	参与态度	25	1. 积极参与主题审议 2. 善于团结合作、分工明确合理				
				平均：			
2	主题目标	25	1. 理解主题的主旨，背景分析合理 2. 能根据年龄特点、发展目标，科学、整合地制定主题目标				
				平均：			
3	主题网络	25	1. 主题内容包含多领域、多种活动样态 2. 主题内容紧扣主题目标，逻辑流畅 3. 有效使幼儿认识自我、悦纳自我				
				平均：			
4	方案设计	25	1. 凸显语言领域核心经验，立足主题目标确立活动目标 2. 活动内容设计合理，环节层层递进 3. 教师能进行有效的引导，推动幼儿的语言经验发展				
				平均：			
项目验收总评分/等第							

注：评分70分以下为不合格，70～79分为合格，80～89分为良好，90分及以上为优秀。

附录　幼儿园语言教育活动教案集

小班

1. 小班语言活动：遇到问题怎么办

设计意图

　　小班幼儿在对幼儿园逐步建立起安全感、信任感、归属感的过程中，有了一起玩的同伴，但随之也产生了许多人际交往方面的问题，如打人、尖叫、发脾气等消极交往行为。因此，本次活动以幼儿日常生活中的真实经历为谈话主题，依据"遇到问题怎么办"这一中心话题展开谈话。小班幼儿对自己熟悉的话题有较强的表达意愿，但是其围绕话题进行交谈的能力普遍欠缺，因此本次活动将通过基于已有经验的"自由交谈"和延伸已有经验的"拓展交谈"两条路径，帮助小班幼儿掌握围绕话题中心进行倾听、谈话的能力，同时，引导幼儿了解正确的交往方式，文明、友好地与同伴交往。

活动目标

（1）围绕"遇到问题怎么办"进行谈话，基本清楚、流畅地表达自己的看法。

（2）知道尖叫、哭闹等行为给自己和他人带来的影响，了解一些正确的交往方式。

（3）在谈话活动中获得积极的情感体验，愿意文明、友好地与人交往。

活动重难点

（1）活动重点：围绕"遇到问题怎么办"进行谈话，大胆表达、交流自己的看法。

（2）活动难点：用基本清楚、流畅的语言表述遇到问题时的应对办法。

活动准备

（1）医生建议的视频。

（2）幼儿遇到问题的照片、解决问题策略的图片。

活动过程

一、故事导入，引出话题

师：排队的时候，可可走着走着，超过了豆豆，走到了豆豆前面，豆豆很生气，就大声地尖叫起来：啊——

师：豆豆做了什么？是啊，他遇到了问题，正在大声尖叫。

二、围绕话题，自由交谈

（一）谈论"尖叫"的原因

师：那么，豆豆为什么要尖叫呢？

师：你曾经尖叫过吗？那个时候你遇到了什么问题？请你和旁边的小朋友说一说。

教师仔细倾听幼儿交谈表述，给予针对性指导。

师：谁愿意来分享自己的故事？

根据幼儿回答，教师在黑板上贴图记录梳理。

小结：（结合图片）原来，有些小朋友生气的时候，会尖叫；有些小朋友害怕的时候，会尖叫；也有一些小朋友，在愿望没有实现的时候，会尖叫、哭闹。

（二）谈论"尖叫"的危害

师：但是，尖叫有用吗，它能解决你遇到的问题吗？为什么幼儿园里，老师常常提醒"请不要尖叫"？

教师播放医生建议的视频。

师：医生是怎么说的？尖叫是一件好事情吗？

根据幼儿谈论结果，教师进行贴图记录梳理。

小结：原来，尖叫并不是个好办法，反而，它有很多危害，尖叫会让人产生不愉快的感觉，如果对着别人的耳朵尖叫，别人的耳朵就会受伤；对自己来说，你的嗓子、身体里的肝和肺部也会受到损伤；同时，你如果总爱尖叫、哭喊，小朋友很可能不愿意跟你做朋友。

三、结合图片，拓展交谈

（一）头脑风暴，谈论解决办法

师：你在排队时被挤到了后面，如果你遇到这样的事情，你会怎么做？

小结：原来，遇到事情，我们要先动动脑筋，用一个简单的小动作、一个甜甜的微笑、一句轻轻的提醒、一次勇敢的求助（图示）都能解决问题。但是，千万不要只会尖叫、吵闹。

（二）以小见大，联系日常生活

师：那么，在幼儿园里，你有没有用过这样的好办法？

出示图片，如小餐厅里没有生意、洗手间里很拥挤、豆浆倒翻、和小朋友闹别扭等幼儿日常发生的事情。

师：请你为图中遇到问题的小朋友想想办法，遇到这些事情，应该怎么办呢？

引导幼儿进行情境体验：这句话真好听！我们来试一试真的有用吗？谁愿意来扮演这两个小朋友？

总结：老师要祝贺你们，都学会了用正确的办法来面对问题，我相信，今天以后，我们班级里的尖叫声、哭闹声会越来越少，甜蜜蜜的笑容会越来越多，让我们用文明、礼貌，交到更多好朋友。

（宁波市市级机关第二幼儿园　翁丽霞）

2. 小班语言活动：子儿，吐吐

设计意图

《子儿，吐吐》原是一本贴合孩子生活经验的图画书，其围绕着"吃水果，要吐子"这一生活经验展开。本次活动将绘本转变为故事，将其设计为一个文学作品学习活动。在该故事中，当胖脸不小心吃下了木瓜子后，它的心情仿佛坐过山车一般，并对身体会产生的变化展开了丰富的想象，故事情节的诙谐幽默尽显于此。因此，小班幼儿在倾听故事时，可以跟随故事情节尽情地链接生活、展开想象，将天马行空的思维用语言的方式表达出来。进而对小猪"忧愁""期待""失落"等情绪产生共鸣，在感受"虚惊一场"之余，也萌发了"吃下子儿，也没什么大不了"的豁然之情。

活动目标

（1）认真听故事，借助故事画面，捕捉"人物""情节"等关键信息。

（2）大胆想象"吃下子儿"后身体的变化，积极发表自己的猜想。

（3）喜欢倾听故事，感受小猪"忧愁""期待""失落"的情绪变化。

活动重难点

（1）活动重点：理解小猪的心理活动，积极推测"吃下子儿"的后果。

（2）活动难点：大胆想象"吃下子儿"后身体的变化，积极发表自己的猜想。

活动准备

《子儿，吐吐》绘本PPT、人手一本自制绘本。

活动过程

一、人物导入，游戏激趣

师：今天来了一位新朋友，它的名字叫胖脸。这个名字可真有趣啊，大家猜猜看胖脸长什么样呢？

二、倾听故事，情感共鸣

（一）分段讲述

1. 出示图片一，初识胖脸

师：这么多小猪，哪个才是胖脸呀？为什么？

讲述：这只小猪就是胖脸，因为它的脸比谁都胖。每次吃东西的时候，胖脸总是说："真好吃！真好吃！"它总是吃得又快又多。

2. 出示图片二，误食木瓜子

师：又到吃水果时间了，胖脸可真开心呀，看看它们在吃什么呀？

讲述：小猪们今天吃的是木瓜，胖脸一边吃一边说："真好吃！真好吃！"它吃了一块又一块，"啊呜啊呜"全吃完了。

师：这时候，所有小猪都奇怪地看着胖脸，咦？到底发生什么事了？你是怎么发现的？

讲述：这时，小猪们看见胖脸的桌子上光光的，就问："胖脸，你的木瓜子呢？""全让我吞下去了。""不好啦不好啦，胖脸把木瓜子全吞下去啦！"小猪们都惊叫起来。

师：胖脸把木瓜子都吃下去了，大家猜猜看，它的身体会发生什么变化？为什么呢？你平时有没有不小心吞下过水果子呢？你的身体有什么变化吗？

3.出示图片三，身体的变化

师：你们看这几幅图片，胖脸的身体发生了什么变化？

讲述：小猪们听说胖脸吃下了木瓜子，都聚在一起讨论它的身体到底会变成什么样。大家你一言我一语，都认为明天胖脸的头上会长出一棵大大的木瓜树。

4.出示图片四、图片五，情绪过山车

师：胖脸的头上马上会长出一棵树，对它吃东西、睡觉、玩游戏会有影响吗？你们觉得胖脸的心情会变得怎么样呢？

讲述：胖脸听说了这个消息后，难过得坐在地上大哭起来，心里感到很害怕。晚上睡觉的时候，胖脸梦见自己的头上真的长出了一棵大树。胖脸梦见自己的小伙伴在笑话它，把它当成一个怪物。下雨的时候也撑不了伞，因为树太高了，它的手臂根本够不着。睡觉的时候也太不方便了，得把床加长才能睡得下。它想象着自己头上长树的样子，然后抽抽搭搭地哭了起来。

师：胖脸的心情会一直这么糟糕吗？头上长一棵木瓜树会有什么好处吗？

讲述：胖脸想着想着，突然觉得自己头上长树也没那么可怕。因为世界上有那么多树，却没有一棵树能随便走动。不仅爸爸妈妈会觉得可爱，鸟儿们也会喜欢停在这棵树上，同伴们还能分享树上的果实呢！而且大家能在树下乘凉，走到哪儿凉到哪儿……胖脸越来越期待头上长出这棵树了！

5.出示图片七

师：咦？看看胖脸怎么了？为什么会拉肚子啊？这下胖脸的头上还会长出树吗？它的心里会怎么想呢？

讲述：第二天早上，胖脸被肚子疼醒了，"喔哟喔哟，肚子好疼哦，要拉肚子了！"它赶快跑到洗手间去便便。便便完之后低头一看，它发现马桶里都是一粒粒黑黑的、圆圆的，原来黑黑的木瓜子儿都跑到便便里去了！胖脸觉得这些黑黑的木瓜子儿看起来真好笑，它盯着看了好一会儿，终于狠下心，把木瓜子儿全都冲走了。胖脸摸摸脑袋说："也好，头上再也不会长木瓜啦，万一长出来的木瓜不好吃，反而糟糕了。"

三、完整聆听，总结梳理

（一）完整聆听，尝试讲述

教师完整讲述故事，幼儿借助故事插图，跟随教师一同轻声讲述。

（二）小结梳理，提炼经验

师：你们觉得子儿能吃吗？为什么？吃水果的时候需要注意什么？

小结：我们每天都会吃水果，吃水果的时候可千万不要像胖脸一样，一口气全都吃完了，要细嚼慢咽，这样不仅不会误吞子儿，还有助于消化。

活动延伸

师：今天，老师还带了很多的水果，你们猜一猜哪些水果里有子儿？它的子儿长什么样？区域活动的时候，我们可以切开来验证一下。

（宁波市市级机关第二幼儿园　王子晴）

3. 小班语言活动：月亮的味道

设计意图

《月亮的味道》是一本充满童趣的绘本。绘本从幼儿非常熟悉的小动物乌龟、大象、长颈鹿等角色入手，以"月亮是什么味道"这一好玩的问题来推动情节的发展。小班幼儿喜欢翻阅图书，但是还未掌握阅读的方法，而《月亮的味道》绘本情节简单但环环相扣，是小班幼儿学习"一页一页翻"等阅读方法较好的素材，同时，小动物齐心协力，尤其是小乌龟坚持不懈的品质也给幼儿传递了积极的能量。

活动目标

（1）理解绘本内容，大胆说一说小动物吃月亮时发生的事情。

（2）学习一页一页轻轻翻，仔细看绘本，自主发现小动物叠高的细节。

（3）感受小动物齐心协力吃月亮的趣味，萌发阅读绘本的兴趣。

活动重难点

（1）活动重点：学习一页一页轻轻翻，仔细看绘本，大胆发表自己的看法。

（2）活动难点：自主发现小动物叠高的细节。

活动准备

绘本《月亮的味道》、人手一本图画书、PPT。

活动过程

一、设疑导入，引出"月亮"

（一）猜一猜

出示圆形图片，请幼儿大胆猜测它是什么。

（二）看一看

观察封面和扉页，猜测故事的名称。

二、绘本阅读，大胆猜测

（一）读一读，自主翻阅

师：你们尝过月亮的味道吗？有什么好办法可以够到月亮？

幼儿带着问题阅读绘本第一部分。

（二）说一说，观察发现

师：故事里有谁？它们想了什么办法去够月亮？

师：小乌龟要去尝月亮的味道，它请了谁帮忙？大象（长颈鹿/斑马）又请了谁帮忙？你从哪里发现的？

小结：原来，看书的时候要一页一页轻轻翻，仔细看，这样才不会错过精彩的内容。

（三）试一试，连续翻阅

师：最后，谁尝到了月亮的味道？总共请了几个小动物帮忙呢？请小朋友们用刚才

"一页一页轻轻翻，仔细看"的方法去试一试，找一找答案。

请幼儿相互交流自己的发现。

师：看到小动物们互相踩着摘月亮，你有什么感觉？你觉得这里面哪个小动物最了不起？

小结：小动物们你踩着我，它踩着你，齐心协力摘月亮的样子真感人呀。小乌龟可真了不起呀，小小的身体上踩了七个小动物，连大象都踩在它身上，为了能尝到月亮的味道，有再大的挑战，它都一直坚持不放弃。

三、完整欣赏，拓展延伸

（一）听一听

教师完整讲述绘本内容。

师：月亮被小动物们吃掉后发生了什么变化？小鱼的月亮又是哪里来的呢？这个故事有趣吗？为什么觉得它有趣？

（二）说一说

小结：原来，绘本里有这么多好玩的故事、有趣的内容！在班级的图书区里，我还放了很多有意思的绘本呢，可以一页一页轻轻翻，仔细看哦！

（宁波市市级机关第二幼儿园　汪静科）

4. 小班语言活动：气球飞走了

设计意图

小班幼儿在阅读中主要通过观察画面理解故事内容，通过模仿学习书面语言。绘本《气球飞走了》画面简洁，变化明显，小动物的角色为小班幼儿所熟悉且喜爱，因此非常适合小班的幼儿进行观察和阅读；绘本中有很多重复的语言，且用了许多"请""谢谢"等礼貌用语，既适合小班幼儿进行模仿学习，又能让幼儿初步掌握礼貌用语。

活动目标

（1）仔细观察画面，认识小动物与气球的色彩，感知气球的变化。

（2）愿意猜测和模仿小动物的语言，尝试进行绘本演绎。

（3）理解故事内容，感受绘本中传递的朋友间的美好情感。

活动重难点

（1）活动重点：感知画面中气球的变化，理解故事内容。

（2）活动难点：愿意猜测和模仿小动物的语言，尝试进行绘本演绎。

活动准备

《气球飞走了》绘本、角色头饰、红黄蓝绿紫氦气球、图片。

活动过程

一、经验回顾，了解气球

师：你见过会飞的气球吗？它是什么样的？

教师出示充了氦气的气球。

二、分段阅读，增进理解

（一）阅读第1～3页

师：故事里有谁？它在干什么？

（二）阅读第4～5页

师：画面里有谁？它们是怎么说的？

教师出示图片，在黑板上进行演示。

（三）逐页阅读第6～11页

师：画面里有什么不同？谁又来了？它们可能怎么说？

幼儿尝试猜测和模仿小动物之间的对话。

（三）逐页阅读第12～21页

师：贝贝兔拿了气球之后发生了什么事？谁想出了好办法让它下来呀？它们是怎么说的呢？

幼儿尝试猜测和模仿小动物之间的对话。

师：贝贝兔快落地的时候是谁帮助它的呀？它们是怎么做的？

三、完整阅读，分享感受

完整讲述绘本内容。

师：你最喜欢故事里的谁？为什么呢？

师：如果你是贝贝兔（小熊/小猫/小猪/小猴），那么当朋友为你做这些的时候，你心里是什么感觉？

小结：好朋友在一起会互相帮助、互相关心，有好朋友的感觉可真棒！

四、亲身演绎，真情流露

（一）绘本演绎

师：让我们一起变成绘本里的小动物，来表演一下这个故事吧！

（二）情感传递

师：看了表演你们心里有什么感受？你们有什么话想对好朋友说呢？

教师鼓励好朋友之间拉拉手、抱一抱、说说心里话，引导幼儿分享好朋友在一起的感受。

（宁波市市级机关第二幼儿园　汪静科）

5. 小班语言活动：喂喂，我告诉你哦……

设计意图

《3～6岁儿童学习与发展指南》中指出：3～4岁儿童能听懂短小的儿歌或故事；会看画面，能根据画面说出图中有什么，发生了什么事等。《喂喂，我告诉你哦……》是一本富有悬念的图画书，整本书贯穿全文的，只有一句"喂喂，我告诉你哦……"。它既是书名，也是故事中的画外音。不断重复的单一语句，一眼看上去似乎毫不相关的角色，急不可耐的相同神情，从陆地到天空、步步设疑，一环扣一环，引人入胜。带有悬疑性的故事内容可以强烈吸引幼儿的注意力，引发其阅读和讲述兴趣。因此，我设计了本次活动，通过多元阅读、情境创设、规律梳理、游戏巩固等策略，促进小班幼儿语言能力和思维能力的发展。

活动目标

（1）观察画面，理解绘本内容，了解小草生长需要水分。

（2）运用"喂喂，我告诉你哦……"的句式，尝试完整、清楚地讲述绘本情节。

（3）乐于阅读绘本，感受集体参与绘本游戏的快乐。

活动重难点

（1）活动重点：理解绘本内容，了解小草生长需要水分。

（2）活动难点：运用"喂喂，我告诉你哦……"的句式，尝试完整、清楚地讲述绘本情节。

活动准备

绘本《喂喂，我告诉你哦……》，绘本PPT课件（包括绘本中小男孩、小蜗牛、小老鼠、小花猫、牛、长颈鹿、太阳、云及最后小草喝到水的图片），大小传声筒各一个。

活动过程

一、活动导入，激发兴趣

师：小朋友们，老师今天带来了一位有趣的客人。当当当！（出示小传声筒）你知道它是什么吗，有什么用？仔细听，它在说什么悄悄话？

（利用小传声筒向幼儿传递悄悄话）喂喂，我告诉你们哦，我口渴了，想要问白云姐姐要水喝。

师：谁口渴了呢？（出示PPT）原来是小草啊！它会把"悄悄话"传给谁呢？

二、趣味阅读，理解并表达

（一）教师导读，初步感知

师：小草把它这个困扰告诉了它的好朋友——小男孩（出示小男孩PPT图片），小草说："喂喂，我告诉你哦，我口渴了，我想问白云姐姐要水喝。"（教师用小传声筒对着PPT说"悄悄话"）

师：（出示下一张图片：小蜗牛）小朋友们，你们看这是什么呀？对啦，小男孩对小蜗牛说："喂喂，我告诉你哦，小草口渴了，想问白云姐姐要水喝。"（教师用小传声筒对着PPT说"悄悄话"）

（继续运用以上方式出示老鼠和小花猫图片，尝试逐步引导幼儿表述"悄悄话"内容。）

小结：小草刚刚和小男孩讲了"悄悄话"，小男孩又告诉了小蜗牛，小蜗牛又告诉了谁呀？（幼：小老鼠）那小老鼠又告诉了？（幼：小花猫）它们都说："喂喂，我告诉你哦，小草口渴了，想问白云姐姐要水喝。"

（二）自主阅读，深入理解

师：接下来，这句话还会传给谁呢？请你们轻轻地从小书袋里拿出图书，接着往下

读吧！（播放轻柔背景音乐）

幼儿自主阅读，教师巡回指导，引导幼儿表述阅读到的内容，鼓励其大胆、清楚、完整地表述。

（三）展示分享，演绎表达

1. 情节回顾

师：悄悄话又传给了谁？（根据幼儿回答出示牛的图片）它们是怎么说的？（出示大传声筒）那接下来，请小朋友们和老师一起来说这个"悄悄话"吧。小花猫对牛说："喂喂，我告诉你哦，小草口渴了，想问白云姐姐要水喝。"

2. 角色扮演

师：接下来，又会传给谁啊？（根据幼儿回答出示长颈鹿、太阳图片）你能邀请一个好伙伴一起来演一演吗？

幼儿自主选择同伴，角色扮演，运用句式进行演绎表达。

小结：小花猫和牛说了"悄悄话"，牛告诉了长颈鹿，长颈鹿又告诉了太阳公公。它们都说："喂喂，我告诉你哦，小草口渴了，想问白云姐姐要水喝。"

3. 共读结局，探讨思考

师：（出示相应PPT）太阳公公知道了连忙去找白云姐姐。太阳公公会和白云姐姐怎么说呢？（单独请3～4位小朋友，用小的传声筒来说一说。引导小朋友补充并完整使用句式）我们一起再说一遍吧，太阳公公对白云姐姐说："喂喂，我告诉你哦，小草口渴了，想问你要水喝。"

共读结局：你看（出示PPT），小草喝到水了吗？它看起来怎么样？我们也来学一学舒服的小草的样子吧！

讨论思考：这么好喝的水是从哪里来的？为什么白云姐姐会有水？

小结：是啊，我们人、动物、植物的生活都离不开水，白云姐姐的身体里有许多小水珠，会"下雨"的本领，这样，就能把宝贵的、甜甜的雨水带给我们啦！

三、集体游戏，经验提升

师：这个"悄悄话"的故事真好听，这么有趣的"悄悄话"游戏我们也来玩一玩吧！

教师将"喂喂，我告诉你哦，我们现在去喝水吧！"作为内容依次传递。

总结：小草想要长高、长大必须有水分，小朋友要健健康康地长大、长高也需要喝水哦！

活动延伸

（1）将绘本投放阅读区供幼儿自主阅读。

（2）将传声筒投放益智区，幼儿可以自主进行"悄悄话"游戏。

（宁波幼儿师范高等专科学校学前教育专业　金烨玮）

中班

1. 中班语言活动：夏天辩论赛

设计意图

辩论对发展幼儿口头语言具有独到价值。在辩论活动中，幼儿需要认真倾听他人的观点，同时大胆表达、质疑并维护自己的观点。中班幼儿表达欲望较强，对于一些话题有自己的看法，并喜欢和教师、同伴分享交流。但由于其初步接触辩论这种特殊的谈话形式，容易出现表达偏离主题、质疑反驳能力不足、辩论规则意识较弱等问题。因此，在"夏天"的主题下，教师开展了一次辩论活动，希望引导幼儿在辩论的情境中谈论关于夏天的已有经验与自身观点、态度，发展幼儿的思辨能力和表达能力。

活动目标

（1）能大胆、清楚地表述喜欢夏天或不喜欢夏天的观点及理由，对辩论活动感兴趣。

（2）积极参与辩论活动，尝试对别人的观点进行质疑、反驳。

（3）在辩论中初步具备轮流发言、举手示意等规则意识。

活动重难点

（1）活动重点：能在集体面前表述自己的观点及理由。

（2）活动难点：尝试对别人的观点进行质疑、反驳。

活动准备

（1）经验准备：幼儿观看过辩论赛的视频，初步了解辩论赛的规则；事先收集幼儿喜欢或不喜欢夏天的理由，进行简单归类；在低结构活动幼儿观点交锋的过程中，初步确立辩论规则。

（2）物质准备："夏天好"和"夏天不好"的大标识牌两张、小标识牌若干张，记录纸、记号笔、黑板，正反方记分牌，红绿色裁判牌。

活动过程

一、引出辩题，激发兴趣

出示夏天场景的图片，如夏天的景色、事物和人们，引发幼儿的讨论。

师：你喜欢夏天吗？为什么？（鼓励幼儿用"我喜欢/不喜欢夏天，因为……"的句式进行表述）

小结：我们发现，小朋友有不同的观点，有的喜欢夏天，有的不喜欢夏天，而且也有自己的理由。

二、创设环境，初探辩论

（一）什么是辩论

出示字卡"辩论"，组织幼儿讨论：什么是辩论？

师：现在我们要来进行一场有趣的夏天辩论赛。你们知道什么是辩论吗？

小结：辩论就是围绕一个话题有两种不同的观点。大家要找出不同的理由来解释、证明自己的观点，说服对方。

（二）辩论分组

出示"夏天好"和"夏天不好"的大标识牌，引导幼儿进行分组。

师：请你们根据自己的观点分别坐到"夏天好"或"夏天不好"的一组。

（三）轮流发言

幼儿在各自组中充分讨论自己对夏天的好恶原因。

幼儿阐述理由，教师及时记录或出示相关图标。

对幼儿的理由进行归类，并统计正反方理由的个数，计分激发幼儿参与的兴趣。

小结：正方一共说了×个理由，他们从×方面介绍了自己喜欢夏天的理由，因此给正方计×分；反方一共说了×个理由，从×方面介绍了自己不喜欢夏天的理由，因此给反方计×分。

三、小组合作，自由辩论

（一）讨论自由辩论规则

师：刚刚，我们体验过了辩论中的轮流发言。但是，在辩论中啊，还有一个环节是最有意思、最激动人心的，叫"自由辩论"。什么是自由辩论？自由辩论没有规则行不行？怎么判断输赢呢？当对方说了一个你不同意的理由时，你怎么反驳呢？

小结：在自由辩论中，我们要仔细倾听对方说的理由，如果他说得没有道理，就抓住这个理由反驳他；如果你有很充分的理由，那也是说服对方的好办法。

（二）初步尝试自由辩论

师：现在请你们来互相辩一辩吧！

教师对辩驳的理由进行记录，从而帮助幼儿了解到哪些理由被辩驳了，哪些理由还没有被辩驳，教师结合观点记录板，小结"夏天辩论赛"的辩驳情况。

小结：原来，大家对夏天有这么多有趣的想法，但是这些想法和理由不一定是绝对正确的，夏天很热会让人不舒服，但是也给了我们玩水的好机会；夏天有很多阳光灿烂的好天气，可又有让人中暑的危险……

四、分享评价，活动总结

（一）分享评价

师：你觉得今天的辩论赛中谁的表现最好？请说说你的理由。

（二）推选"最佳辩手"

师：现在请你为喜欢的辩手投上一票吧！让我们一起来见证"最佳辩手"的产生！

（宁波市市级机关第二幼儿园　翁丽霞）

2. 中班语言活动：村居

设计意图

春季蕴藏了无限美好，不论是自然风光，还是人们的生活都呈现出生机勃勃的景象。

古诗《村居》正是描绘了一幅令人身心向往的春景图。古诗是中华文化中的灿烂瑰宝，它语词凝练但意蕴深厚，音韵优美且朗朗上口。《村居》这首诗中，生长的草木、拂柳的春风、嬉戏的儿童，皆勾勒出美好的童年生活。这些足以唤起当下幼儿对于"春之美"的记忆，更引发了中国娃对"玩春"的向往，非常适合中班幼儿学习。

活动目标

（1）寻找与诗句匹配的图片，理解诗句内容。

（2）大胆表达自己的感受，用较完整的语句描述诗中的春日情景。

（3）感受古诗的韵律美及意境美，有感情地吟诵古诗。

活动重难点

（1）活动重点：借助配图，理解诗句内容。

（2）活动难点：用较完整的语句描述诗中的春日情景，有感情地吟诵古诗。

活动准备

音乐伴奏、古诗《村居》图谱。

活动过程

一、春之思

（一）我看到的春天

师：春天来了，大自然会发生什么变化呢？

（二）我感受到的春天

师：你喜欢春天吗？为什么？

二、春之美

（一）完整欣赏，初赏美好春日

师：有一位诗人，他也在寻找春天，我们来听一听，他感受到的春天是怎样的。

教师跟随配乐，有感情地完整朗诵《村居》。

师：你在这首诗中听到了什么？里面有哪些事物？有哪些词语你听不懂？

介绍古诗：我刚才念的是一首古诗，古诗就是古代中国的诗歌，是古时候的诗人写的。因此，古诗里的一些内容，现代的人们不太理解。

（二）逐句解读，感受古韵童趣

1. 出示图片

教师出示乱序的四句古诗的图片，请幼儿根据诗意匹配对应的图片。

2. 逐句解读

师：你觉得"草长莺飞二月天"（"拂堤杨柳醉春烟""儿童散学归来早""忙趁东风放纸鸢"）描述的是哪一幅图的场景？为什么？大家同意他的观点吗？请你对照这幅图，完整地介绍这句诗的意思。

3. 共述诗意

师：原来，这首古诗里藏着十分美丽的春日景色。农历二月，村子前后的青草已经渐渐发芽生长，黄莺飞来飞去。杨柳披着长长的绿枝条，随风摆动，好像在轻轻地抚摸着堤岸。在水泽和草木间蒸发的水汽，如同烟雾一般。杨柳好像都陶醉在这美丽的景色中。村里的孩子们放了学，急忙跑回家，趁着东风，把风筝放上蓝天。

（三）二次欣赏，整体感知

教师播放配乐，再次完整朗诵古诗。

师：这一次，让我们一边想象着美丽的景色，一边再完整地念一念这首古诗吧！

三、春之诵

（一）感受意境，引发共鸣

师：这首古诗给你什么样的感觉？为什么？请你给它取个题目。

介绍古诗背景：《村居》是清代诗人高鼎在田园生活时创作的一首诗。它念起来朗朗上口，非常押韵。诗歌不但生动地描写了春天里的大自然迷人的景色，还描述了一群活泼的儿童放风筝的生动情景。因此，诗人当时的心情一定也是很愉悦的、欢乐的。

（二）多样演绎，倾情朗诵

师：因此，我们朗诵这首古诗时应该用什么样的声音？

师：我们一起跟随悠扬的音乐声，试试用优美、愉快的声音来朗诵一下吧。

1. 多形式演绎

个别朗诵、分小组朗诵、边朗诵边表演诗歌中的情境等。

2. 引导互评

集体讨论：你觉得哪些小朋友朗诵的古诗最动听、最富有感情？说说你的理由。

为幼儿颁发"小诗人"奖章。

附：

村居

清　高鼎

草长莺飞二月天，拂堤杨柳醉春烟。

儿童散学归来早，忙趁东风放纸鸢。

（宁波市市级机关第二幼儿园　王子晴）

3. 中班语言活动：一片叶子的猜想

设计意图

散文诗《一片叶子的猜想》节选于绘本《叶子的猜想》，诗歌传递出的画面唯美，内容适宜中班幼儿理解。诗歌以谜语的形式徐徐展开，通过逐句释义，理解诗歌创编的内在逻辑，让谜底拨云见雾，逐渐浮现出"叶子"的完整形象。中国语言的朦胧美在这首散文诗中得到了充分体现，这也给幼儿留下了广阔的想象空间，为创编诗歌提供了契机。

活动目标

（1）通过图文结合的方式欣赏散文诗，感受"春光与叶子"的意境美。

（2）了解叶子的特征与用途，用"它是×××的×××"的句型进行创编。

（3）愿意在同伴面前大方、有感情地朗诵散文诗。

活动重难点

（1）活动重点：通过图文结合的方式欣赏散文诗，感受"春光与叶子"的意境美。

（2）活动难点：用"它是×××的×××"的句型进行创编。

活动准备

（1）优美的轻音乐。

（2）诗歌图谱，枯叶蝶与叶子、飞蛾生活在叶子里、盛水的叶子等的图片。

（3）多色叶子、掌形叶子、银杏叶飞舞等的图片。

活动过程

一、整体欣赏，情境导入

师：今天，老师带来了一首散文诗，让我们来听一听。

师：你听到了什么？（展示对应的图谱）

二、再次欣赏，逐句理解

（一）图谱释义

1. 再次欣赏，图谱展示

师：你听到了什么？其他小朋友有补充吗？你能完整地念这句诗吗？

教师展示幼儿所念诗句的图谱。

2. 三次欣赏，图谱排序

师：请大家再仔细地听一遍散文诗，检验一下图谱的排列顺序对吗？

3. 大胆猜测，理解诗歌

师：诗歌中的"它"指的是什么？你从哪一句判断出来"它"是××？为什么叶子是隐身的城堡、柔软的摇篮、盛水的勺子？

边讲解边出示图片：诗歌中的"它"指的是叶子。叶子的外形和枯叶蝶很像，因此成为它隐身的城堡；厚厚的叶子非常柔软，因此飞蛾喜欢栖息在里面，叶子成了柔软的摇篮；卷曲的叶子还像个盛水的勺子。

（二）感受意境

1. 逐句朗诵，感受意境

师：这首散文诗给你什么样的感觉？哪一句让你觉得特别优美（温柔/美好）？你能用优美的语气来念一念吗？

2. 完整朗诵，情感表达

师：跟随优美的音乐，我们试着完整地朗诵一下这首散文诗吧。

读完散文诗，你有什么感受？你觉得这是一个怎样的春天？请你为散文诗取一个题目吧。

三、发现规律，尝试创编

（一）发现句式规律

师：有没有发现在这首散文诗里，有几句很相似。你发现这几句诗句，有什么共同点？

小结：这几句都用了"它是×××的×××"的句型。

（二）小组创编诗歌

1. 根据图示创编

师：在每张桌子上准备了关于叶子联想的图片，每个小组可以选择自己感兴趣的图片，用"它是×××的×××"的句型创编一句或几句诗歌。

小组上台有感情地朗诵创编的诗歌。

2. 自主创编

师：你们觉得叶子还像什么？谁愿意发挥想象，尝试着自己创编诗歌？

（三）多形式诗歌演绎

师：欢迎大家上台完整地展示你创编的诗歌，可以邀请其他小伙伴一起有感情地朗诵，还可以邀请同伴表演这首诗歌。

附：散文诗

一片叶子的猜想

它就是它，

每一个春天，

当黄鹂开始鸣叫，

当温暖的阳光洒在这里，

它就冒了出来，

它是枯叶蝶的隐身城堡，

它是飞蛾宝宝柔软的摇篮，

它是可爱的盛水的勺子。

（宁波市市级机关第二幼儿园　王子晴）

4. 中班语言活动：米米画画

设计意图

中班幼儿观察细节的能力更强了，能根据画面前后的变化有依据地推测故事情节的发展。《米米画画》这本绘本中米米的情绪有明显的变化，每页的画面中都有可推测的细节，画面中可解读的内容丰富但又主题突出，因此非常适宜作为引导幼儿细致观察的素材。选择这本绘本来开展教学，期望幼儿在阅读过程中能掌握一些细致观察、串联画面、对比推测等阅读技能。

活动目标

（1）理解故事内容，根据画面大胆猜测故事情节的发展。

（2）能通过观察表情、动作等了解角色情绪的变化。

（3）初步形成认真、仔细的学习品质。

活动重难点

（1）活动重点：理解故事内容，能通过观察表情、动作等了解角色情绪的变化。

（2）活动难点：根据画面大胆猜测故事情节的发展。

活动准备

电子绘本。

活动过程

一、图片导入，大胆猜测

师：图片里有一个小朋友叫米米，他有一件非常喜欢的事。你猜是什么？你是从哪里看出来的？

二、分段阅读，细致观察

（一）阅读第2～3页

师：米米想给谁画画？小鸟是怎么想的？你是从哪里看出来的？

师：米米的心情是怎样的？你是怎么知道的？

小结：原来，我们可以从观察表情、动作来了解米米和小鸟的想法。

（二）阅读第4～9页

师：米米遇到了谁？发生了什么事？大家的反应是怎样的？

师：如果你是米米，那么你心里是什么样的感觉？

（三）阅读第10～11页

师：为什么大家要拒绝米米？你为什么这么觉得？

（四）阅读第12～13页

师：现在米米的心情怎么样？为什么他又开心了？

三、完整欣赏，整体感知

师：故事中大家对米米态度的变化是因为什么？

师：你喜欢米米吗？为什么？

小结：当我们观察很仔细、做事很认真的时候，往往更受欢迎。

四、拓展延伸，激发兴趣

师：在表演区里，有米米、小鸟、小鸡等头饰，欢迎小朋友根据绘本里的内容演一演、编一编。

（宁波市市级机关第二幼儿园　汪静科）

5. 中班语言活动：想飞的小象

设计意图

5～6岁是幼儿个性形成、语言发展的好时机。《3～6岁儿童学习与发展指南》中指出："为幼儿提供丰富、适宜的低幼读物，经常和幼儿一起看图书、讲故事，丰富其语言表达能力，培养阅读兴趣和良好的阅读习惯，进一步拓展学习经验。"处于中班年龄阶段的幼儿，表达欲望非常强烈，但缺乏表达的自信和勇气，并且有时讲述中不能做到清晰、完整。而《想飞的小象》这一故事，情节简单有趣，思路清晰，构思新颖。因此，我设计了本次活动，通过有趣的故事情节、图画，引发幼儿的好奇心，拓展幼儿的思维和经验，从而发展幼儿的语言理解和表达能力。

活动目标

（1）理解故事内容，能专心倾听故事，对有生活哲理的趣味童话感兴趣。

（2）学说完整句"我不会……，可是我会……"。

（3）知道每个人都有不同的本领，知道自己的优点和长处，对自己感到满意。

活动重难点

（1）活动重点：理解故事内容，能专心倾听故事。

（2）活动难点：运用"我不会……，可是我会……"的句式进行表述。

活动准备

（1）物质准备：绘本课件《想飞的小象》，动物图片（大象、小象、小乌龟、蛇、狮子、老虎），景物图片（山、树、花、河）。

（2）经验准备：初步了解自然界中动物特有的本领。

活动过程

一、谜语导入，引题激趣

师：小朋友们，今天老师带来一个谜语，大家一起来猜猜谜底是什么——一根长管子，两把大扇子，四根粗柱子，加条细绳子。

师：大家都说对啦！老师今天带来的是我们的小象朋友，那就让我们一起来听一听、看一看在小象身上发生了什么有趣的故事吧！

二、倾听故事，学习句式

（一）倾听故事，了解内容

教师展示课件PPT，讲述故事，提醒幼儿专心倾听。

师：好，故事讲完了，请哪一位小朋友来说一说，故事里的小黑象想干什么呀？

幼：它想飞到天上。

师：那他为什么想飞到天上呢？

师：小黑象除了看到小鸟外，它还碰到了哪些动物呢？它们又是怎么说的？（请小朋友回答）瞧，就是这只想飞的小象，它刚刚生下来第一天，它就看到了许多小动物……（自然过渡到第二遍讲述）

（二）深入理解，学习句式

师：你们瞧，谁来了呀？

根据幼儿的回答，展示相应的挂图，引导幼儿模仿故事对话语言。

师：小象看见天上的小鸟，它想什么？哇，原来它想飞啊，但是小象可以飞吗？为什么？因为它没有翅膀。唉！又有谁出来了？蛇会飞吗？它有什么本领？它对小象又说了什么呢？狮子和老虎又是怎么说的呀？

总结：哇！原来这些小动物都有属于自己的本领。小鸟会飞，蛇会爬到高高的树上，狮子可以跳过宽宽的大河，老虎可是个游泳健将。那我们的小象有什么本领呢？（是呀，力气大就是它的本领）

三、共谈体会，尝试悦纳

（一）谈谈故事体会

师：小黑象听了朋友们的话，它还想飞到天上去吗？为什么？

小结：小黑象呀最后不想飞了。因为它发现自己也有很大的本领，那就是可以跟着爸爸妈妈运木头，小动物们都很喜欢它。

（二）尝试悦纳自己

师（小黑象）：小朋友们，每个小动物都有自己独特的本领。那你们有哪些本领呢？

小结：鼓励幼儿大胆地说出自己的本领，启发幼儿用"我不会……，可是我会……"的句型讲述。

（三）学习悦纳他人

师：再请小朋友们来说说自己的小伙伴有哪些本领吧！

小结：启发幼儿用"他不会……，可是他会……"的句型讲述。

活动延伸

小朋友们回家之后，可以问一问爸爸妈妈他们有哪些本领呢，明天我们来说一说、聊一聊，记得用上今天学到的新句子哦！

（宁波幼儿师范高等专科学校学前教育专业　徐密甜）

6. 中班语言活动：跑跑镇

设计意图

绘本《跑跑镇》只有简单的文字和涂鸦式的图画，但充满想象力。跑跑镇上的居民都喜欢快跑，快跑就免不了会相撞。当小猫和小鹰撞在一起、老奶奶和扫把撞在一起后会出现什么情况？两个看似不相关的物体，在跑动碰撞中竟然产生了奇妙的"合体"现象，不仅对幼儿的思维是一个冲击，而且给了他们无穷无尽想象的空间。

《3～6岁儿童学习与发展指南》中指出：4～5岁儿童要喜欢把听过的故事或看过的图书讲给别人听；能大体讲出所听故事的主要内容；能根据连续画面提供的信息，大致说出故事的情节；能随着作品的展开产生喜悦、担忧等相应的情绪反应，体会作品所表达的情绪情感。根据这一中班幼儿语言发展目标，我设计了本次活动，旨在促进中班幼儿语言和创新思维的发展。

活动目标

（1）仔细观察画面，理解故事内容。

（2）感知故事中物体碰撞并发生组合的有趣情节。

（3）体会阅读绘本和参与绘本游戏的乐趣。

活动重难点

（1）活动重点：仔细观察画面，理解故事内容。

（2）活动难点：感知故事中物体碰撞并发生组合的有趣情节。

活动准备

（1）物质准备：绘本《跑跑镇》、绘本PPT课件、对对碰游戏挂图。

（2）经验准备：阅读绘本的经验。

活动过程

一、情境创设，引题激趣

师：小朋友们，今天老师要带你们去一个奇妙的小镇，名叫跑跑镇！你们猜猜看，住在跑跑镇里的朋友最喜欢干什么呀？（跑步）在跑跑镇上，人们都喜欢快乐地奔跑，跑着跑着，就发生了奇妙的事情。我们一起来看看到底发生了什么？

二、阅读绘本，理解创变

（一）观察画面，感知创变

1.卡车和梯子（本领变化）

师：瞧，谁来了？卡车和梯子跑跑跑，"咣"，变成了消防车，你们知道为什么吗？

小结：原来，消防车上有云梯，因此卡车和梯子跑跑跑，"咣"，变成了消防车。消防车的本领可比卡车和梯子大多了！（教师的语言要隐形地提示幼儿有些物体碰在一起本领会变化）

2.黑熊和白熊（颜色变化）

师：瞧，黑熊和白熊也来啦！它们俩跑跑跑，"咣"，变成了大熊猫！你们知道为什么吗？

小结：黑熊和白熊分别是黑色的和白色的，黑熊和白熊跑跑跑，"咣"，变成了黑白相间的大熊猫！大熊猫也很可爱呢！

3.小公主和海豚（外形变化）

师：瞧，还有谁来了？小公主和海豚跑跑跑，"咣"，变成了美人鱼！你们知道为什么吗？

小结：原来，美丽的小公主和有着鱼尾巴的海豚跑跑跑，"咣"，变成了有鱼尾巴的、美丽的美人鱼！

（二）拓展思维，揭秘创变

师：跑跑镇可真有趣啊！你发现了吗？两个物体碰在一起就会成为朋友。他们会发生什么样的变化？（根据幼儿回答，在PPT或小黑板上梳理出变化的3种形式：本领、颜色、外形）

小结：（结合刚梳理的图示）原来，有些朋友碰在一起，本领变大了；有些朋友碰在一起，颜色变化了；有些朋友碰在一起，外形不同了。

（三）自主阅读，尝试创变

师：这本书里还有什么有意思的故事呢？你看，又来了6个小伙伴！（PPT出示小猫、小鹰、荷叶、拐杖、房子、轮子的图像）谁和谁会成为朋友呢？它们会发生什么奇妙的变化？为什么会变成××呢？

幼儿自主思考后表达、交流。

三、游戏巩固：有趣的碰碰碰

游戏规则：取出小椅子下的胸贴，确定自己在跑跑镇中的角色；跟随音乐，大家自由在规定区域跑动；音乐停止后，快速找一个朋友，碰在一起；让幼儿两两组合商量讨论，并尝试用"我是××，我是××，我们跑跑跑，碰碰碰，碰出……"的句型进行介绍。

小结：我们都是跑跑镇的朋友，不管和谁碰在一起，都会发生奇妙的变化。小朋友们，今天的跑跑镇之旅就到此结束啦！回家后你们可以试着把这个故事讲给爸爸妈妈听，和爸爸妈妈一起享受跑跑镇的快乐时光。我们也可以继续寻找生活中各种事物之间的碰撞，体验生活中的跑跑镇哦！

活动延伸

将绘本《跑跑镇》放置阅读区供幼儿阅读。

（宁波幼儿师范高等专科学校学前教育专业　戴卓尔）

7. 中班语言活动：小猪变形记

设计意图

《3～6岁儿童学习与发展指南》中指出：中班幼儿能大体讲出所听故事的主要内容；能根据连续画面提供的信息，大致说出故事的情节；还能随着作品的展开产生喜悦、担忧等相应的情绪反应，体会作品所表达的情绪情感。绘本《小猪变形记》讲述了一只小猪想体验其他动物的生活，用各种办法模仿大象、斑马、袋鼠等动物，但都以失败告终。最终，在另一只猪的启发下，体会到做自己才是最快乐的。整个故事展示了一只小猪认识自我、接受自我的思想历程，幽默又有趣。本班部分幼儿在日常活动中较缺乏自信，不敢大胆地表达。因此，通过设计此活动，让他们理解故事内容，感受做自己才是最幸福的事，在增强幼儿自信心的同时，也能发展幼儿的语言表达能力。

活动目标

（1）理解绘本内容，感受故事情节的趣味性。

（2）能根据连续画面提供的信息大胆讲述小猪变形的有趣经历。

（3）感受小猪的情绪变化，体会做自己才是最幸福的事。

活动重难点

（1）活动重点：理解绘本内容，感受故事情节的趣味性。

（2）活动难点：大胆讲述小猪变形的有趣经历，感受小猪的情绪变化。

活动准备

PPT《小猪变形记》，小猪手偶，每人一份绘本，长颈鹿、斑马、大象、袋鼠、鹦鹉的图谱。

活动过程

一、角色导入，激发幼儿兴趣

（一）开门见山，引出主角小猪

师：今天，班里来了一位小客人，我们一起看看谁来啦？是小猪呢，快来和小猪打声招呼吧！

（二）观察表情，设疑激发兴趣

师：小朋友们猜猜这只小猪现在的心情是怎样的？你是从哪里看出来的呢？它究竟遇到了什么事情？

二、出示绘本，分段阅读故事

（一）教师带领幼儿集体阅读

师：那我们现在一起来看看吧！这天，小猪觉得很无聊，你们看小猪在干吗？猜猜它心里在想什么呢？

它躺在一棵树下，嘴里嘟囔着："真没意思啊，总该有点好玩的事吧，我去找找看。"说着它就小跑着出去了。

1. 变成长颈鹿

师：小猪跑到路边，欸，小猪看到了谁？你是怎么看出来的？它是怎么变成长颈鹿的？

2. 变成斑马

师：小猪又遇到了谁？为什么它会气呼呼地走开？斑马对大象说了什么？你们觉得小猪适合做长颈鹿吗？它又想变成谁，是怎么做到的呢？

3. 变成大象

师：小猪又遇到了谁？大象在干什么？小猪会对大象说什么？大象是怎么回答的？

师：小朋友们猜猜这次小猪想变成谁呢？它会用什么办法变成大象？你们的想象力可真丰富！

（二）教师引导幼儿自主阅读

师：小猪最后会成功变成大象吗？再后来，还会发生什么有趣的事情呢？别着急，拿出你书袋里的图书，自己去寻找答案吧！

师：看完的小朋友可以和旁边的小伙伴分享你看到的内容。（教师走到小朋友们旁边，倾听他们讨论的内容，进行针对性点评）

师：老师看到小朋友们都看得非常认真，现在哪一位小朋友可以跟老师和其他小朋友分享你看到的内容呢？（小猪又变成了谁呢？它是怎么变的，最后成功了吗？可以提这些问题帮助幼儿讲述绘本内容）

三、整体回顾，体会故事情感

（一）教师借助图谱，帮助幼儿整体回顾

师：你们能记清楚吗？小猪都模仿了哪些小动物呀？我们一起来说一说吧！（先是给自己做了一对高跷变成长颈鹿；紧接着，给自己涂上黑白色的颜料变成斑马，鼻子上系上塑料管、耳朵上挂上大树叶变成大象，又在脚上绑了两个弹簧变成袋鼠；接着又用贝壳和羽毛把自己变成了鹦鹉）小猪模仿了这么多动物，最后它成功了吗？

（二）共读故事结局，感受情绪变化

师：故事的最后发生了什么事情呢？哇，原来可怜的小猪掉到泥塘里了。小朋友们，小猪这时候的心情是怎样的呢？它为什么会不开心呢？

（三）突出故事转折，增强幼儿理解

师：这时，旁边出现了另一只小猪，它们会说些什么？小猪这时的心情又是怎样的？

（四）自由分享感受，体会故事情感

师：小朋友们觉得小猪最后为什么变得开心啦？

师：小猪它一心要改变自己的外形去模仿别人，想从中获得快乐，可是不管它再怎么模仿，别人都说不像，到最后它才发现做自己是最快乐的。我们每个人也有自己特别的地方，学别人是很累的，做自己才是最快乐、最幸福的，希望小朋友们都做最幸福的自己。

活动延伸

教师在表演区域放置相关道具，幼儿自选角色与道具，教师指导幼儿表演。

（宁波幼儿师范高等专科学校学前教育专业　黄宣）

8. 中班语言活动：我爸爸

设计意图

爸爸是孩子成长过程中最熟悉的人，是孩子喜爱、尊敬的对象。《我爸爸》这本图画书，画面夸张诙谐、色彩丰富，内容贴近幼儿实际生活，能充分调动其生活经验；故事的语言简单朴实，多使用夸张、比喻的修辞手法，表达了孩子对强壮又温柔、聪明又伟大的爸爸深深的爱。中班幼儿随着年龄的增长，理解能力、表达能力都有所提高，词汇开始丰富，能独立地讲故事或叙述日常生活中的各种事物，但是通过画面进行联想、仿编句型的能力比较薄弱。因此，我设计了本次活动，通过多元阅读、多样联想、大胆说爱等多种方式来引导幼儿在感受故事的基础上，尝试句式仿编，学会表达对自己爸爸的爱。

活动目标

（1）理解故事内容，知道布朗爸爸的厉害之处。

（2）联系实际、展开想象，用比喻句式"我爸爸像……一样……"描述自己的爸爸。

（3）乐于阅读绘本，感受父子亲情，能大胆表达对爸爸的爱。

活动重难点

（1）活动重点：理解故事内容，知道布朗爸爸的厉害之处。

（2）活动难点：能尝试用比喻句式"我爸爸像……一样……"描述自己的爸爸。

活动准备

（1）物质准备：PPT、相应数量的纸质绘本。

（2）经验准备：幼儿在家做过"我爸爸"调查表。

活动过程

一、趣味猜测，引题激趣

师：（出示绘本封面）今天，老师带来一本很有意思的图画书，这是书的封面。你看到了什么？你觉得他是一个什么样的男人？为什么？那这个人会是谁呢？

师：原来啊，这是布朗小朋友的爸爸。这本书的名字就叫《我爸爸》。在布朗的心目中，这是一位很棒的爸爸。我们一起来看看这本有意思的书，一边看、一边想，这位爸爸究竟"棒"在哪里？

二、阅读绘本，深度学习

（一）教师领读，初步感知

教师阅读绘本第一部分后提问：你觉得这位爸爸棒不棒？为什么？

（教师出示对应图片）"我爸爸"不怕什么？"我爸爸"会做哪些其他的事情呢？（幼儿可以根据图片回答，也可以展开想象）

（二）自主阅读，熟悉情节

师："我爸爸"还有哪些本领呢？现在请你找到你的小伙伴，两个人一起阅读图画书，从书上找找答案。

幼儿自主阅读图画书的后半部分，教师巡回指导。

同伴交流：（看完后）现在，请你坐在椅子上和旁边的小朋友讨论一下爸爸还会像什么？

（三）集中探讨，学习句式

师：书里的爸爸还有哪些本领？你能用书上好听的语言来说一说吗？（根据幼儿回答，教师张贴相应图示进行梳理）

师：为什么说爸爸吃得像马呀？从图片里找找答案。（因为爸爸吃得很多）教师带领幼儿一起比画动作"多"。爸爸又像谁？为什么说爸爸像鱼呀？小鱼是怎么样的？（做动作）小鱼有什么特点？（会游泳，游得很快）我们也学爸爸来游一游吧？预备，开始！

（四）共读结局，情感嵌入

教师出示图片，引导幼儿自己讲述。

师：你们看到了什么？他在干什么？（幼儿自由讲述完图片，教师进行文字的朗读与补充。）

教师朗读最后一部分：我爱他，而且你知道吗？他也爱我！永远爱我！

三、联系生活，现学现用

（一）借助前期调查，联系自己爸爸

师：小朋友们，你们爱自己的爸爸吗？昨天老师请你们做小记者，回家做了一张关于"我爸爸"的调查表。那现在，有没有小记者愿意和大家分享一下，你爸爸都有什么特别的地方呢？

幼儿根据自己填写的调查表分享自己爸爸的优点。

（二）活用句式，情感表达

师：你们觉得爸爸厉不厉害啊？那我们夸夸他好不好？你能不能用上刚刚学习的那个句子——"我爸爸像……一样……"，完整、清楚地来说一说？

借助爱心树，鼓励幼儿勇敢表达：如果你的夸奖被这棵爱心树听到，它就会慢慢地长大，我们一起把对爸爸的爱，勇敢说出来吧！

幼儿进行自由表达，教师鼓励幼儿用完整的话讲出来。幼儿每说一句，树就会长出叶子，直到树长出所有叶子。

师：看来，树先生感受到了小朋友们对爸爸的爱。爸爸是世界上最爱你们的人，就像布朗爸爸身边的太阳一样，一直给你们温暖。我们离不开太阳，就像离不开爸爸一样。小朋友们，你们爱爸爸吗？今天回家之后，把你们刚刚说的话再对爸爸说一遍，然后给他一个大大的拥抱，好吗？

活动延伸

在美工区为爸爸制作一件小礼物。

（宁波幼儿师范高等专科学校学前教育专业　吕嘉仪）

9. 中班语言活动：这里怎么会有青椒

设计意图

绘本《这里怎么会有青椒》是为一个不爱吃青椒的小朋友而写下的故事，以小青椒为主角，书里青椒的拟人化形象刻画得可爱生动，画面色彩鲜明，情节可爱有趣，十分吸引眼球。通过感受小青椒从伤心到开心的情绪变化，拉近幼儿与青椒的距离，从而让幼儿能更好地接纳青椒这一蔬菜。《3～6岁儿童学习与发展指南》中指出：4～5岁儿童要喜欢把听过的故事或看过的图书讲给别人听；能大体讲出所听故事的主要内容；能根据连续画面提供的信息，大致说出故事的情节；能随着作品的展开产生喜悦、担忧等相应的情绪反应，体会作品所表达的情绪情感。因此，我设计了本次活动，通过设置悬念、自主阅读、续编故事等方式促进中班幼儿语言能力和想象力的发展。

活动目标

（1）理解绘本故事内容，感知小青椒从被排斥到被接纳的情节。

（2）跟随绘本情节展开合理想象，猜测小青椒的数次变身。

（3）乐于阅读绘本，体会青椒的难过与开心。

活动重难点

（1）活动重点：感知小青椒从被排斥到被接纳的情节。

（2）活动难点：跟随绘本情节展开合理想象，猜测小青椒的数次变身。

活动准备

（1）物质准备：绘本PPT课件、绘本实体书、小青椒的情绪图谱。

（2）经验准备：阅读绘本的经验、认识青椒。

活动过程

一、猜想讨论，激发兴趣

出示并观察绘本封面。

师：今天，老师带来了一本与食物有关的书（出示封面），你都看到了哪些好吃的，你最喜欢哪一种？

引出青椒：那这是什么？你了解青椒吗？你喜欢吃吗？这个小青椒表情怎么样？你觉得它为什么会这样呢？那就让我们带着各种各样的问题，一起进入绘本看看吧！

二、阅读绘本，猜测情节

（一）共读开篇，初步感知

这个小男孩叫小让，又到了小让最喜欢的午饭时间，小让看起来心情怎么样？为什么呢？如果你们遇到自己讨厌的食物会怎么样呢？接下来，让我们看看小让说了什么，小青椒听了又是什么心情？（教师出示小青椒伤心表情的图谱）

小结：小青椒最大的梦想就是被做进便当被人吃掉，可是小让讨厌青椒，只喜欢吃零食，小青椒伤心极了。

（二）自主阅读，深入理解

1. 头脑风暴，自由猜测

师：小青椒虽然伤心但是并没有放弃它的梦想。如果你是小青椒，那么你会想什么办法来实现梦想？请你轻声和身边的小伙伴谈论一下。

2. 自主阅读，情节梳理（从变成零食到被零食指责）

自主阅读：请你们打开自己的绘本看看小青椒的办法是不是你们猜的那样？（幼儿自主阅读）看看小青椒用了什么办法？

情节梳理：小青椒都变成了哪些零食？（教师根据幼儿回答拿出糖果、冰激凌、蛋糕、糕点、巧克力、汽水等图谱）你们都能说出小青椒变的零食，那还记得变的顺序吗？第五次与前四次有什么不同？小青椒说了什么？第五次被发现后小青椒做出了什么改变？（教师按顺序排列图谱，利用图谱梳理情节）

小结：前四次，小青椒保持了原本的绿色混进零食，都被小朋友们发现了。在一堆零食里，小青椒的绿色格外明显，第五次小青椒决定改变颜色，但还是被发现了，于是决定和绿色混在一起，可依旧被发现了。

3. 变身失败，继续猜想

师：当零食们一致对小青椒说"青椒是不能变成零食的"，小青椒连连道歉离开，这个时候，它的心情怎么样？你是从哪里看出来的？（教师出示小青椒沮丧心情的图谱）

师：小让遇到了变身失败的小青椒，听了它的遭遇，小让决定帮助它。如果你是小让，那么你会怎么帮助它呢？

（三）引出结局

师：（PPT演示，师幼共读）我们一起来看看，小让是怎样帮助小青椒的吧？

师：现在，小青椒的心情怎么样？小让呢，你觉得他在想些什么？（教师出示小青椒感动表情的图谱）

小结：在小让的帮助下，小青椒实现了它的梦想，开心极了，小让好像也没那么讨厌青椒了。

三、完整回顾，总结提炼

师：绘本讲完啦，你们还记得这个绘本的名字叫什么吗？它是一个怎样的故事？（根

据图谱一起简述绘本故事）

师：看了这个故事，你有什么感受？你有什么收获吗？

总结：小朋友们，如果你们遇到了不喜欢的食物，那么请先给食物一次被吃掉的机会。没准儿尝试过后你会和小让一样，发现这个食物并没有那么不喜欢。

活动延伸

（1）将绘本《这里怎么会有青椒》放置阅读区供幼儿阅读。

（2）展开想象，尝试改编。如果小让没有在回家路上遇到小青椒，那小青椒的梦想还能实现吗？会怎么实现呢？接下来会发生什么呢？幼儿之间互相讨论，对接下来的故事进行改编，并讲给大家听。

（宁波幼儿师范高等专科学校学前教育专业　章佳雯）

10. 中班语言活动：狮子就是狮子

设计意图

绘本《狮子就是狮子》用简单的语言和色彩明艳的图画，描绘了一头试图伪装自己获取小朋友的信任，最后却暴露本性想要吃掉他们的狮子。绘本故事情节层层递进，多次通过提问"狮子还是狮子吗"，帮助幼儿在阅读中思考。狮子做再多的伪装都掩盖不了它凶猛的本性，隐喻了生活中的安全隐患，也能让幼儿在阅读的过程中，提高安全意识。《3～6岁儿童学习与发展指南》语言领域的目标中指出：4～5岁幼儿能根据连续画面提供的信息，大致说出故事情节，随着作品的展开体会作品表达情感。为此，我设计了本次活动，通过多元精读、大胆创编、联系实际等多个环节来引导幼儿阅读思考，提升幼儿的绘本阅读能力，增强幼儿的安全意识。

活动目标

（1）观察画面，理解狮子反复伪装、终被识破的故事情节。

（2）根据引导，发现生活中隐藏的危险，尝试提出简单解决办法。

（3）体会阅读绘本的乐趣，具有一定安全意识。

活动重难点

（1）活动重点：感知绘本内容，理解狮子伪装的故事情节。

（2）活动难点：根据引导，发现生活中隐藏的危险，尝试提出简单解决办法。

活动准备

绘本挂图，教学PPT（英国绅士图片、生活隐藏安全的图片视频），绘本图片（每人一份），小组安全隐患图。

活动过程

一、观察封面，设疑激趣

（一）对比分析，引出主题

师：请小朋友们仔细观察图片上的狮子，它有什么特点？和你知道的狮子有什么不同吗？

小结：确实，这只狮子的打扮真不简单，它很精神、很绅士（PPT出示英国绅士装扮），看起来很礼貌、很善良。

（二）抛出问题，引发兴趣

师：图片上的狮子和小朋友坐在一张桌子上，穿着西装拿着刀叉一起进餐。它像一个真正的绅士吗？它会一直这样彬彬有礼，和小朋友们友好相处吗？让我们一起来看看这本书，寻找答案吧！

二、分段阅读，理解内容

（一）多元阅读，理解情节

1.进入故事开头，教师带读

师：这是一只看起来很凶猛的狮子，看看它的外表是什么样的？它的模样可真让人感到害怕，它用了什么办法让自己变得没那么吓人的？

2.自主阅读，思考讨论

师：请小朋友们自己阅读第3～9页内容，告诉我狮子做了什么？它为什么要这么做呢？那它做了这些，狮子还是狮子吗？看完之后和你的好朋友说说自己的想法，也可以举手，大胆告诉老师。

小结：狮子打扮了自己，看起来像个绅士，它还会有礼貌地向人问好，和小朋友们一起跳舞，一起吃饭。那它还是那只狮子吗？

（二）共探结局，情境演绎

1.出示第10页内容，幼儿观察，识破狮子的伪装

师：这次，你们看到了一只怎样的狮子？（突然！狮子把盛布丁的盘子都嚼碎了，亮出了自己的尖牙和爪子，瞪大了眼睛，甚至把脚放到了桌子上，它想把故事里的小朋友吃了呢！）它是绅士吗？对啊，它再怎么打扮都还是狮子，这次你们知道了吧？

2.师幼共读第11～12页，情境演绎学习自护

教师扮演狮子向幼儿提出要求，请幼儿思考对策进行拒绝；熟悉后，幼儿之间相互进行角色扮演。在演绎时，引导幼儿学会说"不""我会介意""不行"等词句来表明立场，并积极寻求他人的帮助，学会拒绝。

师：如果这只狮子还来找你，那你应该怎么办？请你找一个小伙伴，一个人扮演狮子，另一个人扮演小朋友，表演一下你们想到的好办法！

（三）教师小结

小结：狮子戴上了帽子，穿上了西装，拎着雨伞。它跟小朋友问好的时候彬彬有礼，吃饭拿着刀叉，甚至还和小朋友们一起唱歌、跳舞。可狮子就是狮子！它隐藏得再好，最后还是张大嘴巴想要吃掉和它一起唱歌、跳舞的小朋友。小朋友们要擦亮眼睛，在感觉有危险时勇敢说"不"。现在，让我们找找藏在我们生活中不易察觉的，可能会对小朋友的安全造成危险的"狮子"吧！

三、联系实际，巩固经验

（一）出示案例，小组讨论

幼儿分组，桌子上备好幼儿园中常见或隐藏的危险，请幼儿观察辨认并提出解决办法或自我保护的办法。

各小组桌上摆放一幅幼儿园安全隐患图。

案例1：幼儿园野战区滑轨终点没有铺垫子就有幼儿开始玩了。

案例2：放学时，一个不认识的漂亮阿姨说是你妈妈的朋友，想要接走你。

案例3：二楼教室阳台美丽的栏杆。

师：我们的身边有没有这样看起来很美的"大狮子"呢？（PPT展示三幅幼儿园安全隐患图）这些位置你们熟悉吗？你发现了什么危险，你又会怎么去解决？（出示记录表）

提示任务规则：这些小任务已经在桌上等待你们了，接下来请你到自己的小组，大家一起合作，找到危险的"狮子"在哪里，思考解决办法，并记录在这张表格里。

（二）成果展示，分享交流

师：现在，我想请你们上来分享一下刚刚发现并记录的"大狮子"，让小朋友们都认识并讨论一下怎么解决。

四、教师小结，活动结束

今天，我们知道了狮子就是狮子，生活中有许多危险跟故事里的狮子一样会装扮自己，不让我们发现。因此，请小朋友们擦亮小眼睛，不仅要学会发现美，还要学会发现身边的危险，保护自己。

活动延伸

（1）将《狮子就是狮子》绘本放置到图书角供幼儿阅读。

（2）引导幼儿在幼儿园日常活动和在外活动时能仔细观察，发现身边危险并保护自己。

（宁波幼儿师范高等专科学校学前教育专业　方舟）

11. 中班语言活动：鼹鼠的皮鞋车

设计意图

《幼儿园教育指导纲要（试行）》中强调，幼儿语言能力是在交流、运用的过程中发展起来的，应为幼儿创设自由、宽松的语言交往环境，鼓励和支持幼儿与成人、同伴交流，使他们想说、敢说、喜欢说、有机会说并能得到积极应答。

最近发现，本班幼儿特别喜欢听故事、讲故事，在活动区常常会聚集讨论故事、图片。大部分幼儿可以根据画面内容，猜想出故事大致情节。但部分幼儿缺乏表达机会。本活动借助故事《鼹鼠的皮鞋车》，创设富有童趣的情境，为幼儿营造宽松、自由的讲述氛围。通过活动，让幼儿在体验讲述故事乐趣的同时，进一步促进其语言能力的发展。

活动目标

（1）能根据画面提供的信息，连续、完整地讲述画面内容。

（2）学会用"擦、刷、推、按"等动词，生动有趣地讲述故事情节。

（3）体验讲述故事的乐趣。

活动重难点

（1）活动重点：能根据画面提供的信息，连续、完整地讲述画面内容。

（2）活动难点：学会用"擦、刷、推、按"等动词，生动有趣地讲述故事情节。

活动准备

（1）物质准备：《鼹鼠的皮鞋车》故事PPT，提示性动词教具图示（刷子、水桶、毛巾、水管），讲述板，变废为宝的作品。

（2）经验准备：带来自己变废为宝的作品，知道刷子、水桶、毛巾、水管的基本用途。

活动过程

一、感知导入，提问激趣

师：看一看，大家看到了什么？闻一闻，大家感受到了什么？再摸一摸自己的鞋子，对比一下，破鞋子是什么样的？

二、观察图片，自由讲述

幼儿用已有的讲述经验，与同伴互相交流。

师：小朋友们，你们看到这幅图里有什么？（小鼹鼠、水桶、刷子、油漆、毛巾）

师：那小鼹鼠会用这些来做什么呀？和你的身边的朋友讨论讨论。

师：哪位小朋友愿意来和我们分享这幅图里面发生的故事？

个别展示，邀请2～3名幼儿上台讲述。（个别差异性，教师要充分了解幼儿现有水平）

三、寻词细琢，加深印象

师：这位小朋友讲得很棒，大家都听到他用了哪些很好听的词语啊？（擦一擦、推一推……）

师：原来，用这些动词可以让故事更好听啊！小朋友们，我们再来仔细找一找小鼹鼠修车到底用上了哪些动词吧！

邀请说出动词的幼儿做一做，并让全体幼儿模仿小鼹鼠一起提一提、洗一洗、擦一擦、修一修、刷一刷……

四、借用教具，完整讲述

师：我们用讲述板按大家说的顺序一起再来讲一讲小鼹鼠的修车过程。（依次呈现图标）

师：原来，小鼹鼠修车用到了这么多的动词，大家知道这些动词的顺序吗？我们一起来排一排。（提一提、洗一洗、擦一擦、修一修、刷一刷）

师：排好啦，我们用上这些动词再来讲一讲小鼹鼠是怎么修车的吧！（能使用"擦、刷、推、按"等动词，生动有趣地讲述故事情节）

五、情境体验，感悟快乐

师：小鼹鼠的表情是怎样的啊？它做了什么呀？（小鼹鼠很开心。送小兔子去上学，帮助小松鼠运输松果）

小结：原来很不起眼的东西，在小鼹鼠的双手下变成了宝贝。只要经过我们的努力，不起眼的东西也可以变得有用，可以帮助别人，给他人带来快乐。

活动延伸

在手工区为幼儿提供安全的废旧物品、操作性强的材料，鼓励幼儿用新学的动词和家人讲述变废为宝的独特方法、快乐。

（宁波幼儿师范高等专科学校学前教育专业　包宇虹等）

大班

1. 大班语言活动：小老鼠的蛋

设计意图

《小老鼠的蛋》是四幅图片连贯而成的故事，画面中蕴含丰富的线索，富有趣味，易激发幼儿的兴趣和想象。大班幼儿在讲述方面具备了一些经验，能在观察画面的基础上用基本完整的独白语言进行讲述。但在讲述中，也会存在缺少故事要素（如时间、地点等），角色对话较少，语句简单等问题。因此，本次活动希望搭建支架，引进新的讲述经验，拓展幼儿的语言经验并提升其讲述能力。

活动目标

（1）仔细观察画面，根据线索进行连贯、完整的讲述。

（2）根据物体局部进行合理想象，并清楚地描述蛋破的过程。

（3）在同伴合作中感受讲述的乐趣。

活动重难点

（1）活动重点：仔细观察画面，能在图示支架的帮助下尝试讲述。

（2）活动难点：根据物体局部进行合理想象，创编故事情节。

活动准备

PPT、操作卡、空白卡片、记号笔、小黑板。

活动过程

一、创设情境，引出故事

（一）故事开头

出示第一幅图片，引导幼儿观察、猜测。

师：今天的天气怎么样？对呀！这么好的天气有一只小老鼠抱着一个圆溜溜的东西

出门去了。你觉得小老鼠抱着的这个圆溜溜的东西是什么呀？它会去干什么呢？

（二）故事结尾

出示最后一幅图片，激发幼儿好奇心。

师：今天的天气真好呀！小老鼠抱着一个圆溜溜的东西出了门，可是突然怎么了呀？小鸡从蛋壳里钻了出来。那你觉得蛋是怎么破的呀？可能会发生什么事情呢？

二、搭建支架，学习讲述

（一）大胆猜测

出示第二幅图片。

师：小老鼠看到了一个奇怪的洞，咦？小老鼠是怎么看的？你觉得这是什么呀？

师：小朋友们的猜想都很有意思，这个黑漆漆的洞到底是什么呢？原来，小老鼠遇见的是大象，小老鼠抱着蛋遇见了大象，那蛋怎么会破的呢？

（二）引入支架

师：小老鼠在大象鼻子边上看来看去，大象会有什么感觉呢？它会怎么想？

师：这里有一个"小云朵"（提示图）来帮助你们，"小云朵"放在谁的旁边，它就会说什么，想什么。谁愿意来试一试，在"小云朵"的帮助下讲一讲这幅图片。

小结：小老鼠踮起脚尖，伸长脖子，探着脑袋，在洞里看了又看，大象觉得有点痒，于是就打了一个大喷嚏。

（三）尝试讲述

出示第三幅图片。

师：大象打了一个这么大的喷嚏呀！那小老鼠和蛋会发生什么事情呢？接着，蛋怎么了？小老鼠是怎么想的？请你也用"小云朵"试着讲一讲这幅图片吧。

三、发挥想象，创编情节

（一）完整讲述

出示四幅图片。

师：我为你们每个人准备了这个故事的四幅图片和许多"小云朵"。请你把"小云朵"贴在需要的位置，和同伴讲一讲这个有趣的故事吧。

（二）个别讲述

师：谁想要讲给大家听一听？

（三）神奇的××

师：如果小老鼠遇见的是这样东西呢？这是什么呀？原来这是××，怎么会让蛋破了呢？

师：老师这里还有许多奇怪的东西，它们又会是什么呢？遇到这些东西，蛋怎么会破了呢？老师把小老鼠故事的开头和结尾都放在了故事卡片上，四位小朋友为一组，你们可以在箩筐里找需要的图片，画一画它会是什么，把它编进故事里。每个人都可以讲一讲这个故事。然后，选出一位你们认为讲得最好的小朋友把你们小组的故事分享给我们听哦。

（四）交流评价

师：你喜欢谁的故事？说说你的理由。

（宁波市市级机关第二幼儿园　翁丽霞）

2. 大班语言活动：了不起的中国人

设计意图

在"大中国"主题的前期学习中，大班幼儿对祖国的辽阔疆域、灿烂文化已有初步认知，在此基础上，由认识中国的风物延伸到认识中国人。本次活动选择以"了不起的中国人"作为讲述的凭借物，基于原有认知，幼儿对此主题具备一定经验，有话可说。但讲述语言是一种独白语言，尤其考验讲述者的构思、语言表达能力。大班幼儿能描述人、事、物的基本特征，在日常生活中能初步运用说明性语言，但语言的规范性、顺序性及逻辑性相对欠缺，因此，本活动将运用图片支撑、小组合作、解说游戏等多种教学策略，提高幼儿在讲述活动中的构思能力、语言表达能力。

活动目标

（1）理解"了不起"的含义，围绕"了不起的中国人"讲述主题进行完整构思。

（2）借助已收集的相关信息，尝试按一定结构清楚、有序、丰富地进行讲述。

（3）萌发身为中国人的自豪感。

活动重难点

（1）活动重点：围绕"了不起的中国人"主题进行讲述。

（2）活动难点：尝试按一定结构进行讲述，运用丰富的词汇及规范的语言。

活动准备

（1）亲子共同收集"了不起的中国人"的图片资料、小视频、PPT。

（2）能展示图片资料的空白展板5～6块。

（3）每位参观幼儿自制一个大拇指牌，上面有3张"集赞贴纸"。

活动过程

一、谈话导入，引出主题

（一）"了不起"的含义

师：之前，我们与爸爸妈妈一起收集了许多"了不起的中国人"，今天我们就一起来交流一下吧！"了不起"到底是什么意思？什么样的人才称得上是"了不起"呢？

（二）了不起的中国人

师：请你说说心中了不起的中国人是谁？他（她）为什么了不起？

二、结合图片，尝试讲述

出示古代四大发明的图片，引导幼儿依据已有经验，讲述"了不起的古代人"。

师：图片中的人是什么时候的人？他们在干什么？为什么说他们了不起？你能介绍一下他们吗？

引发同伴互评学习：他刚刚讲得怎么样？哪里值得你学习？你对他有什么建议吗？

你能来示范一下吗？

三、拓展经验，优化讲述

教师引入讲述新经验，幼儿进阶学习讲述"了不起的现代人"。

（一）尝试丰富讲述词汇

引导幼儿进一步提取画面的关键信息，引导、提示幼儿学习运用准确、丰富的词汇进行讲述，并理解是中国人最早制造发明的，心生自豪感。

1. 出示熟知人物的图片，如屠呦呦、钟南山、景海鹏等

师：他（她）为什么了不起？在他（她）身上发生了什么事？请你先在脑海里思考、设计好关于他（她）的介绍词，然后完整地介绍一下这位了不起的中国人吧！

2. 引发同伴互评学习

师：他刚刚讲得怎么样？你听到他使用了哪些好听的词语？你还有其他的好词语推荐吗？

小结：（结合展板图示）我们在介绍"了不起的中国人"时，可以运用一些好听的字词、语句等，它们有的可以用来形容人的样貌，有的可以用来说明人的动作，还有的可以用来夸奖人的心灵，用上这样的词语，我们的讲述会更加完整、更加有趣。

（二）尝试优化讲述结构

1. 问题探讨

师：我们再继续思考，这份介绍还能变得更好吗？怎么说才能让别人听得更清楚、更明白？需要说清楚哪些内容？先讲什么，再讲什么呢？

2. 根据幼儿回答，教师借助图示进行要点梳理

3. 引导幼儿尝试优化讲述结构

师：请你用上刚刚的好办法，选择一个你崇拜的中国人，再来讲一讲！

小结：原来，当我们介绍的内容变得清楚、有顺序时，听的人更容易听懂。

四、小组合作，迁移应用

（一）将幼儿分组

师：现在，我们根据大家收集的资料进行分组，同类资料的小朋友分为一组，具体为屠呦呦组、景海鹏组、钟南山组。

（二）设计解说词

师：请你们每组共同设计解说词，记录在纸上，然后选出一位小朋友担任解说员，在集体面前介绍这位了不起的中国人。

（三）小小解说员

师：现在，请带上你们组设计的解说词，向我们大家介绍你们组心中"了不起的中国人"。

引发同伴互评学习：你们觉得他们组讲得怎么样？你发现他用上了我们刚刚学习的哪些好办法？你还有什么建议吗？

五、总结评价，持续延伸

（一）分享感受

师：今天，我们解说了好多位了不起的中国人，听了大家的介绍，你心里有什么感受吗？你为什么这么感动（骄傲/自豪）？

小结：是啊，他们都是中国人，勤劳、勇敢、聪明，是了不起的中国人！我们大家也都是中国人呀，我们为自己的祖国感到自豪，我们也为自己是中国人感到自豪！

（二）持续延伸

师：班级的语言区里，还藏着一些了不起的中国人，他们会是谁呢？一会儿请你们去找一找，请你也试试为他们写一写解说词，记得要用上今天学习到的好办法哦！

（宁波市市级机关第二幼儿园　翁丽霞）

3. 大班语言活动：漏

设计意图

《漏》是一个传统民间故事，故事中的语言简单、利落，带着些许口语化色彩，又有多处恰到好处的精妙重复，象声词的应用更使得整个故事形象生动，韵味十足。在故事的三幅图中，仅有的人物语言分别就是三句："哎呀，是'漏'呀！""啊，'漏'又来了！""'漏'啊！"。"漏"带着些许神秘的色彩，在侦探情节下，让"漏"逐渐浮出水面，引发了后续的小偷和老虎互相误会的捧腹情节。幼儿在倾听故事的过程中抽丝剥茧，理解了什么是"漏"及"漏"引发误会的原因，也揭示了做坏事会自食其果的道理。《漏》虽简单明了，却能恰到好处地吸引幼儿的注意，曲折离奇的故事情节既可以充分发展大班幼儿的情节想象和推理能力，也可以让幼儿在诙谐的故事情节中体会到民间故事的独特趣味，感受到中国传统民间故事的魅力。

活动目标

（1）理解故事大意，知道"漏"引发误会的原因。

（2）大胆发表自己的想法，根据故事线索推测什么是"漏"。

（3）喜欢故事幽默诙谐的风格，感受中国传统民间故事的魅力。

活动重难点

（1）活动重点：理解故事大意，感受故事幽默诙谐的风格，大胆发表自己的想法。

（2）活动难点：根据故事线索推测什么是"漏"，知道"漏"引发误会的原因。

活动准备

（1）PPT——神秘来信、部分绘本。

（2）人手一本绘本。

活动过程

一、创设情境，设疑激趣

师：今天，老师带来了一个很有意思的故事，因为这个故事啊，需要我们变成一个个小侦探去破案，越会动脑筋的小侦探，越能在故事里发现玄机。

二、分段解析，猜想情节

（一）讲述故事开头，设置悬念

1. 引出不速之客

师：画面中出现了几个角色？他们分别是谁？猜一猜老虎和这个人在干吗？他们为什么要在这里？

2. 猜测事件起因

师：屋外发出了"窸窸窣窣"的声音，王老汉会有什么反应？

3. 推测情节发展

哪句话引起了老虎和小偷的误会？老虎和小偷听后，觉得"漏"是什么样的？他们会有什么反应？后面会发生什么事呢？

（二）继续讲述故事，深入理解

教师继续讲述故事中间部分，并做如下引导与探讨。

1. 引发误会

师：刚刚发生了什么事？他们为什么要逃跑？

2. 理解误会

师："漏"是小偷（老虎）吗？"漏"究竟是什么？他们想象中的"漏"分别是什么样的，你能用故事里的话说一说吗？为什么他们这么怕"漏"？

小结：原来，他们没见过真正的"漏"，也根本不知道什么是"漏"，而是自己想象出来的，并且把对方误认为了是"漏"。

3. 加深误会

师：发生了什么事？他们见到对方后有什么反应？现在他们知道谁是"漏"了吗？

小结：老虎和小偷从山上滚下来浑身都是泥巴，变成了"泥巴怪"，看起来更可怕了，他们心里深深地相信对方就是"漏"。

师：这下他们还会再去王老汉家吃（偷）驴吗？为什么不敢再去了？"漏"真的是小偷和老虎吗？到底什么是"漏"呢？

三、深入推理，揭晓谜底

（一）插图线索

师：故事的插图里往往有重要的信息，看看在这幅插图里，你发现了什么？"碗"是用来干吗的？那么，"碗"和"漏"有什么关系？

（二）结尾释疑

师：让我们带着对结尾的猜想，再完整地听一听、讲一讲这个有趣的故事吧！

跟随PPT图片，教师连带结尾，与幼儿一同完整讲述故事。

师：现在，你们知道什么是"漏"了吗？这个"碗"的作用是什么？

小结：原来，"漏"不是怪物，而是漏雨的意思，王老汉最怕的就是外面下雨导致屋顶"漏"雨，无法好好睡觉。而这个"碗"正是用来接漏下来的雨的。

四、分享感受，总结归纳

师：听了这个故事你有什么感觉？哪些情节让你觉得很有意思？老虎和小偷为什么最后落得落荒而逃的下场？

总结：今天这个故事，名字就叫《漏》，它幽默风趣，经过一代又一代的人们口口相传，流传到今天，被我们所听到，故事里，我们看到了老虎和小偷的愚蠢与贪婪，让我们明白，做贼心虚没有好下场，最后会自作自受。

活动延伸

语言区投放绘本《漏》，鼓励幼儿自主阅读该故事。

（宁波市市级机关第二幼儿园　王子晴）

4. 大班语言活动：存起来的吻

设计意图

《存起来的吻》是一个关于"爱和成长"的故事。当斑马小奔去参加夏令营感到担忧、害怕时，斑马一家是如何鼓励成长中的小斑马的呢？到底是什么样珍贵的礼物，给了小斑马强大的信心与勇气呢？绘本画面细节丰富，尤其是醒目的红盒子，仿佛在无声地告诉幼儿这条重要的线索，十分适合大班幼儿仔细观察，细细品读，并且斑马小奔与大班的幼儿一样，面临着分别、面对着"独立"的挑战，绘本中传递的情感与价值观便于大班幼儿共情，给予他们成长的信心与勇气。

活动目标

（1）读懂画面大意，有逻辑地推测故事情节，积极分享自己的想法。

（2）理解小奔从害怕到独立入睡这一变化的原因，欣赏小奔的勇敢与独立。

（3）大胆分享自己成长的小故事，为自己的变化感到开心。

活动重难点

（1）活动重点：理解小奔从害怕到独立入睡这一变化的原因。

（2）活动难点：与小奔共情，为自己的成长感到开心。

活动准备

（1）人手一本绘本《存起来的吻》。

（2）成长卡、成长树、笔。

活动过程

一、绘本导入，红盒子大猜想

（一）封面中的小奔

师：封面上的斑马叫小奔，你们觉得它现在的心情怎么样？为什么心情不太好？小奔手上拿着的红盒子里装着什么呢？

（二）扉页上的红盒子

师：这个红色的小铁盒再次出现了，有什么作用呢？

二、自主阅读，红盒子的魔法

（一）揭秘红盒子

1. 自主阅读第1～6页，忧愁的小奔

师：小奔为什么愁眉苦脸？红盒子是用来装什么的？你是从哪里看出来的？这些"吻"有什么用呢？你觉得这部分绘本主要讲了一件什么事？

2. 集体共读第7～9页，远行的小奔

一次性出示第7～9页。

师：现在知道小奔要去干什么了吗？出发前小奔的心情是什么样的？为什么？

教师讲述绘本第1～9页。

（二）有爱的吻

1. 自主阅读第10～22页，无形的力量

师：坐在火车车厢里的小奔为什么还是紧紧握着红盒子？其他小斑马的反应如何？黑暗中的小斑马会是什么心情？它是怎么克服困难的？

2. 第二次阅读第10～22页，慷慨的小奔

师：其他斑马都能独立睡觉吗？发生了什么事？小斑马是怎么做的？它自己还有"吻"吗？我们再来仔细看一看绘本吧。

3. 第三次阅读第10～22页，收获的小奔

师：小奔一个"吻"都没留给自己，它还能睡着吗？醒来后的同伴们是怎么做的？它们会怎么说？

教师讲述绘本第10～22页。

（三）了不起的小奔

师：小奔是怎样从害怕变得勇敢的？为什么后来没有了爸爸妈妈的吻，它也能睡得着呢？

小结：是爸爸妈妈的爱和对小伙伴的关心让小奔变得越来越勇敢，只要勇敢地试一试，慢慢就会发现其实没什么好害怕的。

三、师幼共读，我心中的小奔

师：我们再来一起翻阅绘本，会讲的小朋友可以和老师一起讲哦。

师：你觉得小奔是一个什么样的孩子？为什么？

四、情感共鸣，成长中的我

师：你有没有遇到过很困难的事？你是怎么克服的？可以把这件事画下来，和小组的小伙伴们说一说自己的经历，并将这张画贴在成长树上。

小结：我们马上就要成为一名光荣的小学生了，相信在这个过程中同样会遇到害怕、担心、焦虑的事，可以学着同伴们的好办法，克服困难，让自己变得越来越勇敢！

（宁波市市级机关第二幼儿园　黄婧怡）

5. 大班语言活动：三只小猪的真实故事

设计意图

《幼儿园教育指导纲要（试行）》明确指出：鼓励幼儿大胆、清楚地表达自己的想法和感受，尝试说明、描述简单的事物或过程，发展语言表达能力和思维能力。大班幼儿已经具备一定的阅读能力，并能较为完整、清楚地复述故事内容，但对画面细节的把控、对情节的推测能力有待提升。《三只小猪的真实故事》绘本是对《三只小猪》故事的改编，角度新奇怪诞，能瞬间勾起幼儿的阅读好奇心。其中有趣的故事情节能激发大班幼儿对绘本阅读的兴趣，也有利于其挑战自我、推理情节，进一步促进大班幼儿语言表达能力和逻辑思维能力的发展。

活动目标

（1）理解绘本内容，感受绘本新奇怪诞情节带来的趣味。

（2）仔细观察绘本中的画面信息，大胆推测故事的真相，并说明理由。

（3）乐意与同伴交流讨论，敢于表达自己独特的见解。

活动重难点

（1）活动重点：理解绘本内容，感受绘本情节的趣味性。

（2）活动难点：大胆推测故事的真相，用完整的语言表达自己的想法。

活动准备

（1）物质准备：《三只小猪的真实故事》PPT，若干份《三只小猪的真实故事》绘本，小话筒，《小猪日报》大贴纸，《大灰狼日报》大贴纸，绘本细节的放大照片。

（2）经验准备：听过《三只小猪》的故事，知道故事里面的主要人物和大致的情节。

活动过程

一、出示封面，引起兴趣

师：我今天带来了一本书（出示封面），这是一本什么书呢？说说你们的发现。

师：这里有一只大灰狼。它和你平时见过的大灰狼有什么不同呢？是啊，它看起来挺绅士，很友善的样子。还有什么发现吗？

幼：我看到题目是"三只小猪"（大班幼儿很多都认识字了，教师可在他们基础上补充）。

师：难道我们以前听到的《三只小猪》不是真的？那么，这个故事的真相究竟是什么？让我们一起来看看，大灰狼是怎么说的吧！

二、阅读绘本，理解内容

（一）教师引导阅读

1. 集体阅读第 1～4 页

师：大灰狼为什么要去找小猪们？（引导幼儿发现这件事由一杯糖引起，以及大灰狼的汉堡里面有兔子的耳朵）

2. 集体阅读第 5～12 页

师：第一只小猪是用什么材料盖的房子？大灰狼是怎么评价第一只小猪的？大灰狼

做了什么，第一只小猪就死了？如果你是大灰狼的话，看到第一只小猪死了你会把它吃掉吗？

（二）幼儿自主阅读

师：小朋友们，后来还会发生什么事情呢？请你们取出自己的图书，继续阅读这个故事。

1. 自主阅读第13～16页

师：第二只小猪是用什么材料盖的房子？大灰狼是如何评价第二只小猪的？第二只小猪死了，大灰狼会把它吃掉吗？

2. 自主阅读第17～20页

师：第三只小猪是用什么材料盖的房子？大灰狼是如何评价第三只小猪的？第三只小猪做了什么，大灰狼开始发狂的？大灰狼吃掉第三只小猪了吗？

三、查找线索，寻找真相

（一）重读绘本，提出疑问

幼儿共同阅读第21～22页，提问：大灰狼说谁把故事夸大了？大灰狼最后怎么样了，借到糖了吗？

（二）小组合作，查找线索

分小组查阅资料，探讨大灰狼诉说故事的真伪。（教师选择性地将绘本里的透露信息的某几幅图片，提供给各小组）。

师：事情的真相到底是什么？我们回到故事里去找找资料吧！请大家选择一个小组，合作研究桌上的线索。

（三）集中交流，探讨真伪

引导幼儿用绘本中的证据支撑自己的观点。例如，起司汉堡里露出来的兔子耳朵、猪尾巴，大灰狼做蛋糕的原料里面的兔耳朵，大灰狼做蛋糕的神情，大灰狼奶奶的照片，大灰狼吃掉小猪以后得意的神情，大灰狼穿着囚服有了花白的胡子，说明大灰狼被关了很久了。

四、分享感受，总结活动

师：看了这本书，你有什么感受呢？

总结：两个人在生活中发生矛盾的时候，站在自己的立场上，大家都觉得自己有理。当遇到这种情况的时候，我们不能只听一个人的说法，而是要去辨别、去分析，从而形成自己的想法。

活动延伸

教师在语言区放置《三只小猪的真实故事》绘本，幼儿与同伴讨论有没有其他被忽略掉的证据。

（宁波幼儿师范高等专科学校学前教育专业　高卓）

6. 大班语言活动：游子吟

设计意图

在众多文学作品中，古诗作为我国文学史上一颗璀璨的明珠，熠熠生辉，读起来朗朗上口，韵律优美，寥寥数字便能描绘出或情或景的画面，时而气势磅礴，时而婉转灵动，具有极高的审美教育与语言教育价值，符合《3～6岁儿童学习与发展指南》"引导幼儿接触优秀文学作品"的倡导。

大班幼儿能初步感受文学语言的美，对汉字较为感兴趣，能结合情境理解相对复杂的句子，愿意与他人讨论问题，敢在众人面前说话。观察发现，当前幼儿园活动中，学习古诗的较少，即便是有这种活动，也大多是机械的记忆和简白的表述，难以让幼儿感受古诗的韵律美和表达的情感。同时，大班幼儿古诗教育教学活动中也具有一定挑战性，不仅幼儿对诗词的理解存在一定难度，古诗背后传递的丰富感情更考验他们的理解能力与共情能力。因此，我将教学内容的选择转向我国优秀传统文化，聚焦于幼儿古诗这一文学体裁，采用多媒体进行教学，巧用图谱教学，引导幼儿理解古诗，化解诗歌教学的难点，并在古诗教学中渗透音乐，让幼儿感受古诗的韵律美。

活动目标

（1）理解古诗内容，了解"寸草心""三春晖"等词，感受诗中的母子深情。

（2）能按照古诗的韵律和节奏，尝试加入动作有感情地进行朗诵。

（3）懂得感恩父母，愿意表达对父母的爱。

活动重难点

（1）活动重点：理解古诗内容，了解"寸草心""三春晖"等词，感受诗中的母子深情。

（2）活动难点：能按照古诗的韵律和节奏，尝试加入动作有感情地进行朗诵。

活动准备

（1）物质准备：歌曲《我的好妈妈》、视频《游子吟》、古诗配画、古典乐伴奏、图谱、妈妈对孩子说的话录音、PPT。

（2）经验准备：有简单古诗的学习经历。

活动过程

一、歌曲导入，引出主题

（一）播放歌曲，引出主题，激发幼儿兴趣

师：这首歌曲主要讲的是谁？

（二）介绍自己的妈妈

师：谁来说说自己的妈妈是长什么样子的？都会做什么事情？做什么最棒？

小结：你们都有一个漂亮、能干的妈妈，今天老师也要向你们介绍一位慈爱的妈妈。

二、播放视频，初步感知

（一）出示完整的古诗画面

师：老师这里有一幅古代的画，请小朋友们仔细观察画面，这幅画里都有什么？这幅画到底讲了一个怎样的故事？

小结：这幅画讲的是儿子和母亲之间的故事，儿子马上就要离开母亲，去到很远的地方了，母亲很舍不得他，为他缝制新衣服。

（二）播放《游子吟》视频，初步感知古诗内容

师：你们知道吗？这个孝顺的儿子就是孟郊。你听说过孟郊这个人吗？其实，他是唐代一位很有名的诗人。他把这个温暖感人的故事，写成了一首好听的诗歌。我们一起来欣赏吧！

三、出示图片，深入理解

（一）出示第一幅古诗配画，理解古诗中的关键词"慈母""游子"

师：视频中这位妈妈做了什么事情？她在为谁缝衣服？为什么要缝衣服？

小结：她的孩子要去很远的地方工作、学习，这样的孩子就叫"游子"。这幅画面讲的就是一位慈爱的母亲手中拿着线，帮即将远去的孩子缝制新衣服。在古诗中的诗句为：慈母手中线，游子身上衣。（出示图谱）

（二）出示第二幅古诗配画，理解古诗中的关键词"密密缝""迟迟归"

师：你觉得这衣服缝得轻松吗？你是从哪里看出来的？为什么母亲要这么细致地缝衣服？

师：这幅画面讲的是在游子临行前，母亲忙把衣服缝得很密、严严实实的，担心孩子一走要很久才能回来。在古诗中的诗句为：临行密密缝，意恐迟迟归。（出示图谱）

师：你有没有离开过自己的妈妈？当时你的妈妈做了什么，说了什么？她当时是什么心情呢？你觉得这是一位怎样的母亲？

小结：我们的妈妈都很关心我们，妈妈送小朋友们来幼儿园时，会提醒小朋友们要穿好衣服，要吃饱饭，要玩得开心。原来，我们的妈妈和古诗中这位慈爱的母亲一样，都非常爱自己的孩子。

（三）出示第三幅古诗配画，理解古诗中的第三句"谁言寸草心，报得三春晖"

师：这幅画面和之前有什么不一样的地方？画面中有什么？又代表什么意思呢？那这是谁的寸草心呢？因此，在诗人的心目中，他的母亲像什么？（三春晖）

小结：这幅画面讲的是谁能说孩子那像小草一样微小的孝心，可报答像春天的阳光般伟大的母亲呢？古诗中的诗句为：谁言寸草心，报得三春晖。（出示图谱）

四、出示图谱，完整朗诵

出示图谱，根据图谱理解诗句并有感情地朗诵古诗。请幼儿以集体、分组、个别等朗诵形式进行朗诵表演。

（一）根据图谱，集体朗诵

师：现在我们根据图谱，一起来朗诵这首古诗，朗诵的时候要加上题目和诗人。

（二）根据图谱，分组朗诵

师：为了让小朋友对这首古诗更加熟悉，接下来，我们玩一个小比赛，我们进行男女生朗诵比赛，看看哪一组朗诵得更整齐，并且要念对，可以看着图谱念。

（三）根据图谱，个别朗诵

师：现在，老师想请小朋友们来做一做小老师，单独再来读一读这首古诗。有一个小要求，要有感情地读，把妈妈对孩子的爱读出来。那我们怎么朗诵才能有感情呢？（慢一点）

师：我们读的时候可以慢一点，还可以一边朗诵一边把这个画面在脑海里想象出来。老师还想再请一些小老师，来带领其他小朋友一起朗诵。

（四）配乐朗诵

师：现在，老师想给小朋友们提升一点小难度，请小朋友们有感情地读，把妈妈对孩子的爱读出来。这次我们加上一点音乐伴奏，根据伴奏，让这首古诗朗诵起来更加有感情。

（五）教师抽出图谱支架，引导幼儿通过动作进行记忆

师：刚刚小朋友朗诵得非常有感情，而且非常流畅非常棒，我们给自己鼓鼓掌。我们已经能跟着伴奏进行朗诵了。刚才我们是看着图谱来朗诵的，这次我们玩一个新的游戏，我们给这首古诗加上动作，小朋友可以根据自己的想法进行创编。

师：有没有小朋友可以上来分享一下自己编的动作？你为什么做这个动作呢？

师：这次小朋友们可以跟着伴奏一边朗诵，一边做动作，我们就不看图谱了。

五、大胆表达，抒发情感

（一）鼓励幼儿大胆表达自己对妈妈的爱，学会感激妈妈的养育之恩

师：今天，我们学习了这首关于母爱的古诗。古诗中的母亲非常爱她的孩子，你们的妈妈也很爱你们，她还有话想对你们说，想不想听听？

师：妈妈很爱你是吗？那你们有没有话想对妈妈说？我们也把自己想说的话拍下来给妈妈看好吗？

（二）通过播放歌曲《游子吟》，帮助幼儿再次巩固古诗内容

师：老师这里还有一首好听的歌曲《游子吟》，现在我们跟随音乐一起放松放松。

活动延伸

延伸至美工区：请小朋友们把妈妈关心自己的事情及自己帮妈妈做什么画出来，回到家把作品送给妈妈并表达对妈妈的爱。

（宁波幼儿师范高等专科学校学前教育专业　陈宇飞）

附：

游子吟

［唐］孟郊

慈母手中线，游子身上衣。
临行密密缝，意恐迟迟归。
谁言寸草心，报得三春晖。

7. 大班语言活动：风是什么颜色？

设计意图

风是什么颜色？我们很难去定义，而绘本《风是什么颜色？》以一个盲童的视角进行了诠释，需要幼儿用心感受，去体验成为盲童的感觉，并在这个过程中产生同理心，对于特殊群体不戴有色眼镜，用纯真的爱去关注这一群体。那风是什么颜色？这一问题没有答案，需要引导幼儿从内心深处出发，去感受风是什么颜色，爱是什么样子。大班幼儿能阅读并理解故事内容，但在语言表达和情感体会方面还有所欠缺。通过本次活动，可以让幼儿在多元阅读、规律梳理、游戏巩固等过程中多表达、多感受，从而促进其语言能力及社会性能力的发展。

活动目标

（1）仔细观察画面，理解各种动物眼中风颜色不同的原因。

（2）能运用"风是……色的，就像风吹起来，……的颜色"的句式讲述绘本内容并创编。

（3）乐于阅读绘本，萌发对特殊人群的关爱之情。

活动重难点

（1）活动重点：理解各种动物眼中风颜色不同的原因，萌发对特殊人群的关爱之情。

（2）活动难点：运用"风是……色的，就像风吹起来，……的颜色"的句式讲述绘本内容并创编。

活动准备

绘本《风是什么颜色？》、绘本PPT课件、角色卡片、动物图片。

活动过程

一、观察绘本封面，引题激趣

师：今天，我们要一起看一本书（出示封面），这是关于谁的故事呢？这个男孩有什么不一样的地方？（闭着眼睛、有墨镜等）你知道他为什么闭着眼睛吗？

师：原来，这个和大家差不多大的男孩，叫小巨人，是一个盲人。你知道盲人的世界、盲人的生活是什么样的吗？

小结：就是这样一个看不见的男孩，他一直有个梦想，想要知道风是什么颜色的。于是，他打算出发去寻找答案。你知道风是什么颜色的吗？每个人都会有不同的想法，没关系，我们一起来看看这个故事。

二、阅读绘本，感知内容

（一）教师引导，共读第一部分

出示相关绘本PPT画面，播放狗叫的声音，让幼儿猜测，提问：男孩遇见了谁？

师：男孩首先遇到的是小狗，并问小狗"风是什么颜色的"（出示绘本画面和音频）。小狗回答："风是彩色的，就像风吹起来，百花盛开的颜色。"

师：（继续播放PPT）听，这又是谁？原来是狼。小巨人会怎么问？狼又会怎么回答？狼回答："风是棕色的，就像风吹起来，森林阴沉沉的颜色。"

师：小狗和狼眼中风的颜色一样吗？为什么不一样？

小结：其实，风在我们每个人眼中都是不一样的，我们都有属于自己的感受，比如，小狗生活在人类的家园，有草地、鲜花，更有人类的关怀，因此它的世界是五彩缤纷的；而狼生活在树林中、荒野中，是很孤独的，它的世界简单却也漆黑。

（二）解读句式，初步理解

师：小狗和狼眼中的风美不美？它是什么颜色的？你能用刚刚书上那样优美的句子来说一说吗？

同伴互助共学：他说得怎么样？我们一起来学一学吧！

（三）幼儿自读，深入理解

师：风的颜色究竟是不是像小狗说的那样？男孩还会遇到谁呢，它们又会怎么说？接下来，请小朋友们拿出图书，自己读一读后面的故事。

幼儿自主阅读，教师巡回指导。

鼓励同伴交流：如果你读完了，可以和身边的小伙伴聊一聊，你读到了什么。

三、回顾绘本，能力巩固

（一）回忆内容，句式运用

师：音乐停了，请小朋友们把书放回书袋里，跟着小巨人一起来回顾一下吧。（等待幼儿全部坐好）

师：最后，小巨人靠着大树坐了下来，叹了口气，说"风到底是什么颜色呢"，于是他开始回忆……他在这一路上都遇到了谁呢？它们是怎么回答的呢？你能用刚刚小狗、狼回答那样的句子来说一说吗？

教师根据幼儿回答，在小黑板上实时贴图，帮助梳理。

（二）角色扮演，句式巩固

师：现在，老师想请几位小朋友来扮演小巨人和各种动物，老师来扮演大巨人，我们一起来表演一下这个绘本故事吧，请记得，一会儿要用上刚刚学习过的好听的句子哦！

四、总结提炼，情感升华

师：谢谢小朋友们精彩的表演，最后小巨人终于感受到了风的颜色，可是别忘了，小巨人他看不到，那他是怎么感受到风的颜色的呢？（通过摸、听、闻）

总结：其实在我们这个世界上，还有许许多多特别的人（出示图片），他们有的眼睛看不见，有的耳朵听不见，有的无法便利地行走。但是，他们都用自己的方式去理解美丽的世界，去寻找风的颜色，去感受光的温暖，对于这样特别的人们，我们应该尊重他们、关爱他们！

活动延伸

将绘本《风是什么颜色？》放置阅读区供幼儿阅读，在语言区玩绘本游戏。

（宁波幼儿师范高等专科学校学前教育专业　洪怡）

8. 大班语言活动：其实我是一条鱼

设计意图

《3～6岁儿童学习与发展指南》中提出：大班幼儿能根据故事的部分情节或图书画面的线索猜想故事情节的发展，或续编、创编故事。《其实我是一条鱼》是一本水彩绘本，画面可爱又轻松。丰富的色彩给幼儿以直观的感受，能激发幼儿的想象。故事的主人公叶子在旅途中帮助别人，将自己变成了小船、雨伞、信纸、口琴、帆，这样神奇而又玄幻的故事情节能吸引幼儿的阅读兴趣，很适合大班幼儿进行推理、猜想或续编、创编故事情节，符合大班幼儿的学习和年龄特点。因此我借用该绘本，设计了本次活动，采用多元阅读、有效提问、图谱梳理、游戏巩固等方式促进大班幼儿语言能力和创新思维的发展。让幼儿在阅读的过程中，体会绘本中叶子勇敢、奉献、坚持的精神，感受爱与被爱的美好。

活动目标

（1）理解叶子并清晰、连贯地表述帮助别人的故事情节。

（2）能根据画面线索猜测故事情节并进行创编。

（3）体会叶子勇敢、奉献、坚持的精神，感受爱与被爱的美好。

活动重难点

（1）活动重点：理解并清晰、连贯地表述叶子帮助别人的故事情节，体会叶子勇敢、奉献、坚持的精神，感受爱与被爱的美好。

（2）活动难点：能根据画面线索猜测故事情节并进行创编。

活动准备

物质准备：绘本PPT课件、图谱。

活动过程

一、谈话导入，引题激趣

师：小朋友们，你的梦想是什么？

师：今天，老师也带来了一本关于梦想的书。请你们看看这是一本关于谁的梦想的书？没错，这本书的主人公就是一片小叶子。那它的梦想会是什么呢？

师：原来小叶子想变成一条鱼去大海里看一看。一片叶子要变成一条鱼，你们觉得它的梦想会实现吗？

师：那我们一起跟着书本来看一看。

二、阅读绘本，厘清脉络

（一）观察画面，理解情节

师幼共同阅读情节1～3，理解情节内容并依次出示线索图谱。

1. 情节1

师：图片中小叶子都去了哪里？它去追逐自己的梦想了吗？

师：小叶子飘到了屋顶上、路灯上、小男孩的头上，最后落到了一口井里。可大海那么远它该怎么去往大海呢？（出示水井和大海的图谱，提示幼儿两者距离很遥远）

2. 情节2

师：叶子遇到了谁？（出示蚂蚁的图谱）我们一起来看一看它们在说了些什么？

师：叶子变成了什么？它们去了哪里？（出示小船、池塘图谱）

3. 情节3

师：叶子又遇到了谁？这一次叶子还会帮助青蛙吗？它会怎么对青蛙说？

预设：叶子会说："其实我是一条鱼，但我不介意做你的雨伞。"

师：这一次叶子又变成了什么？它们去到了哪里？

（二）根据图谱，整理线索

师：刚刚叶子都经过了哪些地方？它离大海越来越近了，那它接下来还会去哪里呢？请小朋友们猜一猜它还会经过哪些地方到达大海？（线索1）

师：刚刚叶子都变成了哪些东西帮助别人？它为什么会变成这些东西？（线索2）

预设：因为别的小动物把叶子当成了这些东西。

师：原来，这些东西都和叶子的形状与作用非常相似。

（三）自主阅读，猜测情节

1. 幼儿自主阅读

师：接下来，叶子还会遇到谁呢？你们猜一猜叶子还会变成什么帮助它们？最终叶子有没有完成自己的梦想？请你们带着疑问和猜想自己阅读下面的故事。

2. 幼儿交流讨论

师：书上的内容和你们猜想的一样吗？你们能来讲一讲叶子接下来发生的事情吗？（教师根据幼儿讲述依次出示图谱，展示完整故事情节脉络）

（四）发挥想象，体会情感

师：如果你是蚂蚁、青蛙、松鼠、兔子、蜗牛，叶子帮助了你，你的心里会有什么样的感觉？

师：如果你是它们，你会对叶子说些什么？

预设：我可能会对叶子说："谢谢你帮助了我，我感到非常开心。"

总结：原来，我们帮助了别人，别人就会感受到我们的爱。

三、整体阅读，想象创编

（一）整体阅读，讲述故事

师：刚才我们一起阅读了关于叶子梦想的绘本故事，现在我们跟着图谱完整地讲一讲，回顾一遍叶子的追梦之旅。

（二）大胆想象，创编故事

师：你觉得叶子还会遇到谁？它需要什么帮助？叶子又变成了什么帮助它？请你大胆想一想，创编一段新的故事情节跟小朋友们一起分享一下。

四、主题升华，情感渗透

师：我们一起来看看叶子最后有没有完成它的梦想？

师：叶子的梦想是那么遥远，可它很勇敢，最终完成了自己的梦想，连小猫都以为它是一条鱼，就算变得破破的，它也很开心。

师：你们觉得叶子为什么能完成自己的梦想？

师：在叶子的追梦路上，它遇到了许多需要帮助的朋友，叶子都毫不吝啬地帮助了它们。它帮助了别人的同时也成就了自己，让它离自己的梦想前进了一步，最终变成了小鱼，完成了自己的梦想。叶子这种乐于助人的行为很值得我们小朋友学习。

活动延伸

活动结束后，老师将《其实我是一条鱼》的情节图谱放到美术区，小朋友们也可以将自己创编的新情节按照图谱的形式画下来，再把你创编的故事分享给别的小朋友听。

（宁波幼儿师范高等专科学校学前教育专业　沈园）

9. 大班语言活动：妈妈，你爱我吗？

设计意图

《妈妈，你爱我吗？》是一本关于儿童心理安抚的绘本。绘本以冷色调为主，人物服装颜色多彩，让全书洋溢着宁静柔和的基调。每张插图都生动形象，易于幼儿理解。绘本里独具一格的画风，童谣句式的写作手法深切贴合幼儿的心理特征。绘本使用比喻句"我爱你，胜过……"和隐形否定句"我爱你，直到……"来表达妈妈对小女孩的爱意，让幼儿更好地理解抽象的爱意。《3～6岁儿童学习与发展指南》指出：5～6岁幼儿能说出所阅读的幼儿文学作品的主要内容，能初步感受文学语言的美，对看过的图书、听过的故事能说出自己的看法。这为大班幼儿理解该绘本的内容，体会其中的情感奠定了能力基础。但是，母爱对于大班幼儿来说还是太抽象，不易理解。因此，我设计了本次活动，将以绘本阅读的方式促进大班幼儿语言能力的提升。

活动目标

（1）能理解绘本的内容，感受作品中妈妈和小女孩之间爱的情感及爱的表达方式。

（2）能用"我爱你，胜过……"和"我爱你，直到……"的句式表达对妈妈的爱。

（3）体会绘本中的母女情深，敢于表达对母爱的理解。

活动重难点

能用"我爱你，胜过……"和"爱你，直到……"的句式表达对妈妈的爱。

活动准备

课件PPT、图谱、绘本《妈妈，你爱我吗？》。

活动过程

一、谈话导入，引出故事

师：小朋友们，在你的身边，你爱着哪些人呢？你有多爱他（她）呀？

幼儿自由讨论。

师：我们都想把爱说清楚，可有的时候，爱又很难说清楚。今天，老师带来了一本关于爱的书（出示封面）。你看到了什么呢？这是关于谁和谁的爱呢？（妈妈在划船，旁边坐着她的女儿。这是关于妈妈和女儿之间的爱）

师：故事中的小女孩和她的妈妈也在讨论一个关于爱的问题，我们一起来看看吧。

二、多元阅读，学习句式

（一）教师引导阅读，感受母爱之深

师幼共同阅读绘本开头部分，PPT呈现相应画面。

1. 引导观察

师：小女孩问妈妈有多爱她，妈妈会怎么回答？图片上面有什么？（叼着珠宝的乌鸦，抱着尾巴的小狗，喷着水花的鲸鱼）

2. 探索联系

师：它们之间是什么关系？是啊，乌鸦特别喜欢亮晶晶的珠宝；小狗特别喜欢自己摇来摇去的尾巴；那鲸鱼时时刻刻都要呼吸，会喷出它最爱的水花。妈妈为什么会想到这些东西呢？如果你是妈妈，你怎么用这三个动物形容对小女孩的爱呢？

3. 学习句式

引出句式：我爱你，胜过乌鸦爱它的珠宝，胜过小狗爱它的尾巴，还胜过鲸鱼爱它的水花。（图谱辅助）

现学现用：这里也有五个小动物，它们都是谁？（吃香蕉的猴子，奔跑的狮子，飞翔的小鸟，游泳的鱼，采花蜜的蜜蜂）你能用刚刚那样的句子也来说说妈妈对小女孩的爱吗？请你和旁边的小伙伴分享你的想法。

4. 体会爱之深

师：小朋友们，你觉得妈妈爱不爱小女孩？（爱）那这份爱深不深？如果你是小女孩，你听了妈妈的话，会怎么样？（幼儿回答）

（二）继续画面阅读，感受母爱之久

1. 教师提问，引发思考

提问引导：那这份深情的爱，会维持多久呢？女孩问爱多久，妈妈会怎么回答？

2. 发掘联系，学习句式

观察画面：图片上面有什么？（飞上夜空的皮舟，满天的鱼，在月亮上鸣叫的海雀）

引出句式：我爱你，直到皮舟飞上夜空，直到天上星星变成鱼，直到海雀在月亮上鸣叫。（图谱辅助）

3. 交流探讨，理解爱之久

师：这些东西之间有什么联系吗？皮舟什么时候能飞上夜空？天上的星星什么时候能变成鱼？海雀什么时候能飞到月亮上鸣叫？

师：原来，妈妈会一直一直，永远爱小女孩。

4. 引申联想，运用句式

师：请你想一想，世上还有哪些不可能的事情，也来模仿这句"我爱你，直到……"，可以配上你喜欢的动作哦！

教师示例：我爱你，直到小鸟不能飞翔。

教师邀请幼儿分享自己模仿的句子。

三、幼儿自主阅读，继续理解母爱

师：小女孩还会问妈妈什么问题呢？妈妈又会怎么回答呢？小朋友们自己去书中看看吧！

自主阅读要求：自主阅读至有夹子的部分；请仔细阅读每一页，读一读小女孩与妈妈的对话；可以轻声地和旁边的小朋友或老师交流。

提问：小女孩做了哪些事情？（把蛋打碎；把鲑鱼放在妈妈的毛皮大衣里；把雪貂放进妈妈的手套里；把旅鼠放进妈妈的雪地靴里；把水泼进油灯里；离家出走；学小狼叫，还跟小狼一起睡在冰洞里）（出示图谱）

师：妈妈会怎么样？会因为这些不爱小女孩吗？（幼儿回答）

联系生活：你曾经做过调皮捣蛋的事情吗？你妈妈会怎么样？当时你心里的感受是怎样的？

师：原来，妈妈爱小女孩，不管小女孩做了多糟糕、多坏的事情，妈妈依然会继续爱她。

四、完整欣赏，总结提炼

师：现在你觉得，这份爱说清楚了吗？我们一起，把这个温暖有爱的故事，再完整地读一读吧！（PPT共读）

总结提炼：故事里面的妈妈爱小女孩，比乌鸦爱它的珠宝，比小狗爱它的尾巴，还有比鲸鱼爱它的水花更爱小女孩。爱小女孩，直到皮舟飞上夜空里，直到天上星星变成鱼，直到海雀在月亮上鸣叫。不管她做了多糟糕、多坏的事情，妈妈依然会继续爱她。

小朋友们，你们的妈妈也一定像故事里面小女孩的妈妈一样，一直深深地爱着你们。不信，你就回家问问吧！

活动延伸

（1）区域活动：课后将绘本《妈妈，你爱我吗？》放在阅读区，幼儿可以继续阅读，进一步感受故事中的情感。

（2）家园共育：家长引导幼儿根据绘本《妈妈，你爱我吗？》画面讲述故事内容，并能向妈妈表达自己的情感。

（宁波幼儿师范高等专科学校学前教育专业　王佩楠）

10. 大班语言活动：晴天和雨天

设计意图

《幼儿园教育指导纲要（试行）》中指出：语言能力是在交流、运用的过程中发展起来的，发展幼儿语言的关键是创设一个使他们想说、敢说、喜欢说、有机会说并能得到积极应答的环境。大班幼儿处于语言发展的高峰期，有主动与他人交流的意愿。但是，大班幼儿与同伴交流的语言逻辑性较差，无法清楚、完整地表达自己的观点。为了帮助幼儿更好地与同伴交流，我选取了贴近幼儿生活经验的话题——晴天和雨天，并且抓住该话题的开放性特征，设计成"辩论式"交谈活动，创造了一个自由、宽松的语言交流环境，试图让幼儿在辩论中增强语言表达的逻辑性，体验谈话交流的乐趣。

活动目标

（1）能坚定、清楚地表达对晴天和雨天的看法。

（2）初步学会使用立论、驳论等方法参与辩论。

（3）敢于坚持自己的观点，体会小组合作辩论的乐趣。

活动重难点

（1）活动重点：能坚定、清楚地表达对晴天和雨天的看法。

（2）活动难点：初步学会使用立论和驳论两大法宝。

活动准备

（1）物质准备：教学PPT。

（2）经验准备：幼儿在日常生活中观察到晴天和雨天的变化，感受晴天、雨天对生活的影响。

活动过程

一、循循善诱，初步探讨对晴天和雨天的看法

师：小朋友们，今天的天气怎么样啊？这样的天气，我们叫它什么？晴天的时候是什么样子的呢？（出示PPT图片）

师：那跟它相反的天气叫什么？小朋友觉得雨天是什么样的？（出示PPT图片）

二、妙喻取譬，巧妙引入立论与驳论

（一）表达喜好，引出辩论

师：那小朋友们是喜欢晴天还是喜欢雨天呀？为什么喜欢？

师：有些小朋友喜欢晴天，有些小朋友喜欢雨天，到底是哪个天气好呢？

师：有一种好办法叫作"辩论"，可以帮助我们解决现在的问题。你们知道什么是辩论吗？

（二）经验提炼，梳理法宝

根据幼儿对"辩论"的理解，教师有意识地引出辩论的两大法宝——立论、驳论。

师：如果对方讲得不对呢？那你要不要讲出对方不对的地方呀？

师：讲出对方不对的地方就叫"反驳"，这是我们想到的第一个法宝，那我们该用什么记号表示反驳呢？（教师在白纸上画一个榔头立起来，表示反驳）

师：那如果对方的人一直反驳，可以改变观点吗？

师：对，一直说自己的观点。这就叫作"立论"，这是我们的第二个法宝，那我们该用什么记号表示呢？（教师在纸上画一个勾立起来，表示立论）

三、舌战群儒，辩论赛正式拉开帷幕

（一）自由站队，分组准备

师：那现在请小朋友们选择一个自己喜欢的天气，分成两队，开始辩论吧！（出示PPT图片）幼儿自由选择喜欢的一个天气，分坐成两个小队进行辩论。

（二）妙用法宝，展开辩论

在辩论过程中，教师要鼓励引导幼儿使用已经梳理好的两大辩论法宝。

师：先请晴天队来说吧！晴天队说完了，现在该轮到谁说了？

师：对，我们在辩论中要轮流说，而且刚刚我们的小朋友都坚持了自己的观点，这就是用了立论的法宝，下面该轮到哪队说了呀？

师：试试第一个反驳法宝，雨天队有什么不一样的想法吗？

幼儿自由辩论。

四、辩论结束，教师总结辩论情况

总结：小朋友的观点不一样，有的喜欢晴天，有的喜欢雨天，但是老师想表扬所有的小朋友，因为所有的小朋友都积极主动地参与了这场小辩论赛，而且在过程中你们都敢于坚持自己的意见，还会和自己队的成员一起合作辩论，这就是你们今天最大的收获啊！

（宁波幼儿师范高等专科学校学前教育专业　周奕楠等）

11. 大班语言活动：方格子老虎

设计意图

《3～6岁儿童学习与发展指南》指出：大班幼儿能根据故事的部分情节或图书画面的线索猜想故事情节的发展，或续编、创编故事。《方格子老虎》这本绘本色彩鲜明，角色形象生动。图画中多以对话的形式，能激发幼儿的想象。大班幼儿的情绪情感能力已获得一定发展，对阅读《方格子老虎》绘本中传递的爱与温暖的情感有了能力基础。但在阅读过程中，对于细节的把握及对故事情节的推测能力还有待提升。因此，我设计了本次活动，以期通过绘本阅读、绘本游戏促进大班幼儿情绪情感、阅读能力的进一步发展。

活动目标

（1）理解绘本内容，准确表达对绘本的感受与想法。

（2）能根据绘本细节猜想角色的对话，续编方格子还能用来做什么。

（3）积极参与绘本角色扮演游戏，体验绘本阅读的乐趣。

活动重难点

（1）活动重点：理解绘本内容，准确表达对绘本的感受与想法。

（2）活动难点：能根据绘本细节猜想角色的对话，续编方格子还能用来做什么。

活动准备

《方格子老虎》绘本、PPT、图谱、方格子衣服（多格）、带魔术贴九宫格衣服、叉和圆形魔术贴。

活动过程

一、感知封面，激发兴趣

师：小朋友们，今天老师带来了一本书和大家分享，大家看这是谁啊？小老虎身边

263

都有什么？它跟别的老虎有什么不一样吗？

小结：小老虎经历了些什么？我们一起来看看吧。

二、阅读绘本，知道方格子的来历

（一）教师领读绘本（第1～4页），幼儿理解起因

师：老师请小朋友们来猜一猜老虎爸爸妈妈会说些什么呢？请小朋友们上来演一演。

小结：接下来，请小朋友们带着问题阅读，小老虎为什么会变成方格子啊？它的爸爸妈妈又做了什么？

（二）自主阅读，寻找答案

1.幼儿自主阅读

师：请大家读到小老虎变成方格子的时候，到时候老师请小朋友们来说说方格子是怎么来的。

2.说明阅读规则

师：小朋友们看书的时候要保持安静、爱护图书，看完后要放回原处。

（三）师幼共读，绘本联系生活

1.共探吵架，分析原因

师：老虎爸爸妈妈怎么了？为什么？

师：晚上大家都睡了吗？小老虎做了什么？

师：请小朋友们完整说说方格子是怎么来的啊？

2.演绎吵架，表达吵架感受

师：小朋友们三个人一组分别扮演老虎爸爸妈妈和小老虎，请大家演一演晚上的老虎爸爸妈妈和小老虎。别的小组在演的时候其他小朋友要看仔细哦！

师：我们请老虎爸爸妈妈来表达一下，吵架什么感觉啊？小老虎是什么感觉呢？

3.联系生活，探讨缓和吵架的方法

师：如果家人吵架了，那大家会用什么办法让家人快乐起来呢？

小结：小朋友们，小老虎的爸爸妈妈吵架了。小老虎不愿意让爸爸妈妈吵架，于是偷偷在身上画上了横的和竖的条纹，成了一只方格子老虎，爸爸妈妈也和好了。大家也要向小老虎学习，为他人着想。接下来，小老虎要去上学了，它在学校里会发生什么事呢？

三、阅读绘本，探索方格子老虎的校园生活

（一）自主阅读，快乐校园生活

1.幼儿自主阅读

师：请小朋友们带着问题阅读，方格子老虎在学校发生了什么啊？

2.阅读规则

师：请小朋友们阅读接下来两页绘本，读完后把绘本再放回原处哦。

（二）师幼共读，知道帮助他人的快乐

1.回顾内容，方格子老虎的校园生活

师：小伙伴在它背上干什么？它们会聊些什么？它们的关系怎样啊？

师：小老虎学会了什么？小朋友们还看到了谁？

2.行为描述，了解快乐

师：为什么小老虎能给大家和自己带来快乐啊？

小结：方格子老虎愿意小伙伴在它背上下棋，它收获了很多好朋友；愿意老师在自己背上做算术，很快就学会了乘法。善良、温暖、乐观的小老虎，不仅让别人感受到了快乐，自己也收获了更多的快乐。

（三）小组游戏，感受快乐

1.自主选择，体验游戏

师：你们想不想体验下和方格子老虎做朋友的快乐？后面的桌子上准备了三种和方格子有关的游戏，你们能看出来吗？谁来说说这些游戏的规则是什么？

师：请你们选择一种自己最感兴趣的方格子游戏，去玩一玩吧！（教师巡回个别化指导）

（1）五子棋游戏：请一位小朋友穿上方格子衣服（轮流），其他小朋友在方格子上下五子棋。

（2）九宫格游戏：两个小朋友一起玩，只要一个人棋子的三个连成一条线就胜利了，接下来大家分成两队来下棋。

（3）涂色游戏：请一位小朋友穿上白色方格子衣服，大家为每个方格子涂上不同的颜色，记住不要涂出格子外哦！

2.表达帮助别人的感受

师：小朋友们玩了刚刚的游戏，你们感觉怎么样？谁来分享一下？我们采访一下刚刚两位方格子老虎，你们的感受是什么？其他小朋友开心的时候，你开心吗？

小结：嗯，老师想小老虎当时也是这样的感受。原来，这就是帮助别人的感觉，看到别人开心自己也会非常开心，还会有一种满足感。

四、共读结局，回溯绘本

（一）共读温馨结局

师：小老虎发生了什么变化啊？为什么会这样？

师：方格子没有了，它还会是那个人见人爱的小老虎吗？为什么？

（二）回顾全本，表达感受

师：我们一起再把这本温暖的绘本连起来读一读吧！

师：小朋友们，你们还想对小老虎说些什么啊？

小结：帮助别人是一件能让自己和别人都开心的事情，希望大家能多做让自己开心的事情，温暖自己也温暖他人。

活动延伸

（1）在表演区放置教师制作的《方格子老虎》绘本图示，为幼儿提供自主演绎的衣服和图谱。

（2）在游戏区放置五子棋游戏、九宫格游戏、涂色游戏的材料。

（宁波幼儿师范高等专科学校学前教育专业　朱科佳等）

参考文献

［1］马明明.4—6岁学前儿童词汇发展水平与家庭亲子阅读环境的相关研究［D］.桂林：广西师范大学，2021.

［2］李素贞.汉语语法范畴的范畴化感知研究［D］.海口：海南大学，2022.

［3］王忠民.幼儿教育辞典［M］.北京：中国大百科全书出版社，2004.

［4］张明红.学前儿童语言教育［M］.上海：华东师范大学出版社，2001.

［5］张加蓉，卢伟.学前儿童语言教育活动指导［M］.上海：复旦大学出版社，2005.

［6］赵寄石，楼必生.学前儿童语言教育［M］.北京：人民教育出版社，1995.

［7］杨凯，赵艺.试析普特南对乔姆斯基"天赋假说"的批判［J］.广西社会科学，2007（1）：125-128.

［8］胡秋梦，罗腊梅.幼儿语言教育与活动指导［M］.天津：南开大学出版社，2019.

［9］高洁.学前儿童语言教育［M］.西安：陕西师范大学出版社，2018.

［10］张莉娜.学前儿童语言教育［M］.北京：清华大学出版社，2019.

［11］GOODMAN K S. What's whole in whole language［M］.Porstmouth, NH: Heinemann, 1986.

［12］张明红.幼儿语言教育［M］.3版.上海：上海教育出版社，2015.

［13］WERKER J F, LALONDE C E. Cross-language speech perception：Initial capabilities and developmental change［J］. Developmental psychology，1988（24）：672-683.

［14］林秀锦.婴幼儿的人际沟通和语言发展以及相关的回应和促进策略［J］.东方娃娃·保育与教育，2012（6）：28-33.

［15］周兢.汉语儿童的前语言现象［J］.南京师大学报（社会科学版），1994（1）：45-50.

［16］许政援.三岁前儿童语言发展的研究和有关的理论问题［J］.心理发展与教育，1996（3）：3-13.

［17］李宇明.人生初年［M］.北京：商务印书馆，2019.

［18］王粉燕，张冀莉，闫琦.婴幼儿语言早期发展1509例资料分析［J］.中国妇幼健康研究，2013，24（3）：282-284.

［19］姜莹.3—6岁普通话儿童的语音发展特点［D］.北京：北京师范大学，2009.

［20］华爱华，黄琼.托幼机构0～3岁婴幼儿教养活动的实践与研究［M］.上海：上海科技教育出版社，2006.

［21］周念丽.0～3岁儿童心理发展［M］.上海：复旦大学出版社，2017.

［22］周兢.学前儿童语言学习与发展核心经验［M］.南京：南京师范大学出版社，2014.

［23］郝文武.现代中国教育本质观的合理性建构［J］.高等教育研究，2022，43（1）：1-10.

［24］周慧.3～6岁幼儿语言发展特点、影响因素、策略［J］.重庆第二师范学院学报，

2018，31（6）：84-87.

［25］教育部.幼儿园工作规程［EB/OL］.（2016-01-05）［2023-12-10］.http://www.moe.gov.cn/srcsite/A02/s5911/moe_621/201602/t20160229_231184.html.

［26］教育部.幼儿园教育指导纲要（试行）［EB/OL］.（2007-07-02）［2023-12-10］.http://www.gov.cn/gongbao/content/2002/content_61459.htm.

［27］教育部.3～6岁儿童学习与发展指南［EB/OL］.（2012-10-09）［2023-12-10］.http://www.moe.gov.cn/srcsite/A06/s3327/201210/t20121009_143254.html.

［28］郭咏梅.幼儿园优秀语言活动设计70例［M］.北京：中国轻工业出版社，2015.

［29］周兢.学前儿童语言教育［M］.南京：南京师范大学出版社，2001.

［30］董俊.试析幼儿园文学作品活动与讲述活动教学指导差异［J］.科教导刊，2021（28）：161-163.

［31］朱怡.大班幼儿文学语言核心经验发展现状研究［D］.昆明：云南师范大学，2020.

［32］李梦怡.陶行知教育理念在幼儿早期阅读中的应用研究［J］.亚太教育，2022（18）：21-23.

［33］郭方涛.布鲁姆教育目标分类模型实用性维系的瑕疵与审思［J］.教育评论，2022（9）：13-19.

［34］冯友梅，李艺.布鲁姆教育目标分类学批判［J］.华东师范大学学报（教育科学版），2019，37（2）：63-72.

［35］黄瑾.幼儿园教育活动设计与指导［M］.上海：华东师范大学出版社，2014.

［36］周兢，余珍有.幼儿园语言教育［M］.北京：人民教育出版社，2004.

［37］余珍有.幼儿园语言领域教育精要：关键经验与活动指导［M］.北京：教育科学出版社，2015.

［38］付苗苗.幼儿园晨间谈话现状调查及优化策略研究：以保定市Q幼儿园为例［D］.保定：河北大学，2021.

［39］陈瑶.学前儿童语言教育［M］.北京：北京师范大学出版社，2020.

［40］高羽，周晴.学前儿童语言教育与活动指导［M］.北京：人民邮电出版社，2019.

［41］周鑫.语言培养应渗透于幼儿教育的各个领域：浅谈语言教育在幼儿园的实施［J］.吉林省教育学院学报（下旬），2013，29（8）：116-117.

［42］翟琳琳.中班幼儿晨间谈话的课程价值研究［J］.教育观察，2021，10（20）：47-48，78.

［43］中央教育科学研究所早期教育研究中心.幼儿园和谐发展课程教师用书：中班下［M］.北京：教育科学出版社，2009.

［44］李文娟.在集体语言教学活动中对中班幼儿倾听行为的研究［D］.上海：上海师范大学，2018.

［45］王尹.语言能力发展的基础：发展幼儿倾听能力的实践研究［D］.上海：上海师范大学，2017.

［46］唐罗敏.幼儿园晨间谈话活动中的师幼互动研究［D］.喀什：喀什大学，2021.

［47］张明红.多元理论视野下的学前儿童语言教育［M］.上海：华东师范大学出版社，2018.

［48］郭咏梅.幼儿倾听习惯和倾听能力的养成策略［J］.教育导刊（幼儿教育），2007（6）：20-22.

［49］高巍.课堂教学师生言语行为互动分析［D］.武汉：华中师范大学，2007.

［50］张明红.幼儿语言教育与活动指导［M］.2版.上海：华东师范大学出版社，2020.

［51］陈贤武.民间故事融入幼儿园大班语言教学活动的行动研究［D］.长春：吉林外国语大学，2021.

［52］张佳蓉，卢伟.学前儿童语言教育活动指导［M］.2版.上海：复旦大学出版社，2009.

［53］周兢.零岁起步：0～3岁儿童早期阅读与指导［M］.深圳：海天出版社，2016.

［54］李莉.全阅读教育理念与儿童早期阅读［J］.学前教育研究，2011（2）：67-69.

［55］卢伟.学前儿童语言教育活动指导［M］.3版.上海：复旦大学出版社，2013.

［56］周兢.开端正确：帮助幼儿成为成功的阅读者［J］.幼儿教育，2002（4）：22-23.

［57］霍力岩，黄爽，潘月娟，等.学前教育评价［M］.北京：北京师范大学出版社，2015.

［58］但菲，赵小华，刘晓娟.幼儿园听课、说课与评课［M］.北京：北京师范大学出版社，2012.

［59］鄢超云.学前教育评价［M］.北京：高等教育出版社，2010.

［60］中华人民共和国教育部.3～6岁儿童学习与发展指南［M］.北京：首都师范大学出版社，2012.

［61］周兢.幼儿园语言教育活动设计与组织［M］.北京：人民教育出版社，1996.

［62］白春芝，王晓岚.将语言教育渗透在幼儿一日生活中［J］.教育（周刊），2019（15）：2.

［63］王春燕，许佳绿.幼儿园游戏与课程：关系的再认识［J］.幼儿教育，2023（9）：21-25.

［64］丁利芳.自由游戏分享环节中师幼互动的研究［D］.重庆：西南大学，2016.

［65］张华.课程与教学论［M］.上海：上海教育出版社，2014.

［66］虞永平.论幼儿园课程审议［J］.学前教育研究，2005（1）：11-13.

［67］杜威.民主主义与教育［M］.王承绪，译.北京：人民教育出版社，1990.

［68］张文洁，钮艺琳.说明性讲述活动与幼儿的学业语言发展［J］.幼儿教育·教育科学，2013（6）：17-20，40.